U0921069

荆楚文化丛书

（史传系列）

丛书主编／丁凤英

本系列主编／刘玉堂

荆楚社会生活

Jingchu Shehui Shenghuo

姚伟钧　郑玉东／编著

WUHAN
PUBLISHING HOUSE
武汉出版社

(鄂)新登字08号

图书在版编目(CIP)数据

荆楚社会生活/姚伟钧,郑玉东编著.—武汉:武汉出版社,2013.12
(荆楚文化丛书/丁凤英主编.史传系列)
ISBN 978－7－5430－7944－1

Ⅰ.①荆…　Ⅱ.①姚…②郑…　Ⅲ.①社会生活－历史－湖北省
Ⅳ.①K296.3

中国版本图书馆CIP数据核字(2013)第262096号

编　　著:姚伟钧　郑玉东
责任编辑:李　理
装帧设计:刘福珊
出　版:武汉出版社
社　址:武汉市江汉区新华路490号　　邮　编:430015
电　话:(027)85606403　85600625
http://www.whcbs.com　　E-mail:zbs@whcbs.com
印　刷:武汉精一印刷有限公司　　经　销:新华书店
开　本:720mm×1000mm　1/16
印　张:16　　字　数:320千字　　插　页:4
版　次:2013年12月第1版　　2013年12月第1次印刷
定　价:32.80元

序

尹汉宁

荆楚文化源远流长、博大精深，在中国文化的版图上拥有重要位置。湖北是荆楚文化的发祥地，具有历史文化、红色文化、旅游文化、少数民族文化等多方面深厚的文化积淀，文化名人、文物古迹、文化遗产数不胜数，悠远厚重的历史底蕴为湖北文化建设乃至经济社会发展留下了独特而宝贵的文化资源和精神财富。

省委书记李鸿忠同志指出，深入贯彻落实党的十七届六中全会精神、推进湖北由文化大省向文化强省跨越，关键是要将湖北丰富的文化资源转化为文化力量、转化为文化产品、转化为文化事业和文化产业。这就需要我们深入挖掘、系统研究荆楚优秀传统文化，在文化认同中提升文化自信，在文化传承中增强文化自觉，为文化资源优势向文化软实力和文化生产力转化奠定坚实基础。

《荆楚文化丛书》由湖北省炎黄文化研究会组织省内五十余位专家学者，历时三年编撰而成。丛书分胜迹、史传、学术、艺文四个系列，每个系列由十卷组成，凡四十卷，约一千二百万字，首次对荆楚文化进行了全方位研究，堪称湖北历史文化研究与普及的鸿篇巨著。期望全省干部群众特别是广大文化工作者，通过阅读和学习《荆楚文化丛书》，从湖北丰富的文化资源中汲取智慧和力量，以更加强烈的文化自信和文化自觉，奋力投身建设文化强省的伟大实践！

是为序。

（作者为中共湖北省委常委、宣传部部长）

目 录

绪　论

近几十年来，荆楚文化一直是中国区域文化研究中的一个热点，荆楚文化作为一门独立的区域文化学科，逐渐获得了学术界的首肯，围绕这一领域的研究，也取得了一定的成绩，但就荆楚的社会生活传统而言，诸如荆楚社会生活传统的形成与周边民族的关系，特别是与巴土民族的关系，目前的研究还显得不够，因为荆楚与巴土在“地域上的重合交叉，文化上的交流互补，民族间的联姻通婚，风俗习惯多有混同”①。探讨荆楚社会生活传统，实质上就是从一个新角度来研究荆楚文化，这样才能对荆楚文化的历史价值及其未来方向有一个明晰的认识。

一

湖北饮食文化是伴随着楚文化的崛起而兴旺发达起来的。所以，不仅有人把湖北菜称为鄂菜，也有学者将湖北菜称为楚菜。这也就是说，湖北菜的制作，早在两千多年前的楚国时期就已达到相当的水平。《楚辞》中的《大招》与《招魂》中所列举的肴馔已证明了这一点。《楚辞·招魂》里记录了从主食到菜肴以及精美点心、酒水饮料等二十多个品种楚地名食。从这张食单中我们可以看出，当时楚国食物原料丰富，烹调方法及调味手段多变，它像一面镜子，生动地反映了当时荆楚地区的饮食风貌和特色，表现了先秦时期鄂菜艺术的成就，也充分说明具有楚乡风味的鄂菜在先秦时期已初具雏形。

另外，从考古发现的资料上来看，特别是 1978 年湖北随州曾侯乙墓中出土

① 杨行正：《宜昌地域文化——巴楚文化》，《宜昌社会科学》，2008 年第 5 期。

的一百多件饮食器具更是较好的例证。以曾侯乙墓为代表的这一时期楚墓中出土的饮食器具主要由铜、陶、金、漆木、竹等五种材料制作而成。其中曾侯乙墓发现的一件煎盘(图 0-1),是迄今首次的考古发现。它由上盘下炉两部分组成,煎盘的腹部两侧各有一副提链,炉的口沿上立有四个兽蹄形足。出土时,盘内有鱼骨(经鉴定为鲫鱼),盘内有木炭,炉底有烟炱痕迹,显然是煎烤食物的炊器。在众多的饮食器具中,煎盘是一种可烧、可煎、可炒的炊食器具,而在两千四百多年前就能运用煎、炒等烹调方法,这在各大菜系中是领先的,同时也充分证实了鄂菜源远流长的历史。

图 0-1 战国青铜炊具煎盘(随州曾侯乙墓出土)

秦汉以后,楚地饮食文化有了长足的发展。进入汉魏,《七发》记下了牛肉烧竹笋、狗羹盖石花菜、熊掌调芍药酱、鲤鱼片缀紫苏等荆楚佳肴。《淮南子》也盛赞楚人调味精于"甘酸之变";这时还制成'造饭少顷即熟'的诸葛行锅和光可鉴人的江陵朱墨漆器,反映了这一时期楚地饮食文化的进一步发展。降及唐宋,《江行杂录》介绍过制菜"馨香脆美,济楚细腻",工价高达百匹锦绢的江陵厨娘,五祖寺素菜风靡一时,苏东坡(1037—1101)命名的黄州美食脍炙人口。[①]晚唐诗人罗隐在《忆夏口》中吟唱道:"汉阳渡口兰为舟,汉阳城下多酒楼。当年不得尽一醉,别梦有时还重游。"反映了武汉地区的饮食业在一千多年前就有了一定的规模。

到了明清两代,鄂菜更趋成熟。在《食经》、《随园食单》、《闲情偶寄》和《清稗

① 参见陈光新:《湖北菜》,《中国烹饪百科全书》,中国大百科全书出版社,1992 年。

类钞》等著名食书中，搜集的鄂菜精品就更多了。这时，不仅有鄂菜代表菜品，更多名菜也应运而生，如“沔阳三蒸”、“江陵千张肉”、“黄陂烧三合”、“石首鱼肚”、“咸宁宝塔肉”、“武汉腊肉炒菜薹”以及黄梅五祖寺著名的素菜“三春一汤”——煎春卷、烧春菇、烫春芽、白莲汤，如此等等。在鱼菜技艺上也有较大的创新，如钟祥的蟠龙菜，主料是鱼和肉，而成品却是鱼不见鱼，肉不见肉；黄州的金包银、银包金，使鱼肉合烹，各自剁茸成馅，相互包裹，光洁似珠，落水不散，技艺之精湛可谓登峰造极。此外，黄云鹄的《粥谱》集古代粥方之大成，楚乡的蒸菜、煨汤和多料合烹技法见之于众多的食经，鄂菜作为一个菜系已基本定型。

从文化类型上分析，鄂西属于古代巴文化的范畴，而在此下游之地区，则属于古代楚文化的范畴。如果说巴人的饮食习俗形成于高山峡谷的特殊自然环境，那么楚人饮食之嗜好，则是由坦荡的平原，众多的河流、湖泊孕育而成的。1955年，民族学家潘光旦先生就土家族区域的历史、文化、风俗、语言、宗教信仰等各方面进行了全面的研究后，提出了土家族应来源于该地区的早先的巴人（族）的观点。二十世纪七十年代以来，主张土家族起源于巴人，是古代巴人后裔的观点已被学术界所公认。巴、楚由于各自所处的自然环境不同，文化背景有异，因此两地饮食习俗既有联系，又各有特色，并且在许多方面存在着一定的差异。例如，就巴、楚两地的口味特征来看，巴地味型偏重酸辣，楚地味型偏重咸鲜，这是千百年来受自然地理环境和本地物产资源等因素影响的结果。[①]

二

服饰在荆楚人民生活中占有十分重要的地位，它起着护体、御寒、遮羞、标识和美化生活的作用，所以说服饰是楚人生活的橱窗，也是荆楚文化的一个标签。在中国古代社会里，服饰也是区别民族的一个重要标志，是一个民族在特定时代的文化风俗现象，是经济、文化、政治、习惯等诸多因素的综合表现。正如《墨子·公孟篇》所云：“昔者齐桓公高冠博带，金剑木盾，以治其国，其国治；昔者晋文公大布之衣，牂羊之裘，韦以带剑，以治其国；昔者楚庄王鲜冠组缨，绛衣博袍，

① 廖康清：《鄂西土家食俗探源》，载《楚俗研究》第二集，湖北美术出版社，1995年。

以治其国,其国治;昔者越王勾践剪发文身,以治其国,其国治。”可见当时列国服饰风俗,从发式到冠帽,从服装到佩饰,都有明显的区别。

首先,从冠制来看,楚人所戴之冠较高。《左传·成公九年》记载楚人钟仪被囚于晋国时说:“晋侯观于军府,见钟仪,问曰:‘南冠而执者谁也?’有司对曰:‘郑人所献楚囚也。’”杜预注:“南冠,楚冠。”晋侯看到钟仪戴的南冠,就知道他不是晋人,可见楚国在冠制上是有别于中原诸国的。屈原在《九章·涉江》中说:“带长铗之陆离兮,冠切云之崔嵬,被明月兮佩宝璐。”[①]王逸注曰:“切云,冠名。其高切青云也。”这种冠可能即晋侯所指的南冠。屈原这段话在长沙子弹库楚墓出土的锦帛中得到了印证。尽管画面内容带有神话色彩,但人物服饰的处理,却是从楚人的实际生活出发的。图中男子头戴峨峨高冠,冠带系于颔下,身穿大袖袍服,衣襟盘曲而下,形成曲裾,是深衣样式。楚国贵族男子的典型服饰就是头戴切云冠,身着袍服,佩戴宝玉。

其次,从服装来看,楚人服用深衣是比较普遍的。深衣是春秋时期出现的一种将上衣下裳连在一起的新式服装,也就是袍式的大袖宽衣。在此之前,楚人的服装是上衣下裳,不相连属。战国末年这种上衣下裳的衣制还存在,如《离骚》中说:“制芰荷以为衣兮,集芙蓉以为裳。”马山一号楚墓出土过两件单裙,也就是裳,但穿裳的人已不多了。

楚国由于社会风俗和地理环境与中原各国有着明显的不同,在服装方面既有与中原地区一致的方面,又有自己的区域特点。中原诸国受儒家思想影响相对较深,服饰受礼法约束。如《礼制·王制》中说:“禁异服”,“作淫声、异服、奇技、奇器以疑众,杀。”所以服饰形制比较规范。而楚人长期混处于“蛮夷”之中,相互间在文化习俗上的交流参润是不可避免的。楚人一方面用夏变夷,另一方面也为夷所变。加之楚人性格活泼,无拘无束,富于创新精神,敢于别具一格,表现个性。这种民族性格和精神,也推动了楚国服饰不断推陈出新。

一般而言,楚服的衣身紧小,这可能与“楚灵王好细腰”有关。楚人以细腰为美,所以服装的衣身都很紧。沈从文先生在《中国古代服饰研究》中说:“楚服特征是男女衣着多趋于瘦长,领缘较宽,绕襟旋转而下,衣多特别华美,红绿缤纷,衣上有着满地云纹、散点云纹、小簇花纹,边缘多较宽,作规矩图案,一望而知,衣

① 《楚辞·九章·涉江》。

着材料必出于印、绘、绣等不同加工,边缘则使用较厚重织锦。”

楚国妇女服装除具以上所说的衣身较紧的特点外,袖口也较窄小,这与中原诸国的宽袍大袖区别明显。信阳楚墓彩绘妇女木俑的袖头作窄式,下裳交叠,相掩在背后,不作曲裾绕襟的裁剪法。这样既满足了服装的需求和美化,也可以使行动免受因下裳牵制而舒展不开之弊。在交相掩襟而又在裙裾衽边缘上加以各种锦绣的文饰,使楚国的这种服装起到了形式美和实用美二者结合的效果。这种袖口窄小的例子,还见于长沙陈家大山楚墓出土的人物龙凤锦画中的妇女。该女子身穿紧身长袍,袍长曳地,袖口作窄式,在领、袖等部位,缘有锦边,锦上有条纹图案,是这时楚服特色。

楚人对外来服式并不是一味地因循沿袭,而是不断地予以改进和创新。例如深衣,楚国的样式与中原地区就有所区别。《礼记·深衣篇》说:深衣“长毋被土”,即不覆于地面以免受到玷污。楚墓出土的木俑和实物均为“长曳被土”,这与深衣定制“长及于踝”,约去地四寸有所出入。另外,江陵马山一号楚墓还出土了一批直裾衣,深衣应为曲裙。这些服装有锦面袍、绣罗禅衣等。可见,“花样百出,不拘一格,式样突破礼制”,确为沈从文先生在《中国古代服饰研究》中所认定的楚服特征。

土家巴人服饰虽受楚文化影响较深,但仍独具特点。其款式和色彩都渗透着土家巴人的情感,具有独特的文化内涵。土家巴人有句俗语叫“人是树桩,全靠衣裳”,对穿着打扮历来十分讲究,并且非常注重实用。

一般而言,土家巴人服饰十分接近生活型、实用型。土家族男子一般穿琵琶襟特点的满襟衣,缀布扣,领高,袖小而长,袖口滚边。裤子皆为青、蓝家织布。裤脚较大且较短,款式大方,又能便于作息。土家族妇女穿的是无领满襟衣。衣向左开襟。从上领到下摆到衣裙脚绣有一寸五宽的花边,衣袖各有一大二小三条花边,大花边一寸五宽,小花边有手指宽。袖大一尺二寸许,花边宽窄与衣袖相同,裤大约一尺五寸。另外,胸前外套围裙,俗称“妈裙”。围裙胸前绣有花约五寸见方。围带即花带,均为五彩丝线织成,一般二尺长,两头分别留有三寸未织的花缓,显示出土家妇女的心灵手巧。姑娘出嫁时必穿“露水衣”,上着鲜艳桃花绣衣,下着八幅罗裙,与土家梯玛八幅罗裙有异曲同工之妙。据沈从文考证,八幅罗裙是正宗土家巴人装。土家男女不穿袜,兴打绑腿,配布鞋或草鞋,十分精神利索，有土家“兵农合一”传统制度的痕迹。

以西兰卡普为代表的民间织锦艺术，堪称来凤土家族艺术一绝，也是著名的非物质文化遗产。西兰卡普，汉语为“土花铺盖”之意，是土家族民间的家庭手工织锦。它以技艺精细、色彩艳丽、图案繁复、经久耐用而被列为中国四大名锦之一。早在四千多年前，土家族先民巴人就掌握了土家简单的织锦技术。三国时期，土家族人民逐步掌握了汉族先进的染色技术，编织出五彩斑斓的“土锦”，这就是西兰卡普的滥觞。元、明、清时期，西兰卡普被称为“土锦”、“峒布”等。改土归流后，土家族的西兰卡普挑织技术进一步提高。尤其是土家族姑娘从小便随其母操习挑织技术，姑娘长大出嫁时，还必须有自己亲手编织的西兰卡普作陪嫁（图 0-2）。

图 0-2　土家女编织西兰卡普

西兰卡普以深色的锦线为经线，各种色彩的粗丝、棉、毛绒线为纬线，用手工挑织而成。被面上的花纹图案，色彩对比强烈，图案朴素而夸张，写实与抽象结合，具有浓郁的民族特色和乡土气息。概括起来，西兰卡普一般分为三种类型：一是以自然景物为题材的，如鲜花百草，猛兽毒虫等；二是以生活风俗为题材的，如双凤朝阳、龙凤呈祥、麒麟送子、福禄寿喜、鲤跃龙门、五子登科、鸳鸯戏水、野鹿含梅、老鼠娶亲等；三是以土家历史为题材的，如四凤抬印，土王五颗印之类。西兰卡普具有适用和审美价值。一般每幅宽约 50 厘米，三幅连缀可做被面，单幅可做枕巾、围裙、桌垫、脚被、沙发巾、香袋、沙发垫、装饰壁挂等，一幅可用几代人。

在土家巴人的心中，繁多的色彩中，红色最受人青睐，这与楚人是一致的。红色有着热烈、鲜艳、醒目、祥和之感，因此喜红者诸多。有色必有红，久而久之，不但在服饰上而且在生活上，也形成了无红不成喜，有喜必有红之俗。“改土归流”后，由于受封建王朝的压制以及楚文化的强大影响，土家族的服饰男女服装均为满襟款式，改掉了“男女服饰不分”的民族服装，加以土家族的家织花边，保持着本民族服装的浓厚特色。图案是土家族服饰的重要组成部分，起着传情达意的作用。土家族传统文化心态与其他民族一样，崇尚吉祥、喜庆、圆满、幸福和稳定。这一理念反映在服饰图案上，则表现为追求饱满、丰厚、完整、乐观向上、生生不息的情感意愿，通过图案造型，向人们展示民俗文化理念的深层底蕴和生命情感。

从历史上看，民族服饰文化演变的因素很多，有政治的，有经济的，有军事的，也有文化的。就中国服饰文化的变迁而言，曾受到域外其他民族服饰文化的一定影响，但主要还是几千年来我国各族人民相互交流、相互借鉴、相互影响的结果。因此，巴、楚两地在服饰文化的交融和相互借鉴十分明显。

研究巴楚服饰文化，不但可以发掘巴楚古代服饰的丰富遗产，也为我们认识巴楚文明的发展水平提供可资借鉴的实物资料。同时，我们还可以根据古为今用的原则，设计出富有时代精神和民族特色的服饰，更好地满足广大民众的需要。

三

房屋是人类的栖身之地，因此住房对人类来说是相当重要的。围绕住房的设施格局、造型工艺、分布坐落和相关信仰，发展了很多地方风俗。

荆楚住房形式多样。湖北省民居，西部地区多有院落、场、坝，中部及东南地区则多设天井。省内房屋结构及布局式样有很多种，包括连三间、明暗式、三合头、钥匙头、双人头、进重式、四井口、转角楼、吊脚楼、铺面式、新连三间和小楼等等。

无论是大户庄园，还是茅舍简屋，屋顶都设前后坡面和梁、檐，山墙呈人字形，是典型的上栋下宇式建筑。屋内房间设置较多而小，主人按照需要，将它们分为堂屋、睡房、厨房、杂屋等。房屋结构的另一特点是门多窗少。

荆楚民居还非常注重装饰。鄂东黄梅一带屋檐下绘有宽宽的线条，白线之中绘有人物花鸟，墙、瓦之间多有木雕。江汉平原的江陵一带，大户人家房屋山墙为马头墙及高档的五花山墙，墙头绘有黑色和土红色图案，屋脊安装有兽头和镂花。监利的老式房屋顶部砌有龙凤喜鹊等吉祥鸟兽图案。鄂西远安一带，老式豪华房屋的门窗安有雕花门格，上面刻有"孟生哭竹"、"安安送米"等传说故事图案，屋檐也雕花涂漆。

吊脚楼流行于鄂西南一带的土、苗、侗等少数民族地区。先为土家族独有，后为其他民族所采用。

鄂西南一带崇山峻岭、林繁树茂，土家人因地制宜，依山建起了独具特色的吊脚楼，一姓一寨，一家一栋。楼上住人，楼下多用来堆放杂物或建厕所、猪圈、牛栏等。整个房子有一边靠木柱子撑着，好像从上到下伸出的四只脚，故名吊脚楼。吊脚楼正中间是堂屋，用来供奉祖先神灵和迎接宾客，堂屋的一边是灶屋和火笼屋，一边是寝室。吊脚楼的凌空取势，使它便于采光通风，防潮保暖；还可以避免山中猛兽虫蛇的侵袭；另外，还有利于看管楼下的物品和牲畜，防止盗窃。

吊脚楼实际上是一种实用与美观的结合。吊脚楼的窗户为镂空的木格，雕有美丽的花纹图案。花纹以兰、竹、牡丹为多。受楚人偏爱菱形的影响，几乎每家房屋上都有菱形花纹。图案则多是凤、蝙蝠等动物。吊脚楼园林式的构造，精巧平和，轻盈明快，加上土家人喜欢在屋边种植茶树、竹子和果树，在吊脚楼古朴淡雅的赭壁黛瓦间，茂林修竹，云淡风轻，野花馨香，山歌漫漫，笛声幽幽，真是一种美的享受啊！

江汉平原的沔阳（今仙桃）民居受江汉水乡地貌制约和楚国建筑遗风影响，风格十分独特：高台基，沿河居；门朝南，面墙齐；木结构，砖瓦房；同堂住，合族居。更有情趣的是，沔阳民居有请画师在屋檐下绘制壁画的习俗，称为"屋檐画"。

沔阳屋檐画是适应其民居建筑风格而诞生的壁画新形式。在这些屋檐画中，各种人物、动物、花卉、吉祥图案应有尽有，尤其以场面繁杂、人物众多、历史戏剧人物画见长，充分继承了楚壁画以人物为主的特点。民居的正面墙是房屋和主人的脸面，既是绘画和欣赏的重点，也是教化后代的露天课堂。因此，正面墙的屋檐画通常是历史故事。瓦头、墙垛等其他地方的绘画内容，则多是吉祥图案。后墙檐很少绘画，只是在村头、路口和水边的民居后墙画老虎"挡煞"。在同一个村子里，一般不会画相同的历史人物事故，所以游览这样的村庄时，真有“人在村中走，如在画中游”的感觉。

荆楚建房还有一些禁忌。荆楚民间建房有很多讲究，凡是煞山、坟茔、恶水等地都不许作宅基。公安一带选址时，门前还要避开三角形障碍物，大门不得正对大路、土地庙和寺观等。鄂东地区还流行回避他人屋挑、房角、祖坟方面的习俗，而且忌讳门前有双池。鄂西北则重山向，如大门要与远方的山包相对，俗称“开门见山，步步登高”。红安一带则忌讳门前有山、树、石等，认为这些会遮挡家中财路。

省内山区建房选址以门前迎流水为宜，有“财源滚滚来”的意思，忌讳流水背门而去，认为这样财源会流走，很不吉利。一般人家自选地势而不请风水先生，认为“百事不忌，百事顺遂”。动工日期则要请风水先生推定。也有自选动工日期的，大都以双日为好。俗话说“好事成双”。有的则选定有八的日子，所谓“要得发，不离八。”通城旧俗认为，“左青龙，右白虎，不怕青龙高万丈，就怕白虎抬头望。”因此，建造房屋忌讳右边高过左边。

近代汉口租界区的建筑富有异国风情。英国、美国、日本、德国和俄国五国租界各以本国建筑文化为本，因地制宜，修造各式洋行、公馆、商场、教堂、医院、饭店等，屋顶和门面结构风格各异。

建于1921年的江汉关大楼，由花岗岩垒砌而成，庄重浑实。钟楼有四层，上置大摆钟，按时敲响，按刻奏乐，声震大江。夜深时，钟声悠扬，传及三镇。这座大楼因其典雅壮观，曾一度是汉口城市的标志。江边的原美国领事馆采取曲线墙面，富有动感，三层结构都是半圆形砖拱窗，墙面为红色，具有巴洛克建筑的特点。原德国领事馆，墙面为黄色，楼的周边是双层卷廊，红瓦坡顶，色彩绚丽，入口和屋顶塔楼有德国风味。德租界的居民小宅，屋顶错落有致，局部设高尖顶，造型十分活泼。建于民初的天津路俄国东正教堂，外轮廓富有变化，墙面飘逸流动，八块绿色铁皮构成非常漂亮的尖屋顶。这是一种受到拜占庭风格影响的俄国教堂。日租界中的房屋，大都是明治时代仿洋的日本风格，两层砖木结构，屋面是日本式的红瓦坡顶，屋尖部分设有暗顶。

四

素有“九省通衢”、“千湖之省”之称的荆楚，因为处在南北交界的地理位置，所以交通非常发达，是全国交通的重要中转站。除了四通八达的公路线、铁路线之外，最有特色的是依赖于长江和汉江的水路交通。在荆楚的交通中，桥和船占据着相当重要的地位，起着非常重要的作用。

荆楚河渠密布，大江贯通，无论平原、山区、城镇、农村，大多建有各式桥梁便利交通。以前，河渠上的桥大都是木桥，建造起来简单方便。一般桥墩用木桩竖立，桥面也是用木板铺的。这些桥根据河渠大小及地势高低而或长或短，或高或低。山区溪流上的桥则大都是石板桥。在鄂南叫“跳石”，也就是用打桩法把条石打入河床。这些条石高出河面二到三尺，跳石桥最长的有六百多丈。鄂南的桥梁基本上是以条石为材料的，常见的桥型有“T”型石梁、石墩石梁、船形石梁和石拱桥。当然，在一些很小的小溪上，仅仅一根圆木架在上面也是一座小小的桥了。鄂西的山区也有很多石拱桥。

石梁桥以条石并列作桥面，一般长一丈多，宽三尺多，出水三到八尺。有的石桥长达百余丈，桥头立有石牌，上面刻着“严禁推车”，因为以前的独轮车车轮外包有铁箍，很容易损坏路面。和石梁桥的平实相比起来，石拱桥更为美观。它有石栏，而且桥面比较宽，桥形似长虹卧波。现在，长江上架起了许多现代化的大桥，像武汉长江大桥、武汉长江二桥、武汉白沙洲大桥、枝城长江大桥、夷陵长江大桥等等。

繁忙的渡口。过去湖北省有很多渡口，但大都是私营的，撑船的人通常被称作“船老板”。很多渡口都是几家合股经营，共租一条渡船，共用一个渡口。撑船时，按合股的人头，平均每人数日。也有独自经营的船老板。在鄂西远安一带，乘船过河的人并不用即刻付钱，而是年底时由船家到经此渡口的乡村讨要。由于邻村，人们相互间都比较熟悉，船家会事先按经济状况、家中人口多少以及乘船的次数计算应给的数额，乘船的人则会跟船家当面讨价还价，最后双方确定一个价钱。到二十世纪五十年代后，凡是渡河的人都要交付现款，但是摆渡的人习惯上不收本村人的钱。

官渡、私渡和义渡。在江汉平原以及鄂北一带,摆渡有官渡、私渡、义渡之分。其中,官渡和私渡为多。官渡基本上是由寺院或当地里正、保甲经营,所收船费为操办单位所有,用来办理公益事宜和族内事务。至于私渡,一般是依河湾而居的贫苦乡民经营,收入用来维持一家人的生计。义渡大都是当地人捐资兴办的。

民国年间,官渡、义渡除设专人摆渡外,也有只设渡口、渡船,不设摆渡者的。平时船就停在河中,系好铁环再穿好纤绳,两手拉纤就可以了。也有私渡按这个方法来的,不同的只是船主拉纤,乘者上岸交钱。鄂西北郧阳地区的义渡则不同,渡船有船家(当地称太公)掌舵,渡者摇桨,每当收获季节募粮,权作太公待遇和修理船只费用。私渡则要付钱上船,小孩第一次过渡还要把铜钱投到水中,俗称“买河”。

水上点点皆是船。清末民初,民间水运基本上是木船、竹筏。长江上往来的船舶,帮派繁多,船型各异。

宜昌、秭归一带的民船行帮叫“川楚帮”,他们使用的船型有摇摆子、麻秧子、赶架子、中圆棒、麻雀尾、桩尾、斑鸠窝等等。摇摆子头尾尖,舱口紧,吃水浅,排水量小,航行快。麻秧子头尾稍微有些翘,拦水板略高,可以劈浪前进,吃水深,两侧向外鼓如蛋壳,甲板比较窄,但是船体很稳固。赶架子船面宽平,舱口也比较宽,便于装货,适合于急流浅航区。“荆宜帮”所用的船型包括五板子、荆帮子、七板子、鸦艄、扁子、马别子、刀口划子等等。荆帮子头平体重,封闭好,吃水浅,稳性好。七板子头平尾翘,舱紧而深,容易装卸,也很稳固。鸦艄两端同宽,后尾有晒台,也有很好的稳定性。

江河内行驶的船还有湖划子、蛾眉豆、荆帮划子、倒扒子、岩板子、豌豆角、枪划、七舱等。楚帮船中以地域为界,又分短旗帮、长旗帮。在鄂东湖区则流行船、划、梭。船有橹有舵。划子比船小,有双桨一篙。梭子更小,两头尖尖,人人站立,唯以篙撑,一侧一下,交错点水,形如梭子织布般在水上飞快滑动,很多放鸭人都使用梭子。

荆楚还有许多交通禁忌。例如,以前建桥要请风水先生占卜吉日吉时,桥墩下要放古物(如铜质观音菩萨头)镇邪。新建的桥梁一般不允许孕妇行走,如果有事非走不可，必须化纸之后才行。小孩首次路过的桥，必须向桥下投硬币，表示“买桥”。

过渡时，也有讲究和忌讳。比如忌讳超载，忌讳在舱中打逗，忌讳白天借用渡船，过渡的时候忌讳说“落水沉舟”、“乌江渡口”。武汉三镇渡船时，忌讳大风天气，因为三月、九月有很多风暴，所以当地有“三月三、九月九，无事不到江边走”的说法。

乘船时禁忌也很多，如女人不能坐船头，不能讲不吉利的话，连“风”、“雨”、“漂”、“流”、“翻”、“沉”、“落”、“倒”还有它们的同音字都不能说。郧阳一带，船要在汉水远行时，太公要鸣炮、焚香、起锚，下水呼号摇橹，上水张帆拉纤，忌讳说“乘船”、“弯船”，而要改说“赶船”、“靠船”。

荆楚水运历史悠久，早在公元前四世纪楚怀王时，鄂君启就曾经率领庞大的商船队，从鄂城出发，利用长江、湘水、鄱阳、赣江等水路，从事经商活动。

荆楚水运条件优越，江河湖泊纵横交错。省内大小河流有1000多条，总长度为37000多公里。其中，汉江全长1532公里，相当于德国莱茵河的长度，它是长江最长的支流，源自陕西，流经荆楚西北部和中部，最后在武汉汇入长江。

可以说，荆楚是得“水”独厚。沿江河而兴起的武汉、宜昌、沙市、襄阳、鄂州、黄石、武穴等城镇，自古以来，都是舟楫往来，商贾云集，是当地物资集散地。地处长江、汉江汇合处的武汉，在汉代时，商业中心在武昌，当时叫江夏。李白“万舸此中来，连帆过扬州”，陆游“贾船客舫，不可胜计，衔尾不绝者数里”，就是当时古港盛况的真实写照。后来，商业中心转到汉阳和汉口，川木东下，漕粮北运，淮盐、湘竹聚集于此，港口帆樯林立。到明末清初，汉口和河南的朱仙镇、江西的景德镇、广东的佛山镇，一起被誉为国内四大名镇。到1858年，《天津条约》把汉口辟为通商口岸，足以说明汉口的重要地位。现在，武汉已经成为长江中游的最大港口，成为我国中部水陆联运的枢纽。

五

节日仪礼，是中华民族文化一份珍贵的遗产。它是中国先民在长期社会活动过程中，适应生产、生活的需要和欲求而创造出来的。特别是在荆楚地区，中国许多年节习俗形成并成熟于这一地区，这些年节几经嬗变，一直传延至今。荆楚地区的年节具有四个特点：(一)数量多。(二)节日形式成熟，每个节日都有一套相应的节日传说、节日饮食、节日礼仪。(三)在每个节日中都可找到一些最为古老的文化遗存因子。(四)荆楚地区年节中的饮食，集中反映出荆楚文化的内容和色彩。

荆楚地区年节中的这四个特点，一方面，证明它的载体文化是高度发达而成熟的；另一方面，证明它自身也是高度成熟的。可以说，正是由于这两方面成熟的条件，才使得荆楚地区年节习俗如此绚丽多彩，撩人兴味。我们仅以端午节为例来看这一问题：

农历五月五日端午节，是中国传统节日中仅次于春节的第二大节日。端午又称"端五"、"重五"、重午、端阳、地腊(道教节庆)、女儿节、浴兰和天中节。除汉族外，荆楚大地还有一些少数民族也过端午节，如土家族、苗族、侗族、回族等等。

端午节的起源和发展与荆楚民俗有密切关系。汉代至魏晋是端午节初步形成的阶段，而南北朝至隋唐则是端午节定型化、成熟化的阶段，因为端午节中的许多风俗事项，都是在这一时期形成的。

端午节最主要的节令食品是粽子。相传粽子始于汉代，是端午节投向水中祭楚人屈原的供品。南朝梁人吴均《续齐谐记》载："屈原五月五日投汨罗而死，楚人哀之，每至此日竹筒贮米，投水祭之。汉建武中，长沙区曲白日忽见一人，自称三间大夫，谓曰，'君当见祭，甚善。但常所遗，苦为蛟龙所窃。今若所惠，可以楝树叶塞其上，以五彩丝缚之。此二物蛟龙所惮也。'曲依其言。世人作粽并带五色丝及楝叶，皆汨罗之遗风也。"可见，最早的粽子是用楝叶包裹的。

后来，人们又改用菰叶来包粽子。周处《风土记》云："仲夏端午，烹鹜角黍。"又云："五月五日，以菰叶裹黏米煮熟，谓之角黍，以象阴阳相包裹，未分散也。"《齐民要术》中又引《风土记》注云："用菰叶裹黍米，以淳浓灰汁煮之，令烂熟，于五月五日夏至啖之。粘黍，一名粽，一名角黍，盖取阴阳尚相裹，未分散之时象也。"《荆楚岁时记》亦云："夏至节日，食粽。"其注云："按周处《风土记》谓为角黍，人并以新竹为筒粽。"此外，《尔雅翼》卷一"秠"字注引《荆楚岁时记》佚文云："其菰叶，荆楚俗以夏至日用裹粘米煮烂，二节日所尚，一名粽，一名角黍。"

从以上这些材料中可以反映出，在南朝时，楚地粽子的名称已逐渐代替了角黍，其制作原料也由黍米改为主要用大米了，而且粽子也成为夏至和端午两个节日的节令食品。

事实上，所谓用竹筒贮米和包裹“粽子”，原是巴楚地域稻作民族制作主食的两种古老方法。制筒粽的方法是在新砍的竹筒中贮米注水，置火上烧烤成熟食。制粽子的方法是以楝树叶或菰叶包裹粘米，用线缚紧，投水中煮烂，然后取出剥食。这两种制作主食的方法至今仍为部分西南少数民族所沿袭。

竹筒贮米和粽子，均是上古代巴楚人们的日常食物，本无特殊的纪念意义。后来，在魏晋南北朝传承过程中，人们又将吃粽子与祭楚人屈原联系了起来。这样，后世围绕着粽子这一食品，便衍生了一系列有关的食俗与禁忌，粽子包裹的花样及品种也越来越多。

古巴国的历史，基本上是由战争构成的历史，在短暂的时期内，竟在川东鄂西沿江一线留下近十个都城，这反映了巴人在战争中求生存的一种近似于“行国”的生活方式，这种生活方式自然对他们的节日习俗带来影响。在今日巴地土家族节日习俗中，仍然遗留着“战争”的痕迹。例如：土家族有过“赶年”的习俗，即提前一两天过年，这是因为古代巴人为了抗击外侮，提前过年设伏迎防。过“赶年”要吃大块的“年肉”和切细合煮而食的“年合菜”。据说“年肉”切大块是为了打仗便于携带。“年合菜”是因战情紧急，合煮而食，以便紧急赶路。过年的酒宴上也富有“烽火硝烟”的味道，如糍粑上插满梅枝与松针，上挂纱布，表示征战的“帐篷”。坐席时大门一方不设立，这是为了“观察敌情”。相传土家族“咂酒”也与战争有关。明代土家族士兵赴东南沿海抗倭，为让壮士们临走喝上一口饯行的家乡酒，同时也不误战期，村长遂将酒坛置于道口，插上竹筒管，每过一个士兵咂上一口。后来这种饮酒法成为土家人招待贵客饮酒的一种方式。

摆手舞是土家族春节期间的主要节日活动之一，又是土家族祭祀活动的主要内容，因而与土家族的风俗习惯有密切联系。从历史文献的记载和田野调查资料综合考察，摆手舞主要在正月初三至十五（亦说十七）举行，故成为土家族春节期间的主要活动之一。清雍正《永顺府志》载：“每年正月初三至十七日，男女齐集，鸣锣击鼓，跳舞唱歌，名曰摆手。”摆手舞中就有许多动作保持了土家的战争记忆。其中的“大摆手”，正是继承了巴渝舞中的军事内容，如“披甲”、“列队”、

“夺长竿”、“拉弓射箭”、“插花摆”、“骑马挥刀”、“庆功宴饮”等。

相比之下，楚人的宴饮生活却显得安宁、祥和，富有人情味。楚地过年，称“吃团圆饭”，全家人围坐宴饮，辞旧话新。即使家中有人因故不能团聚，家人也要在席桌上为他摆上一套碗筷，以示团圆。年席菜肴也极富有吉祥意、人情味。如：全家福、元宝肉、如意蛋卷、金果、银丝卷等，家家户户少不了肉圆、鱼圆、全鱼，寓意团团圆圆、年年有余、新年发财。

由此可见，巴人是寓“战”于节日习俗，楚人寓“情”于节日习俗。楚地食品寄寓的浓郁情感与巴地饮食遗留的征战痕迹，形成鲜明对照，从一个侧面折射出巴、楚两地不同的历史文化背景。

综上所述，我们不难看出，荆楚人民在其漫长的历史发展过程中，创造了丰富多彩的社会生活和辉煌灿烂的物质文明，它在多项指标和门类上不仅处于中华大地的先进序列，而且将荆楚物质文明置于世界范围内进行共时性全面比较的话，也是超一流的。这些文明成果主要表现在衣、食、住、行诸方面，由此使我们想起孙中山先生就饮食烹调所说的一段话：“烹调之术本于文明而生，非深孕乎文明之种族，则烹调技术不妙。中国烹调之妙，亦是表明进化之深也。”[①]这说明一个国家和民族生活状况如何，则足以表现一个国家或民族的文化素养。恩格斯也曾说过：“马克思发现了人类历史的发展规律，既发现了直到最近还被思想体系的积淀所遮盖的一个简单事实：人们首先必须吃、喝、住、穿，而后才能从事政治、科学、艺术、宗教等等。”[②]可见，社会物质生活的改善，才是社会发展的动力和基础，而社会物质生活的状况，也是评价社会进步的唯一标尺。据此，我们用这一标尺来衡量荆楚文化的发展水平，也就十分清楚了。

---

① 孙中山：《建国方略·心理建设》，人民出版社1956年版。

② 恩格斯：《在马克思墓前的演说》，《马克思恩格斯选集》，第3卷，第574页，人民出版社1972年版。

第一章　荆楚饮食文化

孕育于长江中游的荆楚饮食文化，由于境内河网纵横交错，湖泊星罗棋布，历史上有“千湖之省”的美称，是中国主要的鱼米之乡，因而在饮食上也形成了与此相应的文化习俗。同时，又由于省会武汉位于九省通衢之地，其饮食文化有兼容并蓄的包容性，成为历史上中国饮食文化融合和创新之地。

第一节　荆楚饮食文化的渊源与特色

对荆楚饮食文化进行历史地、具体地考察与研究，从地域饮食文化的特殊性，找出其饮食文化的特色，这不仅对深入了解荆楚地域文化有重要意义，而且对构建与创新未来荆楚饮食文化也有重要意义。

一、荆楚饮食文化形成的地理环境

荆楚饮食文化的形成与发展，与长江有着密切的关系。众所周知，河流是人类各种文化发源的天然摇篮。世界著名的底格里斯河、幼发拉底河、尼罗河、恒河等，都和一些民族文化的诞生、形成有着密切的关系。长江作为亚洲第一大河流，自西而东、横贯中国腹地十个省、市、自治区，全长6300余公里，流域面积达180万平方公里，自然条件千差万别，因而流域内各地的文化也是千姿百态，气象万千。这些不同地域、不同特色的文化互相交流，互相融合，为光耀中华的长江流域饮食文化奠定了深厚的基础。

考古与现代农业科学资料表明，原始农业的出现，粮食作物的品种选择与开始种植时期，在世界不同地区之所以有先后异同之别，乃是与地理环境的特性有关。特别是在古代中国，由于受到各地区之间不同自然条件的强烈影响，加之生产力水平低下，各地区的生产门类、饮食生活就有较大的区别，物质文化面貌各具特色，逐渐形成了不同的饮食文化区域。在我国，主要就是以黄河流域的中原地区为中心的旱地农业经济文化区，它以首先培育出优良的小米著称；以长江中下游地区为中心的稻作经济文化区，它以生产世界上最早的稻米闻名。可见，一个地区饮食文化类型的形成，是由该地区的地理环境、人民所从事的物质生产、所处的生产方式等多种因素决定的。[①]

根据考古发掘的材料来看，当人类在陆地上开始活动的时候，出于人类自身的本性，都是选择最优良的自然环境作为生存条件的。长江中下游地区气候温暖湿润，雨量充沛，河流密布，土壤肥沃，是发展水稻的理想之地，所以，早在八千多年前，这里就产生了以稻作为特点的原始农业，并逐渐向四周延伸开去。可见，栽培稻谷在长江流域有着悠久的历史，能够使人清楚地认识这一点的，是距今一万至四千年间的长江流域新石器时代的遗址，即：仙人洞文化遗址、玉蟾岩文化遗址、彭山头文化遗址、河姆渡文化遗址、罗家角文化遗址、马家滨文化遗址、崧泽文化遗址、良渚文化遗址和屈家岭文化遗址等，它们都是以出土了大量稻谷遗迹而著称于世的。

按照年代排列，近年在江西万年仙人洞遗址和湖南道县玉蟾岩遗址发现了迄今最早的稻谷。经美国学者进行植硅石分析研究，初步认定江西万年仙人洞遗址距今一万二千年的文化堆积层中，发现有野生稻和栽培稻共存。玉蟾岩是一处旧石器时代晚期到新石器时代早期的洞穴遗址，该遗址发现有距今一万二千年的稻谷实物标本，其中也包含有野生稻和栽培稻。

湖南澧县彭山头、八十垱新石器时代早期遗址中，发现的稻谷距今八千多年。据故宫博物院、北京大学、中国农业大学的考古专家和水稻专家到现场考察后认为，这里出土的水稻时代早，数量品种多，保存状况好。出土的水稻既不像籼稻，也不像粳稻，可能是野生稻向栽培稻过渡中出现的品种。

年代稍后的长江中下游新石器时代文化遗址，以荆楚京山屈家岭最为著名。这一文化遗址距今已有五千多年左右，是我国原始社会晚期较发达的新石器时代文化。在屈家岭出土了大量的新石器时代的石制农业生产工具和日常饮食生

① 姚伟钧：《中国稻作农业起源新探》，《南方文物》，1997 年第 3 期。

活所需要的陶器,这表明当时已进入锄耕农业阶段,粮食种植正成为人们所需食物的可靠来源。当时人类食用的水稻,在遗址中常有发现。特别是当时人类食用后的稻谷壳,广泛施用在房屋建筑之中。那些形态完好的稻谷籽粒,经专家鉴定,属粳稻品种,且是一种较大颗粒的粳稻品种,与当今栽培的品种相仿,证明我们现在食用的粳稻品种,至少已有五千多年的发展历史。

据最近几十年来的考古发掘,在长江流域其他新石器时代遗址中,如湖北天门石家河、武昌放鹰台、江西修水跑马岭等地发现的稻谷,距今都已有四五千年。这说明我国最早的栽培水稻是在洞庭湖、鄱阳湖一带,然后逐步向长江中下游流域及江淮平原扩展,从而初步形成了接近于现今水稻分布的格局。考古发现与文献记载是一致的。在中国古代文献中,记载稻的种植与人民食用也主要是在长江流域。如《周礼》中就认为荆州、扬州“其谷宜稻”[①]。荆、扬之地处于长江中下游地区,在春秋战国时期分属楚、吴、越,是著名的水乡泽国。《史记》叙述这里的饮食生活状况为“楚越之地,地广人稀,饭稻羹鱼”。[②]《汉书》中也认为:“楚有江汉川泽山林之饶,……民食鱼稻,以渔猎山伐为业。”[③]可见,稻谷一直是长江流域人民的主食,水产品则是主要副食。

商周时期,稻谷的种植在黄河流域也逐步推广开来。距今三千多年的河南安阳殷墟遗存的甲骨文中,发现有卜丰年的“稻”和“籼”、“粳”等不同稻种的原体字,以及关于稻谷生产丰歉的记录。另外,在《诗经》中,也有不少食用稻谷的诗句,如“十月获稻,为此春酒,以介眉寿”[④]。《战国策》中也说:“东周欲为稻,西周不下水,东周患之。”[⑤]这些记载说明,黄河流域的稻作生产已有一定程度的发展,但由于地理气候条件不如长江流域优越,所以稻的种植也就不如长江流域普遍。

在一定地理环境下的农业创造与发展,决定着人们的饮食样式,特别是在物质生产较为发达的地区更为明显。人们饮食状况如何,首先和他们创造什么、生产什么有关。中华饮食文化的南北之别,正是根植于这种与地理环境有密切依

① 《周礼·夏官·职方氏》。
② 汉·司马迁:《史记·货殖列传》。
③ 汉·班固:《汉书·地理志》。
④ 《诗经·豳风·七月》。
⑤ 《战国策·东周》卷一《东周欲为稻》。

存关系的经济生活的土壤之中。我国古代长江流域各民族,由于地理环境是川泽山林,因此不仅创造了水田耕种、稻谷栽培的农业生产方式,而且还创造了与此相适应、高度发达的饮食文化类型,最终形成了重视农业,讲究饮食的生活传统。所以说,是得天独厚的长江,滋育了流域内饮食文化的形成与发展。

长江穿越雄伟壮丽的三峡后,由东急折向南,就到了荆楚宜昌,进入"极目楚天舒"的中游两湖平原,一直到江西鄱阳湖口,这便是长江中游区域,即洞庭湖平原和江汉平原。古人常说的"两湖熟,天下足",主要指的就是这两大平原。

长江流域是一个在自然地理方面有着频繁的文化、物质交换,普遍存在因果关系的区域。在社会经济、文化方面,由于长江的纽带作用,流域内的文化、物质、信息的交换比其他区域要频繁得多,这些都是长江流域不同于其他区域所特有的性质,而长江中游在这方面的优势也更为明显。长江中游是古代楚文化的发祥地,它与长江上游的巴蜀文化和同处于长江下游的吴越文化是紧邻却异同互见,但又互相渗透、吸收,具有高度亲和力的文化圈。

荆楚文化作为一个大地域文化,其中又含有若干个基本的子文化,如江汉文化、湖湘文化、江淮文化,在这三个文化周边还有一些边缘文化。荆楚文化的地域中心在两湖,所以说两湖文化是荆楚文化的核心。

长江流域的荆楚文化和黄河流域的中原文化,一南一北,在人类文明的早期,同时迅速地发展着人类的原始农业。楚文化的出现,是长江流域几千年原始文化发展的结晶。在此基础上生长起来的荆楚文化,经过楚国时期的发扬光大,将它的光辉映照了整个中国。

楚文化的兴起,有其独特而优越的地理环境。位于长江中游的江汉平原,西有巫山、荆山耸峙,北有秦岭、桐柏、大别诸山屏障,东南围以幕阜山地,恰似一个马蹄形巨大盆地,唯有南面敞开,毗连洞庭平原。在这里,长江横贯平原腹部;汉江自秦岭而出,逶迤蜿蜒;源出于三面山地的一千多条大小河流,形成众水归一,汇入长江的向心状水系。千万年来,由于巨量泥沙的淤积,形成了肥沃的冲积平原。尤其是在古代,这里"地势饶食,无饥馑之患"。[①]"荆有云梦,犀兕麋鹿满之,江汉之鱼鳖鼋鼍为天下富"。[②]至今长江中下游各地,仍被誉为鱼米之乡。

① 汉·司马迁:《史记·货殖列传》。
② 《墨子·公输》。

优越的地理环境,使楚人可用较粗放的农耕渔猎方式就能获得美食,比中原人较少生存之忧和劳作之苦,心情性格自然开朗活泼,闲暇时间也相对要多一些。这样,也就有条件来发展、丰富自己的饮食生活。另外,由于楚人主食为稻米,稻米不如麦面可以制出许多花色品种,因此楚人便想法以多样的副食和菜肴品种来改善主食的单调状况。加之东周以来,楚国生产力获得了突飞猛进的发展,以此为基础,楚人的衣食住行也就在内容与形式两个向度上均得到尽善尽美的发展。特别是在饮食文化方面,达到了一个新的高峰,也最能代表当时的烹饪水平。

荆楚文化经过两千多年的发展,其内部又因地理环境以及政治、经济、文化的发展水平不一,又表现出若干差异性,形成了江汉文化和湖湘文化,这在饮食文化上的表现就是形成了两大菜系——湘菜和鄂菜。这两大菜系,均为全国十大菜系之列,其风味有同有异。相同之处就是继承了楚人注重调味,擅长煨、蒸、烧、炒等烹调方法。不同之处在于湘菜偏重酸辣,以辣为主,酸寓其中。湘人嗜酸喜辣,实际上也与地理环境有关。湖南地多山区和卑湿之地,常食酸辣之物有祛湿、驱风、暖胃、健脾之功效。而且,由于古代交通不方便,海盐难于运达内地山区,人们不得不以酸辣之物来调味,因此养成了人们偏爱酸辣的饮食习俗。鄂菜的调味则偏重咸鲜。荆楚素称“千湖之省”,淡水鱼虾资源丰富,而咸鲜口味的形成“可能与楚人爱吃鱼有关,因为鱼本身很鲜”①。又由于荆楚有“九省通衢”的雅称,因而在饮食上的兼容性很强。鄂菜吸收了长江上游的巴蜀、长江下游的吴越,乃至中原、粤桂各地饮食文化的精华,因而形成了以水产为本、以蒸煨为主、雅俗共尝、南北皆宜,既有楚乡传统,又有时代特点的风味特色。体现了长江中游区域的饮食文明。

二、荆楚饮食文化的起源

荆楚饮食文化的历史十分悠久。据湖北省文物考古研究所陈振裕先生考证:荆楚“旧石器时代人们的生活,主要依赖于渔猎与植物采集,饮食很差。自从新石器时代发明农业后,我国就是一个地广人多的农业国。伴随着各个时期农业生产的不断发展,饮食生活也不断提高。从考古发现的情况看,荆楚地区的主

① 方爱平:《荆楚饮食风俗撷谈》,《楚俗研究》,湖北美术出版社,1995年,第186页。

食一直是以稻米为主,并辅以菱、粟等"[①]。

新石器时代以后,副食主要有肉食品与蔬菜两大类。肉食品又有兽、禽、鱼三种。各个时期的畜牧业经历了不断发展的过程,人们食用家畜的比例也不断增多,渔猎的比重不断下降,而且肉食品的品种也不断丰富。尤其是战国时期更为明显,蔬菜在春秋之前尚未发现,在战国和西汉时期的墓中已有不少发现,而且品种也较多,已是当时人们的主要副食。同时,还发现了许多调味料,说明当时对饮食质量的要求提高了。

荆楚饮食文化是伴随着楚文化的崛起而兴旺发达起来的。所以,不仅有人把湖北菜称为鄂菜,也有学者将湖北菜称为楚菜。这也就是说,湖北菜的制作,早在两千多年前的楚国时期就已达到相当的水平。《楚辞》中的《大招》与《招魂》中所列举的菜馔已证明了这一点。另外,从考古发现的资料上来看,特别是1978年湖北随州曾侯乙墓中出土的一百多件饮食器具,更是较好的例证。以曾侯乙墓为代表的这一时期楚墓中出土的饮食器具,主要由铜、陶、金、漆木、竹等五种材料制作而成。青铜炊器有鼎、鬲、甗、煎盘等。其中,在曾侯乙墓中发现的一件煎盘,是迄今首次的考古发现。陶炊器有鼎、鬲、甗、甑、釜、罐等。食器的品种与数量又有较大的增多。青铜盛食品有簠、豆、盒、鼎形器、敦、盏、漏匕等;酒具有大尊缶、联禁大壶、提链壶、鉴缶、尊盘、罐、过滤器、勺等;水器有小口鼎、匜鼎、圆鉴、盥缶、盘、匜、斗等。陶盛食器有簠、豆、敦、盒、盂、漏匕等;酒具有缶、壶、方壶等;水器有小口鼎、匜鼎、圆鉴、方鉴、盥缶、盘、盆、斗等。漆木盛食器有圆盒、扁圆盒、食具盒、长方盒、曲形盒、豆、猪形盒、双耳长盒、盘等,酒具有酒具盒、卮、小方壶、耳杯、尊、双连杯(图1-1)、筒、鸳鸯盒等;水器有勺、桶等。竹盛食器有圆笥、长方形笥等。

图1-1 楚国酒具彩绘凤鸟双连杯
(荆门包山2号墓出土)

在众多的饮食器具中,煎盘是一种极其重要的烹饪器具,原湖北

① 陈振裕:《从考古发掘看湖北古代饮食文化》,《中华食苑》第六集,中国社会科学出版社,1996年。

省饮食服务处杜世中先生对此曾作过详细考证，认为这是一种可烧、可煎、可炒、可涮的炊食器具。而在两千四百多年前就能运用煎、炒、涮等烹调方法，这在各大菜系中是领先的，同时也充分证实了鄂菜源远流长的历史。

从曾侯乙墓葬中出土的饮食器具中我们可以看出，当时贵族们盛宴中，荆楚地方风味菜即已形成，这个论据可以从《楚辞·招魂》中得到印证。《楚辞·招魂》里记录了从主食到菜肴以及精美点心、酒水饮料等二十多个品种楚地名食。《楚辞》对楚人的饮食结构及菜肴品种作过具体的记载。《楚辞·招魂》中说："室家遂宗，食多方些。稻粢穱麦，挐黄粱些。大苦咸酸，辛甘行些。肥牛之腱，臑若芳些。和酸若苦，陈吴羹些。胹鳖炮羔，有柘浆些。鹄酸臇凫，煎鸿鸧些。露鸡臛蠵，厉而不爽些。粔籹蜜饵，有餦餭些。瑶浆蜜勺，实羽觞些。挫糟冻饮，酎清凉些。华酌既陈，有琼浆些。"在《楚辞·大招》中也列有一些美味菜肴。这就是："五谷六仞，设菰粱只。鼎臑盈望，和致芳只。内鸧鸽鹄，味豺羹只。魂乎归来，恣所尝只。鲜蠵甘鸡，和楚酪只。醢豚苦狗，脍苴莼只。吴酸蒿蒌，不沾薄只。魂兮归来，恣所择只。炙鸹烝凫，煔鹑陈只。煎鲼臛雀，遽爽存只。魂乎归徕，丽以先只。四酎并熟，不涩嗌只。清馨冻饮，不歠烈只。吴醴白糵，和楚沥只。"

在上面这些佳肴里，肉食就达三十多种，除常见的六畜外，还有鳖、蠵（大龟）、鲤、鲼（鲫鱼）、凫（野鸭）、豺、鹌鹑、鹄（天鹅）、鸿（大雁）、鸧（黄鹂）、乌鸦等等。在烹饪技艺上，楚人讲究用料，选择以楚地所产的新鲜水产、禽鸟、山珍野味为主，制作中又重视刀工和火候，富有变化，如"胹鳖炮羔"中"炮羔"的做法，就与西周"八珍"中的"炮豚"相似。[①]这个菜要采用烤、炸、炖、煨等多种烹饪方法，工序竟达十道之多。在调味上，楚人更为讲究，"大苦咸酸，辛甘行些"，就是说在烹调过程中把五味都适当地用上，开中国饮食五味调和之先河。《楚辞》在对膳馐的描述中都涉及五味调和的问题，反映了楚国菜肴味道的丰富多样，堪称中国美味的源泉。

由于楚国夏季气候炎热，人们爱喝冷饮，所以《楚辞·招魂》中说："挫糟冻饮，酎清凉些"，"挫糟"就是去除酒滓，"冻饮"就是将冰块置于酒壶外，使之冷冻，这样饮用起来就清凉爽口。冻饮制作十分复杂，首先要有冷藏设施，即冰窖，类似于井。据考古发现，在楚都纪南城中部，有不少冰窖，其中有一处十八眼窖井

① "八珍"制作法详见《礼记·内则》。

密集在一起。

每到隆冬季节，就将冰藏之于内，到天热时，作冰镇美酒佳肴之用。[①]当时有一种青铜器，称为“鉴”，类瓮，口较大，便是用来盛冰，以冷冻酒浆和菜肴之用。后人称为“冰鉴”，这在楚墓中较为多见。如1978年随州曾侯乙墓就出土了两件冰（温）酒器（图1-2），这也证实了《楚辞·招魂》中的记载。[②]

图1-2 冰鉴（随州曾侯乙墓出土）

从这张食单中我们可以看出，当时楚国食物原料丰富，烹调方法及调味手段多变，它像一面镜子，生动地反映了当时荆楚地区的饮食风貌和特色，表现了先秦时期鄂菜艺术的成就，也充分说明具有楚乡风味的鄂菜在先秦时期已初具雏形。

到了明清两代，鄂菜更趋成熟，菜肴品种增多，技艺精湛，作为一个菜系已基本定型。

三、荆楚饮食文化的特色

如果说“味在四川”的话，那么，说“鲜在荆楚”似不为过。鄂菜在楚文化的影响下，凭借“九省通衢”和“千湖之省”的地理优势，形成了水产为本，鱼馔为主，口鲜味醇，秀丽大方的特色，适应面十分广泛。具体而言，鄂菜有如下几个特点，对此我们逐一论述。

---

① 《一九七九年纪南城古井发掘简报》，《文物》，1980年第10期。

② 后德俊：《从冰（温）酒器看楚国用冰》，《江汉考古》，1983年第1期。

(一)丰富的原料

荆楚沃野千里,水网密布,得水独厚,又地处华中腹地的长江中下游,是全国有名的“鱼米之乡”,历来有“两湖熟,天下足”之说。全省六山一水三分田,故熊掌、猴头、木耳、冬笋等山珍无不富有,稻米、小麦、大豆、牲畜、禽蛋、果蔬等农副食品异常丰足。尤其是淡水鱼鲜,其品种之多(常用的就有五十多种)、产量之大(年产量居各省之首)、食用之广为其他任何菜系所不及。如此丰富的烹饪原料,为鄂菜的发展奠定了坚实的基础。

不仅如此,荆楚各地还有许多独特的烹饪原料。正如一首荆楚民间歌谣唱道:“萝卜豆腐数黄州,樊口鳊鲩鄂城酒。咸宁桂花蒲圻菜,罗田板栗巴河藕。野鸭莲菱出洪湖,武当猴头神农菇。房县木耳恩施笋,宜昌柑橘香溪鱼。”不仅如此,笔架山鱼肚、金口鮰鱼、鹤峰葛仙米、沙湖盐蛋、洪山菜薹、襄阳大头菜等等,都是著名的土特名食。而在这众多的名特食品中,尤以“武昌鱼”、“洪山菜薹”最有名。宋代文豪苏东坡慕名到武昌品尝洪山菜薹的故事,清代荆楚总督李恪勤挖土到安徽种植洪山菜薹的传说,民国张群对洪山菜薹的留恋之语,使洪山菜薹的名声大振。历代文人墨客对武昌鱼的赞美,毛主席对武昌鱼的吟诵,使武昌鱼成为饮誉中外的著名烹饪原料。这些独特的烹饪原料,是形成鄂菜特殊风味的基础。

(二)别具一格的烹调风格

众所周知,各大菜系都有自己独特的烹调风格,如川菜讲究调味,以干煸、干烧等烹调方法较为擅长。鲁菜善于制汤,对扒、爆比较熟练。而鄂菜在烹调技法上,蒸、煨、炸、烧应用最广,也最为擅长。鲁菜厨师讲究“勺功”(即翻锅技巧),川菜厨师讲究调味,苏菜厨师讲究菜肴外形,这些统称为勺上功夫(即锅上功夫)。而荆楚厨师则十讲究勺底功夫,即注重菜肴火候的掌握,对火候的要求十分严格。鄂菜的蒸、煨、烧等烹调方法是特别讲究火候的几种烹调方法。如“蒸”,原料在锅或笼内,人的眼睛无法观察它的成熟度,全凭厨师的经验来控制火候的大小和时间的长短。有的菜肴须用大火长时间蒸,如“荷叶鸡”;有的用大火短时间蒸,如“清蒸武昌鱼”;有的须用中小火短时间蒸,如“雪山鱼片”中的“雪山”等;否则,不及则生,过之则烂,没有丰富的经验是难以掌握的。由此反映了鄂厨对火候的考究。

鄂菜的烹调风格还体现在擅长主、副食结合烹调，这在其他地方菜中是没有或很少见的。例如粉蒸系列菜（以米粉拌和原料蒸制），珍珠系列菜（以泡制的糯米与原料混蒸），锅巴系列菜等，具有浓郁的地方特色。

（三）繁多的菜品

鄂菜有相当数量的菜品。据有关资料不完全统计，鄂菜现有菜点品种三千多种，其中传统名菜不下五百种，典型名菜点不下一百种。仅以黄州为例，历史上因为苏轼被贬为黄州团练副使，当地就出现了一系列以东坡为名，以当地物产为原料的系列菜。

黄州濒临大江，山清水秀，民风淳朴，物产亦丰富。相传城内有金甲井，水清味醇，做的豆腐好吃，远近有名。离黄州五十里的巴河盛产莲藕，别处藕只有七孔，巴河藕却有九孔，肥嫩甜脆。与黄州隔江相望的鄂城樊口，盛产细头鳊鱼，肉嫩味美，又称“武昌鱼”（因古代鄂城称武昌）。鄂城出产一种醇酽的白酒，被苏东坡称为“江城白酒三杯酽”。当地人编了这样一首民谣：“过江名士开笑口，樊口鳊鱼武昌酒，黄州豆腐本佳味，盘中新雪巴河藕。”以东坡肉为代表的东坡系列佳肴，正是黄州淳厚乡风民俗背景下形成的。

“东坡肉”是一种炖肉，为黄州传统名菜。相传系苏东坡被贬于黄州时，仿制前人的做法，并加以改良，将烧猪肉加酒做成红烧肉，小火慢煨而成。此菜在黄州兴起，后传至南宋首府杭州，发扬光大，也成为杭州名菜。

“东坡豆腐”相传为东坡谪居黄州时，用黄州豆腐烹制的。制作时取葱少许洗净，下葱入油锅炸至发黄捞出，再将豆腐一大块切成丁入油锅，加精盐，白汤烧沸，取榧子二十枚，研碎入锅同煮，再淋入麻油，即可起锅装盘，其味滑嫩葱香，榧脆味美。

“东坡鲫鱼”是苏轼居黄州时以鲜活鲫鱼为主料烹制的菜，故名。李时珍称此菜有“和中补虚，除湿利水，温胃进食，温中下气”的功能。据《黄州府志》载：“东坡居黄州好自煮鲫鱼，并曰其珍食者，自知不尽谈也。”其主料为活鲫鱼一尾，白菜心少许，橘皮一片即可。制作堪称简便：置炒锅旺火上，下猪油烧至五成热。将剖洗好的鲫鱼下锅煎至两面黄，入清水，加精盐，白菜心烧沸，再放入葱白、姜末、萝卜汁、料酒、橘皮、胡椒粉，起锅盛入汤碗即成。

“东坡春鸠脍”，是春天脍斑鸠肉。因苏轼喜食，并曾宣扬故名。苏轼在出川前就爱吃此菜，曾说“蜀人贵芹菜脍，杂鸠肉为之。”他在黄州的《东坡八首》中写道：“……泥芹有宿根，一寸差独在。雪芹何时动，春鸠行可脍”。它是选用春斑鸠胸脯肉，并杂以香芹丝合炒的一道佳肴。

“东坡鲴鱼”。鲴鱼，亦称鮰鱼。李时珍说：“鮰生江淮间无鳞鱼，五六月取大四五尺者，鳞细而紫，无细骨，不腥，其肉气味甘平”，有“开胃，下膀胱水”的功效。鲴鱼也是东坡喜食并曾制作的菜肴，故名东坡鲴鱼。他写有《戏作鲴鱼一绝》：“粉红石首仍无骨，雪白河豚不药人。寄语天公与河伯，何妨乞与水精鳞。”东坡鲴鱼，鱼肉肥嫩，滑润鲜美，为荆楚黄州传统名菜。

“东坡荠羹”，这是苏轼在黄州首创的滋补素肴。他在《与徐十二尺牍》说：“今日食荠甚美，念君卧病，而醋酒皆不可近，唯有天然之珍，虽不甘于五味而有味外之美。《本草》：荠，和肝气、明目。君今患疮故宜食荠。其法取荠一二升许，净择，入淘米三合，冷水三升，生姜不去皮，槌两指大，同入釜中，浇生油一蚬壳，当于羹面上。不得触，触则生油气，不可食。不得入盐醋。君若如此味，则陆海八珍皆可鄙厌也。”东坡所述荠羹为绿色稀羹，甘香绝伦，为天然山林风味。[①]

此外，“沔阳三蒸”、“清蒸武昌鱼”、“瓦罐鸡汤”、“蟠龙卷”、“腊肉菜薹”、“千张肉”、“皮条鳝鱼”、“红烧鲴鱼”、“橘瓣鱼氽”等等，无不为鄂菜之佼佼者。豆皮、汤包、东坡饼、热干面、散烩八宝、面窝等，皆为荆楚小吃之精华。而在这众多的名菜点中，“武昌鱼”则被誉为“鄂菜之冠”。“老通城豆皮”被誉为“荆楚小吃之王”，至今在国内外还享有极高声誉。

(四)浓厚的楚乡风味

荆楚位居华中，北接河南，东邻徽、赣，西依川、陕，地域辽阔，资源丰富。由于历史的原因和地理环境的影响，使鄂菜形成了许多不同的地方风味流派。其中，最有代表性的有鄂州、汉沔、襄樊、荆沙四个地方风味。荆沙风味流行于宜昌、荆州、洪湖等地。这一带河流纵横，湖泊交错，水产资源极为丰富，故擅长制作各种水产菜，尤其对各种小水产的烹调更为拿手，考究鸡、鸭、鱼、肉的合烹，肉糕、鱼圆的制作有其独到之处；襄樊风味盛行于汉水流域，这一带以肉禽菜为主体，对山珍果蔬制作熟练，部分地区受川、豫影响，口味偏辣；武汉菜是汉沔菜的代表，也称汉沔风味。这一带平原坦荡、湖泊较多，故尤其擅长烹制大水产鱼类

① 刘晓航：《老小吃、老味道》，长江文艺出版社，2001年，第145页。

菜肴，蒸菜、煨菜别具一格，小吃和工艺菜也享有盛名；鄂州风味泛指鄂东南丘陵地区，这里农副产品种类繁多，主副食结合的菜肴尤有特色，炸、烧很见功底。

（五）“三无不成席”

鄂菜的“三无不成席”（无汤不成席、无鱼不成席、无圆不成席）更集中反映了鄂菜的特色。荆楚人爱喝汤，也会做汤，瓦罐鸡汤，排骨藕汤、鲫鱼汤、鮰鱼汤、鱼圆汤、龟鹤延年汤、峡口明珠汤等，均为汤中杰作。举凡筵宴，压轴戏必然是一钵鲜醇香美的汤。“无汤不成席”，已成为一条不成文的规定。

鄂菜鱼馔在国内独树一帜，其品种之多、烹调之精为其他菜系所不及，大凡楚乡筵宴，必少不了一条全鱼。逢年过节，鱼菜更必不可少。

荆楚的“圆子”可谓一绝，一般人们用动物性原料作圆子较多，因为动物肉类含有较丰富的胶原蛋白，具有一定的粘性，便于成型。而楚乡各地，不仅能用肉、鱼作圆子菜，还能用各种植物原料作圆子菜，如藕圆、豆腐圆、糯米圆、绿豆圆、黄豆圆、红苕圆等等。圆子同汤和鱼一样，也是各种筵席不可缺少的一道菜。据说，在筵席临近结束时端上一盘圆子菜，有“圆满结束”、“事事圆满”之意。这些饮食习俗和烹调特色，均带有浓郁楚乡气息，散发着江汉平原的泥土芳香。

四、荆楚名菜趣源

有着两千多年发展历史的鄂菜，是宝贵的文化遗产，进入了中国十大菜系的行列。为了深入了解鄂菜的历史发展过程，现将几款武汉风味浓郁的鄂菜，连同它们的历史典故和民间传说简介如下，一起与大家品味。

（一）清蒸武昌鱼

昔人宁饮建业水，共道不食武昌鱼。
公来建业每自如，亦复不厌武昌居。
武昌山水今可想，绿水逶迤烟莽苍。
白鸥晴飞随两桨，岸荠茸茸映渔网。
投老留连陌上尘，思群一语何由往。

这是北宋王安石描绘荆楚鄂州风物的怀旧诗——《寄岳州张使君》。诗中“昔人宁饮建业水，共道不食武昌鱼”一句，说的是东吴最后一个皇帝孙皓要再次迁都武昌，但吴国的大官僚地主不愿远离他乡，因此遭到反对。其时，左丞相陆凯上疏孙皓，并引用了民谣："宁饮建业水，不食武昌鱼，宁还建业死，不止武昌居。"这既反映了当时吴国上下一致反对从建业迁都武昌，同时也说明了在一千七百年前的三国时期，不仅武昌鱼始有其名，而且其珍馐美味早已被人们注意。

这段史实使武昌鱼的名声大振，以此事入典的诗词历代多有，著名者如南北朝时期诗人庾信所作《奉和永丰殿下言志十首》："还思建业水，终忆武昌鱼。"唐代诗人岑参《送费子归武昌》："秋来倍忆武昌鱼，梦著只在巴陵道。"宋代诗人范成大《鄂州南楼》："却笑鲈乡垂钓手，武昌鱼好便淹留。"二十世纪五十年代，一代伟人毛泽东也借用此典故，在《水调歌头·游泳》一诗中写下了著名的诗句："才饮长沙水，又食武昌鱼。"更使武昌鱼名扬天下。

三国以来，不少历史文献中以为武昌鱼是泛指武昌出产的鱼。但近几十年来经过科学鉴定，确认梁子湖中的团头鲂才是名副其实的武昌鱼。梁子湖烟波浩渺，湖水清澈，鱼类资源十分丰富。樊口是梁子湖通向长江的出口，这里的鳊鱼最负盛名。清代光绪《武昌县志》记载："鳊鱼产樊口者甲天下，是处水势回旋，深潭无底。渔人置罾捕得之，止此一罾味肥美，余亦较胜别地。"五十年代初，我国鱼类学专家、华中农学院教授易伯鲁等通过对梁子湖所产鳊鱼进行观察、鉴别，发现了三个鳊亚科鱼种，即长春鳊、三角鳊和团头鲂类。前两种鱼广泛分布于全国各地江湖，唯团头鲂系梁子湖独有，故称之为"武昌鱼"。团头鲂与三角鳊同属鲂。但据易伯鲁的研究，团头鲂有几个主要特点：一、团头鲂吻端纯圆，同三角鳊比较，口略宽，上下曲颌曲度小；二、团头鲂的头一般略短于三角鳊；三、团头鲂尾柄最低的高度总是大于长度，三角鳊尾柄的长度和最低高度几乎相等；四、团头鲂鳔的中室是最膨大的部分；五、团头鲂腹椎和肋骨十三根，三角鳊却只有十根；六、团头鲂的体腔全为灰黑色，三角鳊为白色，带有浅灰色色素。

图 1-3　清蒸武昌鱼

武昌鱼肉质肥嫩、鲜美、富含脂肪，宜清蒸、红烧、油焖等，但尤以清蒸为最，故"清蒸武昌鱼"（图 1-3）被誉为"楚天第一菜"。

清蒸武昌鱼是将 800 克左右的武

昌鱼刮洗干净后，将鱼身剞兰草或柳叶花刀，用沸水略烫去腥，将精盐、料酒、葱、姜等腌5分钟，置盘中，鱼身用姜片、香菇片、冬笋片及猪板油丁等摆好，上笼蒸15分钟，淋少许香油及白胡椒粉，随姜丝香醋味碟上桌。

关于“清蒸武昌鱼”，有这样一段故事。相传，三国时，武昌樊口是吴国造船的地方。有一天，为了庆贺大船下水，孙权命人摆设酒宴，老百姓纷纷送来各色各样的鲜鱼。樊口的鳊鱼，更是酒席中的上等菜。只见厨师将鳊鱼清蒸后，端上桌来。孙权尝过后，极感兴趣，便连要了三盘，都被吃得干干净净，因此，也多喝了一些酒。

孙权吃着“清蒸武昌鱼”，就问：“这鱼出自何处？”旁边一位大臣答道：“这是一位老渔翁为谢大王恩德送来的，不知出在哪里。”孙权听了非常高兴，遂命人将这位老翁找来。

老渔翁进了宴会厅，孙权命人赏他一碗酒，要他说说这鱼出在哪里。老渔翁一口喝干了酒说：“这种鱼叫鳊鱼，出在百里外的梁子湖。每当涨水季节，它游经九十里长港，绕过九十九道湾，穿过九十九层网来到长港的出水口，这出水口名叫樊口。这里一边是港水清清，一边是江水浑黄，鳊鱼喝口浑水吐一口清水，喝一口清水吐一口浑水，经过七天七夜，使原来的黑鳞变成银白色，原来的黑草肠换成肥满满的白油肠，所以吃起来格外味美。”

孙权听得入了神，又命人再赏他一碗酒。老渔翁也不客气，接过酒又喝干了。接着，他又说：“这种鱼，油也多，鱼刺丢进水中，可以冒出三个油花。”孙权不信，便亲自一试，果然，别的鱼刺只冒出一个油花，只有鳊鱼刺在水中翻出三个油花来。孙权一看，十分感兴趣，便亲自起身，端起一碗酒赏给老渔翁。老渔翁双手接过酒又说：“用这种鱼刺冲汤可以解酒，喝多了也醉不了。”孙权听了半信半疑，上前一把抓住老翁的手说：“如果真能解酒，我愿领罚三大碗。”说罢，遂命人用开水将鱼刺冲成汤，孙权喝了一口，顿感神志清醒。大臣们喝后，也个个拍手称赞。随之，孙权兴起，端起酒碗，面对众臣道：“想不到我东吴有这样好的武昌鱼。”

至今，凡到武昌者，莫不以吃到清蒸武昌鱼为快，清蒸武昌鱼遂成为“楚天第一菜”。

（二）红菜薹炒腊肉

每年冬末春初，正是遐迩闻名的洪山菜薹采摘上市季节，武汉人都要纷纷采购洪山菜薹食用。特别是春节期间,洪山菜薹更是成为人们餐桌上必不可少的风味菜肴。

菜薹古为芸薹属,又称紫菜、紫菘、菜心等,红色者称红菜薹,或叫紫菜薹,洪山菜薹即属于此类。

我国是生产红菜薹的故乡,栽培和食用这种特产蔬菜的历史十分悠久。在先秦文献《夏小正》中,就有关于人们采集芸薹做菜吃的记载。《名医别录》说:“芸薹乃人间所啖也。”《本草纲目》亦云:“此菜易起薹,须采其薹食,则分枝必多,故云芸薹”。由此,可见红菜薹在我国古代早已是普遍食用的一种蔬菜。

红菜薹广泛生长在我国长江流域一带,特别盛产于江汉平原。种植此菜需要肥沃的土壤,较低的气温,一般是秋植冬撷。红菜薹其紫干亭亭,黄花灿灿,茎肥叶嫩,素炒登盘,清腴可口,质脆味醇,最为上乘。红菜薹以武昌洪山所产质量最佳,故一般叫它“洪山菜薹”,有人称其为“国内绝无仅有的美食名蔬”。还有行家称,武昌洪山宝通寺一带的菜薹味道尤其出色,别处所产均不能与之媲美。以至有一种说法,以宝通寺钟声所到之处为范围的地方,出产的菜薹是正宗。“距城(武昌城)三十里则变色矣,洵别种也”。历史上对洪山菜薹的赞誉颇多。王景彝《琳斋诗稿》有咏菜薹诗一首云:

甘说周原荠,辛传蜀国椒。
不图江介产,又有菜薹标。
紫干经霜脆,黄花带雪娇。
晚菘珍黑白,同是楚中翘。

对洪山菜薹的风姿和品格大加赞美。

人们爱吃洪山菜薹,对有关洪山菜薹的故事、趣闻传播也多。

关于洪山菜薹的来历,就流传着这样一个美丽的故事:相传一千七百多年前,洪山脚下居住着几户人家。其中有一对青梅竹马的恋人,名叫田勇和玉叶。一天,田勇和玉叶相邀到洪山游玩,被绰号叫“恶太岁”的杨熊撞见。杨熊见玉叶容貌美丽,顿生恶念,乃令打手上前拦抢。玉叶死不相从,田勇奋力救助,但终于寡不敌众,双双被乱箭射死在洪山之麓,两人的鲜血染红了洪山下的土地。恶人自有恶报,不一会儿,天气突变,狂风大作,乌云密布,电闪雪鸣,杨熊一伙即被雷电击毙在半山腰。后来,当地的农民将田勇、玉叶就地掩埋。

不料次年秋天,坟堆周围长出了紫红色的菜苗,乡人勤浇水,常施肥,紫红色的菜苗渐渐长得肥大,竟抽出肥嫩的菜薹。当年适逢灾荒,粮食颗粒无收,乡人就以坟堆边的菜薹充饥。菜薹也真神奇,摘了又长,越摘越多,乡人就凭这菜薹度过了灾荒之年。再后来,没采摘完的菜薹又开花结籽,乡人又纷纷采集菜籽,来年自家别处种植,吃不了就挑到城里去卖。城里人从来没见过这等鲜嫩的紫红菜薹,吃了更觉得甜脆清香,自然赞不绝口。于是,红菜薹便在洪山一带得以推广,并年复一年地流传下来。

历史悠久的洪山菜薹,作为一种名贵佳蔬,千百年来甚为人们厚爱。据有关文献记载,洪山菜薹曾被皇家封为“金殿玉菜”,列为贡品,是历代向皇帝进贡的荆楚特产。清朝慈禧太后嗜爱此品,常派人到武昌洪山一带索取菜薹。历代达官权贵、文人雅士也常慕名而奔武昌,以能吃到洪山菜薹为幸。据说,自称老饕的北宋大文豪苏东坡,为吃到洪山菜薹,曾三次到武昌。前两次均因故未得其味,每次都是“乘兴而来,败兴而去”。第三次来时,苏东坡偕苏小妹游黄鹤楼后,渴望一尝洪山菜薹,可是时值寒冬,因冰冻而推迟了抽薹,苏东坡兄妹二人就特意滞留武昌,直到如愿以偿,大饱口福才惬意而去。

人们相信名人,名人喜吃的食物更可得到大众的青睐。于是,关于洪山菜薹便出现了“刮地皮”的典故。据王葆心《续汉口丛谈》上记载:“光绪初,合肥李勤恪瀚章督湖广,酷嗜此品(按:指洪山菜薹),觅种植于乡,则远不及。或曰‘土性有宜’。勤恪乃抉洪山土,船载以归。于是楚人谣曰:‘制军刮荆楚地皮去也。’”民国初年,荆楚都督黎元洪离开武汉到北京当大总统后,他的如夫人黎本危爱吃洪山菜薹,每届冬季必派专差到武昌洪山调运菜薹。

1949年元月,国民党行政院长张群飞抵武汉为蒋介石说项,破坏和平运动,但毫无结果。临走前,他想到洪山菜薹是闻名遐迩的特产,今后还不知能否吃到,便对湖北省主席张笃伦说:“今晚到洪山去买三百斤红菜薹,以便明晨带回南京去。”事后,有知情者写诗讥讽云:“从此辞却鄂州路,空载洪山菜薹归。”

清代汉阳诗人徐鹄庭在《汉口竹枝词》中写道:“不须考究食单方,冬月人家食品良。米酒汤元宵夜好,鳊鱼肥美菜薹香。”菜薹与鳊鱼齐名,足见其味之美。

洪山菜薹入馔,自古食法颇多,一般适用炒、烧、扒、烩、酱、腌、拌等烹调法。清代《调鼎集》中就收到各种菜薹肴馔达十余品。而“红菜薹炒腊肉”,就更是古今闻名，别具一格的传统节令佳肴，是人们十分喜爱的名菜。

(三)白汁胖桂

鱼如白花浪溅，
色似红中林笼。
肉香遍及华筵，
箸来佐酒堪醒。

这是一首赞美三楚名肴“白汁胖桂”的诗。桂鱼又名鳜鱼、桂花鱼、季花鱼等，因其肉多刺少，肉质洁白细嫩，与黄河鲤鱼、松江鲈鱼、兴凯湖大白鱼并称“中国四大淡水名鱼”。又因其主产于中国，产量居世界之首，故称“中华鱼”。各地以桂鱼制作的名菜很多，如：江苏松鼠桂鱼、安徽臭桂鱼、江苏干蒸桂鱼、荆楚白汁胖桂等。传说“白汁胖桂”一菜还与“天下第一名楼——黄鹤楼”有一段渊源故事哩！

相传一千七百多年前修黄鹤楼时，一天，楼前来了一位挺精神的老者，对着快要竣工的黄鹤楼，眯缝着眼，前后左右仔细打量了好一会儿后，对工匠们说：“这楼盖得挺美，就是对着江的那扇窗户的横架不正，影响了整座楼的美观。如能改改，就更好。”工匠们说：“楼都快盖起来了，再返工谈何容易！”老人说：“盖楼不仅要现在看着美，还要让子孙后代来评说呢！”工匠们犯难地说：“您说能改，那您改改给我们看看！”说完就气呼呼地离开了。老人不再言语，径自找来根木料，用目光测好了窗架的位置、尺寸，拿起锯、刨、斧便干了起来。只见他手下的刨花飞到楼下，掉进江中，在阳光照耀下，立刻变成了白花花的鱼群。盖楼的工人发现鱼群，呼唤着纷纷下水捞鱼。

等他们回到工地，抬头一看，一个新的窗架，严丝合缝、平平正正地嵌在楼中央，楼身顿时显得壮丽无比。回头再去寻找老人，已不知去向。大伙想起刚才他的指点，议论纷纷地说：莫不是鲁班祖师亲自来指点了？于是他们把捞回的鱼煮熟了，对江遥祭。因为鱼是鲁班师傅点化的，所以叫贵鱼(即桂鱼)。后人根据这个传说，为保持桂鱼本色，烹制时不用酱油，采用白汤，故叫“白汁胖桂”。

“白汁胖桂”的做法是，先将收拾好的桂鱼在开水中稍烫一下，晾凉后，在鱼的两面各切三刀，用精盐稍腌一下。剖腹去内脏时，可在肛门处开小口，取出。也可用火钳从鱼嘴插入肚内，用力一搅，取出鱼鳃和内脏，这样便能保持鱼的外形美。然后把整鱼放在盘内，再加些整段的葱、姜块。上笼用旺火蒸熟取出。另取一锅，下少许猪油，煸葱丝出味，再加辣椒丝、玉兰片丝、青豆稍稍炒一下，接着下鸡汤、精盐、料酒等煮沸，用湿淀粉调稀勾薄芡，淋熟猪油，起锅浇在鱼身上即成。

（四）荆楚鱼圆

鲜鳞如玉刮刀椹，
汁和葱姜得味深。
要向宾筵夸手段，
鱼餐做出是空心。

这是晚清《汉口竹枝词》中的一首描述鱼圆制作工艺的诗。诗中的“鱼餐”即“鱼圆”，又称“鱼丸”、“鱼汆”，是荆楚著名的传统佳肴，也是鄂菜中的佼佼者，深为荆楚人民所喜爱。在楚地民间，每逢年节举行家宴，或婚丧喜庆宴请亲朋，大都要烹制这道菜。鱼圆色泽洁白，质地软嫩，鱼肉鲜美，吃鱼不见鱼，无骨刺之烦恼，堪称鱼菜之绝作，鱼肴之精品。

鱼圆这一美味佳肴是如何创制的呢？

相传，楚文王迁都到郢（今湖北江陵）以后，特别酷爱当地的鱼鲜，几乎达到无菜不鱼的地步。但文王却偏偏是个吃鱼不会吐刺的人，每次进膳，总是面对丰盛的鱼肴一筹莫展。据《荆楚岁时记》记载：一次，楚文王被鱼刺扎喉后，当即怒杀司宴官。此后，厨师每给文王烹制鱼宴，首先必将活鱼斩头去尾，剥皮除刺。尽管如此，也难免有时因细刺卡喉而使文王恼火，往往盛怒之下，便喝令处死做菜的厨师。于是，不知有多少御厨名师沦为刀下冤鬼，许多厨师便因此逃往他乡。时有大臣建议出榜招贤，聘用会烹制无骨刺鱼肴的名师。获得文王应允后，便立即行文张榜招聘。

张榜数天，却一直无人敢就聘。后来，有一位名厨应召担任楚文王的御厨，但他烹制出的鱼肴，仍不能令文王满意。眼见厄运就要降临自己头上，然而，他再也想不出好办法来，只得木呆呆地站立在案板前，手握厨刀，用刀背狠狠地猛击案板上的鱼块，以发泄愤恨之情。突然，他意外地发现鱼肉与刺神奇地分离了，鱼肉变成了细茸。这时，已快到楚文王用膳时间，慌忙之中他灵机一动，速将各种调味料和鱼茸掺和在一起，然后挤成一个个的小圆子，汆入鸡汤中奉献给楚文王。文王见这飘浮在汤中玲珑剔透、异常精美的鱼圆肴馔时，感到惊奇，当品尝时，入口即化，无刺无渣，且泡软香嫩，色质味皆佳。文王顿时大悦，赞不绝口。自此，鱼圆这一美肴便产生了。

鱼圆这一特殊风味美肴产生以后，楚文王下令定为“国菜”，不许外传。于是，鱼圆便成为历代宫廷御膳珍品，专供皇室帝王享受。至元代时，还出现有炸制的鱼圆，称为“鱼弹儿”，手艺日趋精湛，品种越来越多，由原先的普通鱼圆，发展到现在的灌汤鱼圆、空心鱼圆、金包银（肉圆包鱼圆）、银包金（鱼圆包肉圆）、橘瓣鱼圆等，而且还由鱼圆发展为鱼面、鱼饼、芙蓉鱼片、芙蓉抱蛋、鱼糕、鱼饺等衍生品。如今，鱼圆已不再是皇室的专用品，而成为平民百姓的寻常肴馔。

第二节　荆楚风味小吃

在历史的长河中，荆楚人民创造了许多风味各异的风味小吃。这些风味小吃是荆楚文化的物质再现。

一、荆楚小吃的起源与发展

早在战国时期，屈原在《楚辞·招魂》中记述楚王宫的筵席点心，如粔籹、蜜饵之类，这也就是甜麻花、酥馓子、蜜糖团子、糕点的雏形。据庞元英《文昌杂录》云：“今岁时，……油煎花果之类，盖亦旧矣。”贾思勰《齐民要术》中也说：“细环饼，一名寒具，脆美。”所谓“细环饼”，就是馓子，因其形状酷似妇女之环钏而得名。唐代诗人刘禹锡《寒具》诗曰：“纤云搓来玉数寻，碧油煎出嫩黄深，夜来香睡无轻重，压扁佳人臂缠金。”曾经贬谪鼎州（今湖南常德）、夔州（今四川奉节）等地的刘禹锡不但对“寒具”（馓子）的制作、造型十分熟悉，而且还在字里行间流露出对制作者的同情与共鸣。迨及近现代，馓子一直是荆楚名牌风味小吃之一，有扇形与枕形的两种。馓子的丝要粗细均匀，质地焦脆酥化，造型新颖别致。它既属点心，又可当菜食，是南方广大顾客所喜爱的传统风味小吃之一。

蜜饵，是用糯米和大米并与蜜掺合做成的十分柔软、可口的食品，鄂湘等地俗称“团子”。这种食品，历史古老。先秦古籍《周礼·春官》中已有“馐筵之食，糗饵粉糍”的记载。汉代郑玄注云：“糗，熬米，使之熟又捣之为粉也。”宋代《东京梦华录》载述:“冬月虽大风雪阴雨,亦有夜市,……糍糕、团子、盐豉汤之类方盛。”可见其历史久远。

魏晋南北朝时,荆楚已有众多的节令小吃。《荆楚岁时记》中有楚人立春“亲朋会宴啖春饼”和清明吃大麦粥的记述,《续齐谐志》介绍了楚地端午用彩丝缠粽子投水祭奠屈原的风俗。荆州刺史桓温常在重阳邀约同僚到龙山登高、品尝九黄饼。

唐宋时,荆楚小吃创造出了许多流传至今的名品,如禅宗发源地黄梅五祖寺的白莲汤和桑门香(油炸面托桑叶),黄冈人新年祭祖的绿豆糍粑,秉承石燔法的应城砂子饼,可存放一旬的丰乐河包子,酷似荷花的荷月饼,以及泉水麦面香油煎的东坡饼等。[①]

明清两代,荆楚小吃不断充实新品种,又推出孝感糊汤米酒,黄州甜烧梅,郧阳高炉饼,光化锅盔,宜昌冰凉糕,荆州江米藕,沙市牛肉抠饺子,江陵散烩八宝饭以及武汉的谈炎记水饺等。《汉口竹枝词》中所谓:“芝麻馓子叫凄凉,巷口鸣锣卖小糖,水饺汤圆猪血担,深夜还有满街梆。”这便是清末汉口小吃夜市的写照。

二十世纪以来,荆楚小吃有了较大的发展,品种增多,质量提高,出现了一些名特小吃,如四季美的汤包,老谦记的枯炒牛肉豆丝、蔡林记的热干面、归元寺的什锦豆腐脑、杨洪发的豆皮、金大发的红油牛肉面、曾天兴的炒汤圆、高公街的油炸米泡糕、怡心楼的一品大包、存仁巷的发米粑、顺香居的油香和油糍粑,老通城的豆皮等。

如果您有机会来荆楚,丰富多彩的荆楚小吃,一定会使您流连忘返。

二、荆楚小吃的特色

粤、苏、浙的小吃,甜味令人难忘,川、湘的小吃,麻辣居多。而要用简短的语言来概括荆楚小吃的特点,确实不是一件容易的事。荆楚小吃之所以丰富多味,是与荆楚的地理位置有关系的。荆楚地处祖国中部,长江横贯其境内,可谓是得中独厚,得水独利。从古至今,荆楚汇集了天南海北各地人,同时兼收并蓄了东西南北的饮食文化,荆楚小吃无疑是在兼容各地风味的基础上广收博采,人为我用中发展起来的,呈现出各地小吃在此荟萃的特色。

① 参见陈光新:《湖北小吃》,《中国烹饪百科全书》,中国大百科全书出版社,1992年。

在兼收并蓄中发展起来的荆楚小吃，能够满足不同人的口味，适应天下人的需要。例如，作为地处九省通衢的武汉，每天的流动人口多达百万以上。这些人不可能是一种口味、一种饮食习惯，而武汉品种丰富的各色小吃，风味各异，正好满足众口的需要。

即使是某一食品，也可任人调味，如武汉名吃热干面，芝麻酱、香醋、酱油、辣椒等都可根据自己的口味任意加入。而且正因为是大众食品，其价格也为一般平民所接受。

据此，也有人认为荆楚小吃的特色不甚明显。事实上，我们细究起来，荆楚小吃可概括以下几个主要特色：

1. 荆楚小吃品种丰富，口味各异。

2. 荆楚小吃的主料多为米、豆制品，兼及面、薯、蔬、蛋、肉、奶。

3. 因时而异，轮流上市，一年四季，小吃的上市品种不相同。

4. 小吃是荆楚人过早（吃早餐）的主要品种，武汉居民不论是春夏秋冬，都习惯在小食摊上过早，可谓是“神州一奇”。

5. 包容性强，对外来品种大胆移植和改进。

荆楚小吃在形成独特的地方风味的过程中，涌现了众多的名食名点，如东坡酒楼的“黄州烧麦”，孝感鲁元兴的“糊汤米酒”，武汉的热干面、老通城的三鲜豆皮、四季美的汤包，荆州聚珍园的“散烩八宝饭”，沙市好公道的“早堂面”，宜昌甜食馆的“冰凉糕”，随州张三口的“羊肉面”，浠水味稀楼的“藕粉圆”，襄樊隆中酒楼的“炒薄刀”，光化马悦珍的“锅盔”，马口餐馆的“发面包”，阳新王腊子的“酥麻花”，鄂城大众酒楼的“东坡饼”，郧阳回民餐馆的“三合汤”，黄石挹江亭的“夹板糕”，圻春酒楼的“糍粑鸡汤”，云梦“鱼面”和汉川“荷月”等等。这些小吃都有其丰富的文化内涵，值得我们细细品味。

三、荆楚名小吃撷萃

荆楚小吃在形成独特的地方风味的过程中，涌现了众多的名食名点，如武汉蔡林记的热干面、老通城的三鲜豆皮、四季美的汤包等等，这些小吃都有其有趣的来历。择要介绍三种，以飨读者。

（一）热干面

素有“九省通衢”之称的武汉，交通便利，商贾云集，为适应各地人的不同口味，武汉的小吃也就品种繁多，各具特色，其中最普遍而又最具特色的，是武汉的热干面，它与中国山西的刀削面、北方的炸酱面、四川的担担面、两广的伊府面齐名，合称“五大名面”。

热干面既不同于凉面，又不同于汤面，制法十分独特，它是将面条煮熟之后，拌上油，摊开晾干，吃时再放到沸水里烫热，加上佐料，即可食用。吃起来香气浓郁，耐嚼有味，独具特色，是驰誉全国的著名小吃。

武汉热干面的历史并不长，据说是在一个偶然的情况下形成的。大约在二十世纪三十年代初，汉口长堤街住着一个名叫李包的人，他每天在关帝庙一带卖凉粉和汤面。做小本生意的人，特别注意进货、出货数量，生怕亏本。但武汉是个出了名的火炉，夏天天热时更易使得食物变质。李包虽然平时很小心，但是有一天，时辰已近傍晚，他的面条还是没有卖完。李包担心面条发馊变质，就把剩下的面条用开水煮过摊在案板上，想保存到第二天再卖。忙乱之中，一不小心碰倒了麻油壶，把麻油全泼洒在面条上了，散发出阵阵香气。李包正在懊恼之时，忽然又灵机一动有了主意，索性将所有的面条与泼洒的麻油拌和均匀，再摊凉在案板上。

第二天早上，李包将头天晚上拌了油的熟面条放在沸水里烫几下，滤出水，放在碗里，再加上卖凉粉所用的芝麻酱、葱花、酱萝卜丁等佐料，弄得热气腾腾，香气扑鼻，可谓三鲜俱全，诱人食欲。人们顿时涌了过来，争相购买，吃得津津有味，个个赞不绝口，都说从来没吃过这等美味的面条呢！有人问李包，这叫什么面，李包不假思索地脱口而出，说是“热干面”。又有好事者打听是从哪里学来的，李包半开玩笑半认真地说道：“这是咱自己独创的。”此后，李包便专卖热干面。由此，许多人向他学艺。

热干面一经问世，便受到人们的普遍喜爱。吃热干面的人越来越多，经营热干面的摊子也越布越广。二三年后，有个姓蔡的人学到了制作热干面的手艺，就在汉口的满春路口开设了第一个专营热干面的面馆，挂起了金字匾额招牌，这就是驰名武汉三镇的“蔡林记”热干面馆。从此，武汉热干面的制作日趋讲究，风味更加完美。

现在，武汉三镇大大小小的餐馆、面食摊子都有热干面供应。特别是蔡林记的热干面光滑油润爽口，味道鲜美，独具特色，备受青睐。

与此同时，人们又在制作热干面的过程中，学会了制作凉面。二十世纪三四十年代，武汉的餐馆是很少供应凉面的，多是一些沿街叫卖的挑贩在卖，挑贩多系衣履整洁年轻力壮的汉子，一副面担用白桐油髹得白里透亮，栗木扁担两端镶黄铜云头，显得金光闪闪；担子一头反扣一盆洁白晶莹的凉粉，上加盖几层崭新的白毛巾；另一头是一堆金黄油光的银丝凉面，并配以十来个白瓷小罐，除了酱油、麻油、辣椒油、芝麻酱之外，还有姜汁、蒜水、香醋、味精、胡椒粉、虾米、蜇皮、绿豆芽，外带榨菜、胡萝卜、大头菜三样碎成的细末。一碗凉粉或凉面，调配上列十多种佐料，再瞧瞧从人到物的那份清爽打扮，谁见了不馋涎欲滴呢？最有趣的是他那盛面的碗，碗底足有两寸高，碗面直径约四寸，却没有深度，像一个高脚瓷盘；盛满十碗也没有一斤。吆喝起来的声调是："哎——撩撩撇撇呵——"这声音听起真是有些特别，其实他叫嚷的还是"凉粉凉面"，因为他是别着嗓子叫唤，听起来就成了"撩撩撇撇呵"！荆楚方言"撩撇"就是"容易"的意思，是说他本小利大，赚钱容易也！

如今，在武汉的夏天，凉面常与热干面一起卖，成为市民喜欢的小吃品种。

（二）老通城的豆皮

江城武汉的风味小吃品种很多，誉满海内外的名点也不少，其中老通城豆皮更是首屈一指，美名远扬。

"老通城"，原名"通城"饮食点，是1929年汉阳人曾厚诚在大智路口开办的。开张之初，只供应早、中、晚点。抗日战争胜利后，1947年，曾厚诚携家从重庆返回武汉，在原址复业，大事修饰，扩充店堂，增加经营品种，改招牌为"老通城"食品店，以示其资格老，排面大。

食品店老板曾厚诚是经营饮食业的行家。他想，再经营一般的小吃不会有大起色的，必须有叫得响的名产品撑住门面，才能使生意红火。几经打听访探，了解到曾在武汉几处工作的名厨高金安制作豆皮的手艺出众，于是便以重金聘用，有意以高金安师傅拿手的"三鲜豆皮"为突破口，作为本店产品的特色，并在三楼高处安装"豆皮大王"的霓虹灯，招徕顾客，这一招果然大奏奇效。

豆皮原是荆楚农村的食品，传到城市，用糯米、香葱作馅子，很受食客欢迎。武昌王府口"杨洪发豆皮馆"开业于清同治年间，是武汉最早的豆皮馆，当时只是出售豆皮，具有油重、外脆、内软的特色，人称“杨豆皮”。

高金安师傅之所以被称为“豆皮大王”，是因为他善于琢磨。他在民间制作技术的基础上，经过精工细作，用大米和绿豆磨的浆粉烫成豆皮，最初因配鲜肉、鲜蛋、鲜虾仁作馅制成，故以“三鲜豆皮”而得名。尔后在馅里又配有猪心、猪肚、冬菇、玉兰片、叉烧肉等，制馅十分讲究，煎制出来的豆皮，色泽金黄，外酥内软，两面油光透亮，吃起来爽口，且回味香醇。由于其豆皮选料严格，用料齐全，制作精细，形成了一种独特风味。由此可见，老通城豆皮的独具一格，不是一朝一夕之功，也非一人一手之劳，而是经历了一个较长发展阶段，是博采众长而制成的。正如“豆皮大王”高金安所言：“不能说武汉豆皮由我高金安首创，因为在我之前已有不少的同行前辈，我是汲取他们的经验，并有所改进。”

名噪武汉三镇的老通城豆皮，具有皮薄色艳、松嫩爽口、馅心鲜香、油而不腻的特点。武汉人一提起它，总是津津乐道，夸不绝口。真正使老通城豆皮美名远扬、驰誉国内外的，是新中国建立以后，许多名人、要人的亲口品尝和赞扬。

图 1-4　毛泽东在江峡轮上接见老通城工作人员

1958 年，毛泽东主席视察武汉时，曾品尝过三鲜豆皮，并赞美它味道好，有特色。从此，老通城豆皮更加名声大振。据说，毛泽东主席(图 1-4)曾四次品尝老通城豆皮，都是由该店“豆皮大王”高金安和“豆皮二王”曾延林分别执厨做出来的。在这之后，到过武汉的中央领导人如周恩来、刘少奇、董必武、邓小平、贺龙等，也都品尝过老通城豆皮，无不大加称赞。许多外国贵宾和友好人士参观、访问武汉，都曾光临老通城，亲口品尝三鲜豆皮。至于海外归国华侨和港澳同胞及外地慕名者，更是难以计数。久而久之，老通城豆皮的名气越传越远，真是闻名遐迩，蜚声中外。

（三）“四季美”汤包

说起“四季美”汤包，江城老武汉市民无不津津乐道。这种小笼汤包味美好吃，独具一格，确实名不虚传。那“自然肥”发面，使汤包皮不吸汤，不梗牙、风味独特，脍炙人口。正如清人林兰痴赋《泡包》诗云：“到口难吞味易尝，团团一个最包藏。外强不必中干鄙，执热须防手探汤。”这首诗突出的描写了汤包的内藏热汤，“到口难吞”，且易烫手的特点。因此，当你初次品尝汤包时，千万要留意小心，切勿性急一口咬下去，而是要用筷子夹住后，先咬破包皮吸取汤汁，然后再吃包子；否则，吃法不当，汤汁喷出，就会烫伤嘴巴，甚至会弄脏你的衣服。

小笼汤包原是下江风味的小吃食品，最早源于镇江。武汉自古商旅云集，饮食汇集各地风味。小笼汤包被引进后，不断革新，便逐渐成为了武汉著名的美点。“四季美”汤包的问世、演变、发展，直到形成鲜明的地方特色风味，有一段历史过程。

据说，清末民初时期，在汉口回龙寺、长堤街一带，就曾出现了几个经营小笼汤包的临街小食摊，颇受广大食客的青睐。

1922年，汉阳人田玉山，在后花楼交通路对过一个侧巷内，开了个熟食店，经营小笼汤包和猪油葱饼，这个店，是个只有几张半圆桌靠墙摆设的小而窄的店堂，取名叫“美美园”，因地处闹市，生意颇为红火。

1927年，武汉“四季美”汤包馆开业。当时店名之意是取一年四季都有美味供应，如春炸春卷，夏卖冷饮，秋炒毛蟹，冬打酥饼等。后来，由该店第一代掌门人，被誉为“汤包大王”的名厨师钟生楚，潜心研制汤包。他汲取历代名师经验，又根据本地人的口味，在配料和制作技巧上进行了改进，使汤包皮薄、馅嫩、汤鲜、花匀，从而形成四季美特有的小笼汤包。刚出笼的四季美汤包，佐以姜丝、酱油、陈醋等进食，别具风味。凡是往来武汉的外地游客，总会有“不进四季美，枉来三镇游”的感叹。

“四季美”汤包吃起来滋味香美，制作起来程序严格。第一步熬皮汤，做皮冻，第二步做肉馅，第三步制包，最后“一口气”火候，都要一丝不差。用料也很讲究，肉皮要绝对新鲜的，肉馅要一指膘的精肉，蟹黄汤包要用阳澄湖大鲜蟹等，不得以次充优。如此食鲜物美,自然备受江城人民的宠爱。

"四季美"汤包这一诱人的美食,不仅是广大民众欢迎的风味小吃,而且也是贵宾宴席上的佳肴。在中国共产党八届六中全会期间,毛泽东等中央领导同志曾多次品尝过"四季美"汤包,朝鲜人民的领袖金日成将军也品尝过"四季美"汤包,均对其赞不绝口,给予了很好的评价。还有许多社会名流也曾先后慕名而来品尝,一饱口福。

第三节　鄂西土家族饮食文化

鄂西土家族主要聚居于荆楚西部山区,在长期的历史发展过程中,鄂西土家族人民依靠富饶的土地和丰富的自然资源,逐渐形成了独具特色的饮食文化。主要表现为:

一、原生态饮食特色浓郁

任何原生态饮食文化的形成,都与当地的地理、气候等自然环境密切相关。鄂西土家族的饮食文化也是如此。鄂西土家族世代聚居的自然环境主要有如下几个特征:

第一,境内山峦起伏,岭谷切割明显,交通不便。土家族所聚居的鄂西山区属于云贵高原的东延部分,武陵山脉余支从东南部蜿蜒入境,西有大娄山脉向北延伸,北有巫山山脉环绕。在地形上,西北及南部两翼高,近似山原地貌,平均海拔1800~2000米;西南及东北大部分地区海拔900米左右,有较大的山间坝槽坐落其间;中部地区丘陵起伏,由于地层下陷,形成陷落盆地,比较开阔,平均海拔500米左右。整个地势高低起伏,岭谷切割明显,河流纵横,众多短促的支流呈羽毛状注入清江。高山大河给当地的交通带来了诸多不便。

第二,气候阴冷湿润,森林覆盖率较高,各种动植物资源丰富。鄂西土家族所处的地区属于中纬度,本应为冬无严寒、夏无酷暑的亚热带气候,但由于山区海拔较高,所以气候比较阴冷。同时,该地区又处于西南气流北上的通道上,故水汽来源比较充足,雨量充沛,清江全流域多年平均降水量超过1400毫米,比湖北全省均值高出250毫米左右。多雨湿润的气候,使清江流域的山区森林覆盖率较高,各种动植物资源丰富。

第三,岩溶地貌广布,水质较硬。由于鄂西山区属于云贵高原的东延部分,该地区的多数山体与云贵高原一样,多由石灰岩构成。流水长年对石灰岩山体的侵蚀,造成该地区岩溶地貌广布。同时,这也造成了该地区水体中所含的碱性离子较多,饮用水的水质较硬,多呈碱性。

以上这些自然环境特征,对鄂西土家族的饮食结构、饮食风味、食物储存及烹饪方式等都产生了较大的影响:

首先,就饮食结构而言,多山的地理环境不适于稻作的发展,却利于苞谷(玉米)、甘薯(红芋)、土豆(马铃薯)、洋芋、荞麦、小米、高粱等粗粮的种植,因此鄂西土家族的主食普遍以本地产的各种粗粮为主。如晚清时期的巴东县,"里中以脱粟、大小麦为上食;荞麦、燕麦次之;采蕨根作粉,佐以大豆,则为下食"[①],来凤县的山谷贫民"不常饭稻,半以包谷、甘薯、荞麦为饔飧"。[②]加之山区交通不便,外地粮食输入困难,即使有少量大米等细粮的输入,也难以改变鄂西土家族以粗粮为主的饮食结构。如靠近长江的巴东县,"食米皆仰给川东"[③],但所运之米较少,远远不能满足人们日常生活所需。故巴东有民谣云:"好玩不过鹤峰州,苞谷洋芋是对头。要想吃碗大米饭,八月十五过中秋。"由于缺少大米等精粮,无稻谷的高山乡民遂开发出替代粮食。他们用苞谷泡胀后再用石磨梭成谷"米",作为节日食用和待客的佳品。将苞谷面发酵后,用桐树叶包裹蒸熟,制成带有浓郁桐叶味的"桐树粑粑"。高山乡民还用苞谷熬糖,再用苞谷、稻谷炒制的米花制作成"糖包谷托"和"鲜谷饼",加上核桃、板栗、葵花(向日葵)等,制成鄂西高山区特有的点心。在鄂西低山区,人们用糯米做米酒,又称醪糟,用糖和芝麻做饼以及柿子晒晾成饼,制成鄂西低山区特有的点心。在鄂西山区的一些城市里,用各种粗粮制作的各式各样的糕点糖食就更为丰富了。

多山的地理环境对鄂西土家族的副食结构也产生了很大影响,即以各种野生动植物为原料制成的菜肴品种较多。勤劳的土家族人充分利用山区优势,猎捕各种野兽。清人顾采《容美记游》中对鄂西山区人们的饮食做过这样的记述:

---

①③ 丁世良、赵放:《中国地方志民俗资料汇编》(中南卷),书目文献出版社,1991年,第440页。

② 丁世良、赵放:《中国地方志民俗资料汇编》(中南卷),书目文献出版社,1991年,第448页。

"入馔,以野猪腊野兽以助食为上味,鹿脯次之,竹鼬即笋根,稚子以谷粉蒸食……甚美,然不恒得。洋鱼味同鲂鱼,无刺不假调和,自然甘美,尤溪江所产也。……麂如鹿,无角而头锐,连皮食之。"除捕食各种野生动物外,鄂西土家族人对山间丰富的野果、野菜资料更是充分利用,制作出不少别具特色的山间菜肴。如人们把橡栗浸泡磨浆后做成"橡子豆腐"。这种"橡子豆腐"在外形上和普通豆腐一样,吃起来却有一股香甜的橡子味。

其次,就饮食风味而言,鄂西土家族人普遍嗜食酸辣的饮食习惯,也与当地特定的自然环境密切相关。由于鄂西山区的水质较硬,多呈碱性,故需多食酸以中和之。鄂西土家族所食之酸并非来自作为调味品的醋,而是来自本地自产的各种酸菜、酸鱼、酸肉等。酸菜是鄂西土家族腌制的大宗菜,几乎家家户户都有几个或十多个酸菜坛子,一年到头,餐餐不离酸。在土家族人那里,几乎各种蔬菜都可以制成酸菜,如酸青菜、酸萝卜、酸洋姜、酸豇豆、酸大兜菜等,多用盐水腌泡而成,成品酸脆爽口。鄂西土家族人腌渍的酸肉、酸鱼也别具风味。酸肉是以猪肥膘肉为原料,切成重约二两的块,配以食盐、五香、花椒粉腌渍数小时,再拌和玉米粉,入罐存放半月即成,食时配以其他佐料焖制,其味微酸有粘性,油而不腻。酸鱼的制法是:在春耕季节,土家族农户购回鱼种,当地称它为"呆鱼",利用稻田养殖,秋收捕捞,每条约重半斤以上。制作时,去内脏洗净,肚内填以玉米粉或小米、燕麦粉、面粉均可,拌以食盐、置坛中密封,存放一两年之久而不变质,生熟皆可食用。一般用油炸制,色泽金黄,具有焦、香、酸、脆特点,不加佐料,民间常备,以待宾客。由于鄂西山区海拔较高,森林茂密,降水丰富,丛岩幽谷之中日照不足,空气潮湿,加之"水泉冷洌"[①],故需驱寒散湿,而辛辣具有除湿利汗、温胃健脾的作用,因此鄂西土家族人多有嗜辣的习俗。

同全国其他地区一样,鄂西土家族所食之辣多源于辣椒,但鄂西土家族常将辣椒作主料食用,而不是做调配料。他们习惯用鲜红辣椒为原料,切开半边去籽,配以糯米粉或苞谷粉,拌以食盐,入坛封存一段时间,即可随时食用。因配料不同,称为"糯米酸辣子"或"苞谷酸辣子"。烹调时用油炸制,光滑红亮,酸辣可口,刺激食欲,为民间常备菜。除辣椒外,花椒和胡椒也是鄂西土家族广为食用的辣味剂,特别是当地产的一种野生山胡椒尤其受到人们的喜爱。山胡椒,"似

① 丁世良、赵放:《中国地方志民俗资料汇编》(中南卷),书目文献出版社,1991年,第440页、448页。

胡椒，色黑，颗粒大如黑豆。味辛，大热，无毒。主心腹冷痛，破滞气，俗用有效”。[1]在每年的端午前后，为山胡椒收获季节，家家户户都要加工、贮存一些山胡椒，以供来年调味之用。由于花椒和胡椒在土家族菜肴烹饪上的大量使用，使鄂西土家族菜肴的辣，不是单一的辣，而是麻、辣、香兼备的复合味。这正是巴人及其后裔土家族人擅于将花椒、辣椒混合使用的结果，也是土家族人调味的特殊之处。

最后，就食物储存烹饪方式而言，鄂西山区多雨潮湿的气候使各种食物原料易于腐败变质，而不便的山区交通更为当地土家族人储存各种食物原料增加了不少困难。因为山民辛苦劳作的粮食和鱼、肉等产品很难像交通发达的平原地区那样拿到市场上销售。在长期的生活实践中，鄂西土家族人发明了不少防止食物原料腐败的方法。如清同治五年(1866)的《来凤县志·民俗》载：“收藏甘薯必挖土窖，欲其不露风也”；“收藏苞谷及杂粮，或连穗自悬屋角，或于门外编竹为囷，上覆以草，欲其露风也。”不少人认为，露风晾干的苞谷杂粮比放在屋内炕烘而干的食用起来香醇得多。对于肉、鱼等更易腐败变质的副食原料，土家族人往往采用腌渍或熏制的方法来储存。除前文所述腌渍的酸肉、酸鱼外，鄂西土家族人熏制的腊肉也很有特色。土家族熏制腊肉的时间一般在每年的春节前夕。熏制之前，要先将猪肉切成大条块，用食盐、花椒、山胡椒腌渍一星期，随后用烟熏两三天，抹灰除尘，将植物油烧沸，浇淋在腊肉的整个表层，放在阴凉处吹干，存放在稻谷堆内埋藏，也可放入植物油内浸泡。这样制作储存的腊肉，可以保证两三年不变质。熏制好的腊肉，炒回锅肉片，肥而不腻，色泽橙黄；精肉色嫣红，肉鲜嫩，味清香，是宴中佳品。土家族的腊羊肉特别香，炒时加以辣椒、生姜、大蒜、桔叶，是很好的下酒菜。

鄂西相对封闭的地理环境，又使得这里原生的饮食结构、饮食风味、食物储存烹饪方式等受到的外部影响较少，因此鄂西土家族地区保存了丰富的原生态饮食文化。

二、众多古老的文化因子

鄂西土家族在其饮食文化中保留了众多古老的文化因子，如社饭、油茶汤、咂酒等。这些文化因子在全国大部分地区已基本消失了，是研究中国传统文化

① 李时珍:《本草纲目》(第三册)，人民卫生出版社，1978年，第1861页。

不可多得的活化石,因此尤其显得弥足珍贵。

(一)社饭

社日吃社饭是中国古老的一种风俗。社日是以祭祀社神(土地神)为中心的一个古老节日,“它起源于三代,初兴于秦汉,传承于魏晋南北朝,兴盛于唐宋,衰微于元明及清”。[①]中国古代的社日有二,一是春社,在每年立春后的第五个戊日,时间约在二月中旬;二是秋社,在每年立秋后的第五个戊日,时间约在新谷登场的八月。明清以来,社日作为节日在全国大部分地区都已经消失。但在鄂西的土家族地区,春社习俗却得以较为完整地保留下来。

吃社饭是社日的重要饮食风俗,这种风俗在鄂西不少地方志中都有记载。如清同治二年(1863年)的《宣恩县志·岁时民俗》载:“‘春社’,作米粢祭社神,曰‘社粢’。”清同治五年(1866年)的《来凤县志·岁时民俗》载:“‘社日’,作米粢祭社神。……切腊豚和糯米、蒿菜为饭,曰‘社饭’,彼此馈遗。”民国二十六年(1937年)的《恩施县志·岁时民俗》载:“‘社日’,采蒿作炊,杂以肉糜,亲邻转相馈赠,谓之‘社饭’。”从文献记载上看,传统社饭的主要原料为蒿菜、糯米和腊肉。目前,鄂西土家族的社饭还基本保持了这种传统特色。“人们采摘鲜绿的蒿子,洗净切碎,装入布袋,在清水中反复揉捻,除净苦水,再在锅中用文火焙干,制成社饭的主要原料——社菜。将社菜配以大蒜苗、野蒜苗、腊肉丁、豆干丁,拌在浸泡后的糯米中,再加入盐与胡椒粉,盛入木甑蒸熟,便成了油油、绿绿、糯糯、香香,味道特殊的社饭”。[②]

吃社饭还是亲朋邻里联络感情的大好时机,因为吃社饭必请亲朋邻里参加。社日期间,家家请,户户接,鄂西土家族地区的城市乡村,到处弥漫着社饭的香气,到处是人们请吃社饭的欢声笑语。社宴散时,主人还要让赴宴者带一些社饭回去。对于因故未来者,主人还往往派人把社饭送到他家里。吃了别人家的社饭,是要考虑还席的。因此,社日期间鄂西土家族人互相邀请吃社饭,形成吃转转席的饮食格局。如今,在鄂西土家族地区,社日吃社饭的风俗依然盛行不衰。一到社日,从城市到乡村,数万个家庭、数十万人吃社饭,形成一道独特的人文风景奇观。目前,鄂西土家族人的社饭制作和销售也逐渐走向市场化。市场上,可

① 萧放:《岁时——传统中国民众的时间生活》,中华书局,2002年,第133页。
② 贺孝贵:《漫谈恩施社节》,《土家族研究》,2007年第1期。

以购买到已经做好的“社菜”,使社饭的制作更加方便快捷。对于不方便在家做社饭的人或外来人员,还可以到超市购买现成的社饭,或到餐馆吃社饭餐。

(二)油茶汤

鄂西土家族地区是中国茶树的发源地之一。陆羽《茶经》卷上《一之源》云:“茶者,南方之嘉木也。一尺、二尺,乃至数十尺。其巴山、峡川有两人合抱者,伐而掇之。”中国最早的饮茶法为粥茶法。陆羽在《茶经》卷下《七之事》中转引晋代张揖《广雅》云:“荆、巴间采叶作饼,叶老者,饼成,以米膏出之。欲煮茗饮,先炙令赤色,捣末置瓷器中,以汤浇覆之。用葱、姜、橘子芼之,其饮醒酒,令人不眠。”唐代中期以后,随着茶圣陆羽所倡导的“三沸煎茶法”的流行,古老的粥茶法便逐渐被世人所遗忘了。但在茶树发源地的土家族地区,却保留着这种古老粥茶法的遗迹,这便是土家族常喝的油茶汤。在清同治五年(1866年)的《来凤县志·生活民俗》中记载有“油茶”的制作方法:“土人以油炸黄豆、苞谷、米花、豆乳、芝麻、绿焦诸物,取水和油煮茶叶作汤泡之,饷客致敬,名曰‘油茶’。”从中,我们可以大致看出土家族的“油茶”和晋代张揖《广雅》所记的粥茶是一脉相承,前后相因的。如今,土家族的油茶汤制作得也更为精细了。制作时,“先将菜油倒入锅内,烧开后放入茶叶油炸。然后加水煮沸,加入阴米、粉丝、豆腐干、腊肉粒和炒黄豆、花生米、芝麻、玉米,再加入盐、姜、葱、蒜、辣椒等调料做成”。①

这样制作的油茶汤,红黄黑白色彩鲜亮悦目,闻起来浓香扑鼻,沁人心脾。喝后更是令人疲乏顿释,神清气爽。每逢佳节或喜庆日子,土家族人民群众往往煮上油茶汤,合家畅饮,并献给自己最尊敬的客人。

(三)咂酒

土家族是一个“好酒”的民族。凡客至家,必以酒招待;婚丧喜庆,必设酒宴。鄂西土家族酿酒的历史十分久远,并创造了独特的咂酒。咂酒的酿造工艺十分独特,“将已酿好的高粱糟或糯米糟贮藏于土坛里,用泥封好坛口,一个星期后,糟料再次发酵浸出半透明的酒水,无须蒸馏过滤,即可饮用。一般储藏一年或多年后,取出来打开坛口,注入开水,使酒液浓度适中,用小竹管伸入坛中吸饮,可边饮边注水。其酒香纯正而不郁浊,酒味绵甜而不酸涩,酒性平和而不浓烈,男女老少皆可饮用”。从现代土家族咂酒的酿造工艺来看,咂酒属于古老的粮食发

① 丁世忠:《论重庆土家族地区服饰与饮食民俗》,《乌江论丛》,2007年第2期。

酵酒(又称米酒)酿造系统。粮食发酵酒的酿造在中国已有数千年的历史了。元代时,蒸馏白酒(烧酒)开始兴起,在全国大部分地区,粮食发酵酒逐渐被蒸馏白酒所取代。然而,在鄂西土家族地区,古老的粮食发酵酒并没有退出历史舞台,它以咂酒的形式流传下来。就咂酒的饮用形式而言,相传与明代土家族士兵赴东南沿海抗倭有关。当时,为了让壮士们临走时喝上一口饯行的家乡酒,同时也不延误战期,村长遂将酒坛置于道口,插上竹筒管,每过一个士兵咂上一口。

在鄂西土家族的许多地方志中,都有人们酿造、饮用咂酒的记载。如清同治五年(1866年)的《来凤县志・生活民俗》载:"九十月间,煮高粱酿瓮中,至次年五六月灌以水,瓮口插竹管,次第传吸,谓之'咂酒'。"同治八年(1869年)的《长乐县志・习俗》载:"其酿法于腊月取稻谷、苞谷并各种谷配合均匀,照寻常酿酒法酿之。酿成携烧酒数斤置大瓮内封紧,于来年暑月开瓮取糟,置壶中冲以白沸汤,用细杆吸之,味甚醇厚,可以解暑。"光绪六年(1880年)的《巴东县志・生活民俗》载:"盖以酒连糟贮坛,饮时泡以沸汤,插筒其中,主宾递吸之也。"民国三年(1914年)的《咸丰县志・习俗》载:"乡俗以冬初,煮高粱酿瓮中,次年夏,灌以热水,插竹管于瓮口,客到分吸之,曰咂酒";"饮时开坛,沃以沸汤,置竹管于其中,曰咂。先以一人吸咂,曰开坛,然后彼此轮吸。初吸时味道甚浓厚,频添沸汤,则味亦渐淡。盖蜀中酿法也,土司酷好之。"清代土家族诗人彭秋潭还写有一首竹枝词,专门歌咏喝咂酒的习俗:"蛮酒酿成扑鼻香,竹竿一吸胜壶觞。过桥猪肉莲花碗,夫妇开坛劝客尝。"从这些文献记载中,我们可以看出清代以来鄂西土家族人酿造和饮用咂酒的习俗一直长盛不衰。咂酒还成为土家族招待尊贵客人的特色饮料,由此形成了颇具土家族民族特色的咂酒文化。

三、粗放纯朴的饮食风俗

封闭山区的地理环境,还造就了鄂西土家族粗放纯朴的饮食风俗。而这种饮食风俗,又恰是浓郁的原生态特色和丰富的古老文化因子的具体体现。鄂西土家族饮食的粗放主要体现在食物烹饪和食风上。

(一)食物烹饪的粗放

鄂西土家族食物烹饪的粗放,首先表现在菜肴的刀工成型上。土家族的菜肴大多不太讲究刀工成型,多大块切割,如"年肉,一块足有四两半斤重"、"尺鱼斤鸡鲜羊羔,半百猪娃儿五香烤”[1],显得比较粗犷。如果与鄂东楚地菜肴的刀工成型相比较,就更能看出鄂西土家族菜肴烹饪的粗犷来。楚地菜肴在刀工成型方面,片、丁、丝、条、块、段、茸、末、粒、花,均因菜定型。特别是楚地茸泥类菜肴,使用广泛,且颇费刀工。如鱼圆、鱼糕、鱼线等,加工复杂,技术性强,是楚地精细菜肴的代表。仅“鱼圆”就有几十个品种。清末《汉口竹枝词》就有“鲜鳞如玉刮刀砧,汁和葱姜得味深。要向宾筵夸手段,鱼餐做出是空心”的记载。“空心鱼圆”、“芙蓉抱蛋”(鱼圆中间包蛋黄)据说起源于楚文王时期。在荆楚传承两千多年,如今在荆楚民间,鱼圆类“银包金”(鱼圆中间包肉圆)、“橘瓣鱼圆”等,都是绝妙精细的楚乡名菜。

鄂西土家族食物烹饪的粗放,还表现在原料的“混杂”上。即习惯于用多种不同原料混合烹调,类似“大杂烩”。如土家族的“年和菜”(又称“合菜”),就是将粉条、豆腐、白菜、香菇、猪肉、下水等多种原料混合炖制而成,味鲜辣而杂,往往一炖就是一大锅。“羊杂絮”则是利用山羊内脏,如肚、肠、肺、蹄及头等物,配上陈皮、八角、茴香、干辣椒、花椒等佐料,混合煮制而成。在主食上,土家族人也同样喜欢掺杂,如常见的“苞谷饭”,是以苞谷为主,掺少许大米蒸制而成。“豆饭”,是将绿豆、豌豆等与大米混合烹制。“合渣”是将黄豆磨浆,浆、渣不分,煮沸澄清加青菜等其他配料煮熟而食。民间还常常将豆饭、苞谷饭加合渣汤一起食用。

鄂西土家族食物烹饪粗放的另一个表现,是烹饪方式较为单调。在鄂西土家族那里,虽然也有蒸、煮、炖、炸、焖等不同的烹饪方法,但在具体制作一道菜点时,人们却很少应用先煮后炸、先炸后焖等二次、三次烹调,所烹饪的菜点多为一次烹调成熟。与鄂东楚地菜肴的烹饪方式相比,更能看出鄂西土家族食物烹饪的这一特点。楚地菜点有许多是二次、三次烹调,如楚地鱼圆、肉圆,先必须经过汆熟或炸熟,然后或烩或焖。又如楚地名菜“虎皮扣肉”,先要煮肉断生,再要炸制上色,继而扣碗蒸熟,最后调汁上味,要经过四次加热过程,这种复杂的工艺过程,正说明楚菜工艺“精”之所在。

(二)豪放纯朴的食风

鄂西土家族的食风十分豪放,平日土家族人普遍喜欢用大大的土碗吃饭喝酒。如果饭碗太小,就觉得吃不舒服;酒碗太小,就觉得喝不爽快。这种豪放的

① 廖康清:《鄂西土家食俗探源》,载《楚俗研究》(第二集),湖北美术出版社,1995年。

食风在接待客人的筵席上,更是得到了十足的体现。一般说来,客人临门,夏天要先请客人喝一碗糯米甜酒,冬天则先请客人吃一碗开水泡团馓,再待以酒菜。鄂西土家人待客还喜用盖碗肉。即以一片特大的肥膘肉盖住碗口,下面装有精肉和排骨。为表示对客人尊敬和真诚,土家族待客的肉要切成大片,酒要用大碗装。在鄂西土家族地区的地方志中,我们屡屡可以发现有这样的记载。如清同治五年(1866年)的《来凤县志·岁时民俗》载:"土人以四月十八日为大节,宰豕为大脔,糁糯米蒸之,祭祖先兼延客。"光绪六年(1880年)的《巴东县志·生活民俗》载:"(猪)肘至膝以上全而献之,谓之'脚宝',特以奉尊客。切肉方三寸许,谓之'拳肉'。酒以碗酌,非此不为敬客。"这种豪放的食风与鄂西土家族淳朴、豪放的民族性格有密切的联系。

实际上,鄂西土家族人平时生活十分俭朴,往往是粗茶淡饭,如光绪六年(1880年)的《巴东县志·生活民俗》载:"厨馔必啬,其积习然也。"但淳朴的土家族山民十分好客。同治五年(1866年)的《来凤县志·风俗》载:"邑中风气,乡村厚于城市,过客不裹粮,投宿寻饭无不应者。入山愈深,其俗愈厚。"许多穷户人家如有酒、肉、蛋类,必留存到有客人来访时才肯食用。平时自己的饮食不甚讲究,但客人来访时却热情接待,尽其所能让客人吃好喝好,这正反映出鄂西土家族人的纯朴。

综上所述,鄂西独特的自然环境,使鄂西土家族的饮食文化呈现浓郁的原生态特征,并保存有丰富的古老文化因子。浓郁的原生态特色和丰富的古老文化因子,使鄂西土家族的食风食俗以粗放纯朴的形式体现出来。在经济全球化和进行西部大开发的今天,许多原生态文化受到了强烈的冲击,有的有所改变,有的荡然无存。在这种时代大背景下,鄂西土家族原生态特色浓郁的饮食文化自然具有很大的研究及开发利用价值。

第四节　武汉饮食市场与饮食业

众所周知,人类社会饮食市场存在着需求程度和必要性、迫切性不同的两个层次的市场,一为保证基本生活需求的饮食原料市场,一为满足更高层次享受需求的饮食成品市场。前者是人们社会生活中的必要饮食市场，后者则是更高层次的享受型饮食市场。

所谓饮食原料市场，是指人们日常生活所必需之主、副食物原料的商品市场，诸如粮食、蔬菜、肉类、副食调料和果品等饮食原材料或半成品市场，而有别于饮食成品的商品市场，诸如各种食肆、饭店、酒肆等以经营食物成品为主的店肆和市场。饮食原料市场的出现要早于饮食成品市场，随着人类早期社会大分工的相继出现，饮食原料市场就开始萌芽并逐步发展。

饮食成品市场不仅出现较晚，而且其对社会客观环境的要求比饮食原料市场要高，它需要较为充裕的经济发展条件，相对发展的城市和商品经济，以及较为安定的社会环境等。从古代荆楚的历史发展，我们可以看到第一层次的饮食市场——饮食原料市场虽然也有过一定的波动和曲折，但基本上是一直在向前发展着。而第二层次的饮食市场——饮食成品市场，却经历了比较大的起伏和波折。在楚国已经比较兴盛的饮食成品市场，到了魏晋南北朝时期则显著下降，呈现严重的萎缩和萧条景象，与其时饮食原料市场的发展状况并不一致。到唐代进入生长时期，而到明清则处于繁荣兴旺的发展阶段。在一定意义上，可以说饮食成品市场的盛衰荣枯，不仅是武汉人们社会生活状况的直接反映，同时也是武汉政治和经济发展变化的晴雨表。

一、武汉饮食市场与饮食业发展的基础

武汉为中国历史文化名城，自古以来就有丰富多彩的饮食文化传承下来，只不过融入荆楚饮食风俗之中，鲜有专门记载而已。如果根据现代武汉饮食风俗往上溯源，有许多都可以在古代荆楚饮食风俗中找到传承的脉络。

经过几千年的发展，武汉饮食文化在荆楚文化的影响下，凭借“九省通衢”的地理优势，吸收了长江上游的巴蜀，长江下游的吴越，乃至中原、粤桂等地饮食文化的精华，因而形成了以水产为本、以蒸煨为主、口鲜味醇、秀丽大方、雅俗共赏、南北皆宜，既有楚乡传统，又有时代特点的风味特色，体现了长江中游区域的饮食文明。

在这众多的名特食品中，尤以“武昌鱼”、“洪山菜薹”最有名。宋代文豪苏东坡慕名到武昌品尝洪山菜薹的故事、清代荆楚总督李恪勤挖土到安徽种植洪山

菜薹的传说、民国张群对洪山菜薹的留恋之语，使洪山菜薹的名声大振。历代文人墨客对武昌鱼的赞美、毛主席对武昌鱼的吟诵，使武昌鱼成为饮誉中外的著名烹饪原料。这些独特的烹饪原料，是形成武汉菜特殊风味的基础。

武汉菜有相当数量的菜品。据有关资料不完全统计，汉菜现有菜点品种数千种，其中传统名菜不下五百种，典型名菜点不下一百种。"清蒸武昌鱼"、"瓦罐鸡汤"、"腊肉菜薹"、"千张肉"、"皮条鳝鱼"、"红烧鮰鱼"、"橘瓣鱼氽"等等，无不为汉菜之佼佼者。豆皮、汤包、热干面、散烩八宝、面窝等，皆为武汉小吃之精华。而在这众多的名菜点中，"武昌鱼"被誉为"汉菜之冠"、"老通城豆皮"被誉为"武汉小吃之王"，至今在国内外还享有极高声誉。这些都为武汉饮食市场和饮食业的开拓与发展奠定了很好的基础。

二、武汉饮食市场的形成与发展

武汉的饮食成品市场历史悠久。唐末罗隐《忆夏口》诗即有"汉阳城下多酒楼"句。宋范成大在《吴船录》中记述武昌南市："南市在城外，沿江数万家，廛闬甚盛，列肆如栉，酒垆楼栏尤壮丽，外郡未见其比。"唐宋两代，武昌、汉阳酒楼等服务行业的发达可见一斑。明清以来，武汉成为一个商业都市，特别是汉口已为全国四大名镇之一。范锴《汉口丛谈》中说"汉口自明以来，久为巨镇，坊巷街衢，纷歧莫绘"[①]。叶调元《汉口竹枝词》中也指出，当时汉口是"四通八达苍如塍，路窄墙高脚响腾"。在武汉市内"无数茶坊列市圜，早晨开店夜深关"；小江园和楚江楼两茶馆在龙王庙同巷对门，店面如此稠密，仍然是"客到先争好座头"[②]，生意十分兴旺。餐馆已有菜面馆、豆丝馆、炒菜馆、素菜馆、杂碎馆、包席馆等多种类型。炒菜馆可供顾客"点菜"；杂碎馆和百余家"热酒坊"供应"鱼杂猪肠兼辣酱"，供人喝靠杯酒；玉露斋的烧腊羊羔、大通巷散子、狗肉卷、豆丝、祖师殿汤圆等风味小吃已很普遍。这正如叶调元《汉口竹枝词》所云："银牌点菜莫论钱，西馔苏肴色色鲜。金谷会芳都可吃，坐场第一鹤鸣园。"所谓西馔即指山西、陕西饮馔。苏馔则为江苏饮馔。西馔馆和苏馔馆将本地菜肴的各种花色品种介绍给武汉居民，而面馆业除本帮外还有徽帮、湖南帮、小京帮、川帮的佳肴面食，丰富武汉人的饮食习俗。

① 范锴：《汉口丛谈校释》，湖北人民出版社，1999年，第74页。

② 侯祖畲、吕寅东：《夏口县志·商务志》，湖北省长公署，1920年。

清末五十年间(1861—1911)可以说是武汉饮食风俗大幅度嬗变的滥觞时代。西方资本主义的冲击,是推动武汉城市半殖民地化的外部力量,既把武汉推离了东方农业社会发展的传统格局,也把武汉推离了中国封建性商业城市发展的常轨。其客观影响是揭开了武汉城市近代化的第一页,由此也带动了武汉饮食文化的近代化的进程。

1861年,汉口被迫开埠通商。据李汶昭《镜山野史》记载,西方侵略者"装载洋烟布缎、金银财宝,倏入中原,戾止武昌、汉阳,出重价买基地,求大木起高楼,艨艟巨舰泳游浮海。两国货物交通往来,与武昌都督献酬交酢,同湖广百姓胶漆通商"。这也使得武汉市场由国内埠际贸易市场转变为资本主义世界市场的一部分,市场规模逐步扩大,商业和手工业不断发展,近现代工业终于诞生,这也首先是在武汉饮食业中出现的。例如,自十九世纪末期机器制面的方法流行于中国后,"华人厌故喜新,面粉舶来进口日多"[①]。面包和各式西式糕点也日益盛行。当时的上海是中国面粉工业最发达的地区,而汉口则为第二。

武汉近代工业的发展,也导致武汉城市规模的扩大和人口的猛增,商旅食宿、手工业者打尖歇脚等等,给饮食业带来大量业务,促进了饮食市场的发展。1809年,武汉三镇共有茶馆411家、餐馆992家、旅馆329家。其中,汉口有茶馆250家、餐馆445家、旅馆194家。到1918年,汉口的茶馆已达696家、餐馆1712家、旅馆489家。[②]

有些地方还形成了餐饮一条街,如硚口的升基巷。老硚口的人都有这样的说法:"饿不死的升基巷,干不死的大火路。"这句话的意思就是说,升基巷吃的东西多,大火路喝的东西多。升基巷在汉正街下段,横连汉正街与大夹街,巷子东面是原老凤祥金号的侧面和沥泉池浴池,没有其他门面。西面整条巷子都是餐馆和熟食店,先后有老大兴园酒楼、新大兴园酒楼、景阳酒楼、张汉记牛肉馆、爱雅亭粉面馆、芙蓉川菜馆、黄天兴酒楼等。南面巷子口有一家熟食店卖生煎包子和蒸饺。因此,该巷也就由于吃的东西多而得名。相传在清代道光年间就有这条巷子,至今已有百余年的历史。

最早来此巷的是汉阳人刘木堂开设的大兴园酒楼。刘无嗣,收吴云山吴宝

---

① 刘锦藻:《清朝续文献通考》(四),第11314页。

② 侯祖畲、吕寅东:《夏口县志·商务志》,湖北省长公署,1920年。

成两兄弟为徒弟。刘病殁后由吴云山与刘的遗孀合股经营。不料其弟吴宝成竟在与大兴园仅隔两家的地点开了一家“新大兴酒楼”。吴云山为了在竞争中占上风，便在招牌上加了一个“老”字，显示自己是有几十年传统的“老大兴园”；同时，还托人送礼，请夏口县知事书写“老大兴园”四字，制成金字招牌。从此，老大兴园在汉口独树一帜，声誉日高。

老大兴园是以鱼菜为主的餐馆，老板吴云山特别重视鱼的质量，亲自把关挑选。他不在乎鱼的价格，只要货好，他总是照高价付款。所以，鱼贩子云集而来，货源充沛。由于原料新鲜，菜肴味道好，颇受顾客欢迎，生意日益兴隆。但是，它的鲴鱼菜在汉口还不出名。1936年，吴云山看中了名厨师刘开榜的手艺，用重金聘请他到老大兴园，挂出了“鲴鱼大王刘开榜”的牌子，使老大兴园名声大振。这就是第一代鲴鱼大王。

升基巷中的张汉记牛肉馆是汉阳人张新汉开设的，专门经营牛肉菜肴。蒸、炸、烹、煮均以牛肉、牛心、牛肝、牛肚、牛筋等作为原料，在汉正街一带独具特色。还有一样产品“牛肾筋汤”，具有滋补强壮的功效，深受人们喜爱，因货源有限，每到秋、冬两季供不应求。此项菜肴独此一家，也曾享誉武汉三镇，并在原汉口新市场（民众乐园）内电影院和当时汉正街建国电影院（文化电影院）放映过幻灯片广告。该餐馆规模虽然不大，但在饮食业中还小有名气。过去汉口的餐馆业能在电影屏幕上登广告的还不多见。其他餐馆、煨汤馆、熟食店都有各自的特色，所以，当时人们称升基巷为“好吃巷”并不虚假。

不仅餐馆有一条街，茶馆也有一条街，这就是上面提到的大火路。大火路在长堤街的中段，贯穿于长堤街与大夹街之间。相传在辛亥革命前后，汉正街商业市场繁荣，各行各业兴旺，从黄陂、孝感、汉阳、天门、沔阳、汉川等县进城经商的农民逐渐增多，他们都是自营自劳的小手工业者。当时，在长堤街、汉水街、汉中路、大夹街、宝庆街和集家嘴等地就出现了不少手工业个体户和手工业作坊，如圆木业（木桶、木盆）、竹篾业（竹器、篾器）、红炉业（铁器用具）、驳船业（驾木船）、车木业（小型模具）、铜器修理业（铜匠担子）、旧货业（收废品）等等。这些人来汉口谋生，相互之间联系，就要有个落脚的地方，为此，茶馆应运而生。当时在大火路就有汉江、龙泉、协兴、合兴、联兴、清香、洪发、万利、春来、汉泉等十七家茶馆。这些茶馆与旧时社会上的茶馆不同，没有旧社会的残渣余孽作背景，而是为着行业议事，交易往来，相互联系，谋事雇工，乡亲往来，寻亲访友，暇时休息而服务的。当时有民间歌谣赞曰："大火路长又长，家家户户是茶馆，宾客进门茶一杯，笑问客人去哪方？不去东、不去西，找乡亲，会同行。"这些茶馆起了同业公会和同乡会的作用。每遇当地元宵节玩龙灯，中元节的盂兰会，太阳节的太阳会等民间祭祀活动，他们都利用茶馆聚会商议，集资筹办。有时同业同乡之间还互相攀比竞赛，非常热闹，对地方上的公益事业如组织成立救火会消防队等，都能发动同乡同业出资相助，深受当地群众赞赏。[①]

三、武汉饮食业之繁荣

在传统饮食市场发展的同时，由于西方殖民者带入武汉的西方资本主义生活方式日益对社会发生影响，追求西方生活方式成为时髦，这就产生了对饮食服务高消费和近代化的市场需求。于是，一批近代大餐馆陆续出现在武汉街头。

汉口开埠以前，叶调元《汉口竹枝词》中提及的"有名"餐馆只有"鹤鸣园"等五家。到1909年，三镇较大的餐馆共有一百五十二家，其中汉口占去一百一十一家。1913年，武汉第一家西餐馆——瑞海番茶馆开业以后不久，普海春、海天春等大型西餐馆相继面市，12家具有风味特色的大型酒楼也于1920年在汉口注册，这批餐馆"为汉口著名之中西餐馆……足以大宴嘉宾"。民初的这批大餐馆，无论是在经营规模和豪华程度上，与以前的所谓"较大的餐馆"都是不能同日而语的，其中又以吟雪、蜀珍、味腴三家酒楼为最。

当时武汉上层社会饮食豪侈，在传统的山珍海味、满汉全席外，请吃西餐大菜已成为买办、商人与洋人、客商交往应酬的手段。有的人家还雇有西餐厨师。西点、啤酒以及三星白兰地等洋酒和茄莉克、三五牌、绿炮台等高级洋烟已进入日常生活。

中西饮食文化的交流，长江流域内不同地区的饮食文化互相渗透、互相影响也日趋加剧。川味东下，苏味西上，武汉成了四方风味交汇之地。不同地区、不同风味的交流与融合，都使得武汉的饮食市场发生了较大变化。各帮口都推出了一些出类拔萃的菜点品种，如鄂帮老大兴园酒楼（1838年开业）的鱼类菜肴特

---

① 皮明庥：《汉口五百年》，湖北教育出版社，1999年，第42页。

别是“红烧鮰鱼”，京津帮德华酒楼（1924年开业）及其“煎鸡煽”、“抓炒鱼片”、“爆双脆”、“焦溜里脊”等菜肴，川帮蜀菜雅川菜馆（1946年开业，今川味香餐馆的前身）的成都、重庆风味菜肴，粤帮冠生园酒楼（1930年开业）及其“蛇羹”、“烤乳猪”等菜肴，江苏帮祁万顺酒楼（1920年开业）及其“菊花鲭鱼”、“梳子桂鱼”、“麦穗腰花”等菜肴，浙宁帮冀江楼（1915年开业）的海鲜类菜肴、徽帮新兴楼（1936年开业）的“红烧划水”菜肴，东来顺清真馆（1939年开业）及其“涮羊肉”、“烤牛肉”等菜肴，以及四季美的汤包、福庆和的湖南米粉、老通城的江浙甜食和武汉豆皮、马福盛的清真牛肉面等等，各种风味争奇斗艳。有学者归纳，近代武汉的饮食市场有下述几种类型：

（1）酒楼，即中餐大型餐馆，一般有两三个楼面的餐厅，陈设布置雅致，高级的备有银、象牙、细瓷等餐具。以风味酒席、菜肴供应为主要业务，兼营小吃、点心，既座堂营业，也出堂下灶。以有产阶级为主要服务对象。

（2）包席馆，又称包席赁碗馆，是一种有门面、字号，无店堂，专门应顾主约定上门操办筵席和出租饮食餐具的馆子。资金大小、厨师、服务员、采购人员多寡、技术高低不等，因此服务层次也不同。高层次服务对象是富户、公司、商号，低层次的是为一般家庭红白喜事筵席服务。盛于清代，可能由宋代专为官府豪门宴会服务的“四司六局”演变而来，二十世纪三十年代开始萎缩，建国初消亡。

（3）饭馆，有四种：一是科饭馆，即夫妻小店，常年供应小菜饭，夏卖凉菜，冬熬骨头萝卜汤；二是扒笼馆，以供应蒸菜故名，稍大于科饭馆；三是饭铺，供应家常风味炒菜，承办低档酒席，规模大于前者，是劳苦大众充饥、小酌的“经济饭馆”；四是低档餐馆，小商小贩多乐于就食。

（4）熟食小吃店，供应卤菜、油条、饼子、包子、水饺、面、粉、豆丝、煨汤等，遍布三镇街头巷尾，品种繁多，各方风味尽有，供市民过早、过中、夜宵。

（5）西餐厅，这里主要是指由中国人经营的、但厨师大多出身洋行帮厨，陈设、餐具全盘西化，供应份菜、套餐、点菜，食客主要是买办和民族资本家。比较著名的有普海春、一江春、万国春等七八家。

（6）西餐小吃馆，这多由外国人在汉口租界内经营，主要为外国在汉侨民、外轮水手服务，供应俄式菜肴的居多，如邦可、美尼琦等馆。也有少数英、美、日风味的馆子，个性、风味比西餐餐厅正宗。此外，还有一些酒吧[①]。

下面，我们对武汉一些特色饮食店作一介绍：

1.老武汉的番菜馆

1861年汉口开埠以后，汉口逐渐成为西方国家对华中进行经济掠夺、文化渗透的基地。来汉口经商办企业、传教办教育的洋人逐渐增多。为了满足这些来汉外国人的口味，一些国外风味的餐馆开始在武汉出现。这些异国风味的餐馆在当时被人们称之为番菜馆(后又称为西餐馆、西餐厅)。

老武汉的番菜馆和北京、上海、广州、天津等地的番菜馆出现的情况大致相同。这些番菜馆最初是外国人在汉口租界内经营的，主要为外国在汉侨民、外轮水手服务，供应俄式菜肴的居多，如邦可、美尼琦等馆，也有少数英、美、日风味的馆子，个性、风味比较正宗。其中，"邦可"位于汉口鄱阳街和洞庭街交汇处，1930年由俄国浪人邦可和俄国面包师杨格诺夫合资开办，初名"邦可食品店"，专营俄式西点，如油炸俄式牛肉面包、什锦水果面包、吐司面包、奶油花蛋糕、奶油哈斗、开面点心等。1956年人民政府赎买归国营，"文革"中，先后改为"临江食品厂"、"韶山食品厂"、"江岸食品厂"，1979年才定名邦可食品厂。该厂现为三层楼房。前半部为门市部，后半部为厂房，二、三楼为西餐厅。

随着时间的发展，番菜馆逐渐走出租界，开办番菜馆的也不限于洋人，服务对象更是面向整个社会，十分广泛。武汉第一家番菜馆为瑞海番菜馆，开业于1913年。不久，普海春、海天春(图1-5)等大型番菜馆相继面市。1920年，十二家具有风味特色的大型酒楼在汉口注册，这批餐馆"为汉口著名之中西餐馆……

图1-5 清末海天春番菜馆

① 张崇明:《旧武汉的茶馆、餐馆、旅馆及其文化经济功能》，载《武汉城市发展轨迹》，天津社会科学出版社，1990年。

足以大宴嘉宾”。这时的汉口番菜馆多称为西餐厅，主要经营者也多是中国人，但厨师大多出身洋行帮厨，陈设、餐具全盘西化，供应份菜、套餐、点菜，食客主要是买办和民族资本家。比较著名的有普海春、一江春、万国春等七八家。

近代的中国，在欧风美雨的影响下，趋洋求新一时成为社会风尚，因此，去番菜馆品尝一下异国口味也成为一些新潮人物的选择。一些婚丧嫁娶、迎来送往的大型宴会也有在西餐馆举办的。如武汉沦陷时期，伪立法院委员雷闳肆之子雷景源结婚，就在主要经营西餐的汉口德明饭店（现名江汉饭店）厅堂内举行。婚礼场面颇大，新郎着礼服，新娘披婚纱，乘汽车至饭店门口步入，乐队即奏婚礼进行曲。证婚人为伪汉口市长石星川。婚礼完毕后，百余宾客在两条长桌上吃西餐。

图 1-6 民国年间人们吃西餐时的情景

走出租界的番菜馆生意兴隆，番菜开始对中国传统的菜肴产生影响（图1-6），为适应广大中国食客的口味，番菜自身也在走中国化的道路。因此，在近代中国的番菜馆里品尝到的所谓正宗“西洋大菜”，也多是采用“中西合璧”的方法烹制而成的。一些番菜馆的菜肴干脆就直接命为“中西大虾”等，体现了近代以来外国饮食文化与中国传统饮食文化的互相影响、互相融合。

2. 老武汉的川菜馆

1861 年汉口开埠通商后，武汉饮食市场与行业取得了较快的发展。从根本上说，这得益于近代武汉的开放，尽管这一开放是被迫的，它使得武汉的饮食文化率先由封闭走向开放。中西饮食文化、长江流域内部不同地区的饮食文化在武汉互相渗透、互相影响日趋加剧。处于长江中游九省通衢的武汉饮食文化，以其海纳百川、兼容并蓄的包容性，成为近代以来中国饮食文化融合和创新之地。川鄂两省地域相连，中有长江贯通，交通极其便利。近代以来，以麻辣著称的川味东下，对武汉饮食文化的形成有一定的影响。在老武汉，川帮菜是武汉饮食市场的重要一支。当时，有不少川菜馆在武汉营业，尤其是民国初年的吟雪、蜀珍、味腴等三家川菜酒楼更是领尽武汉饮食业的风骚。

吟雪大酒楼以鱼翅席出名，此为最上等酒席，价格十六元（银元）四拼盘，采用双拼形式，实际八样，不外乎鸡鸭与猪肉之卤制品。十大菜，两道点心，四盘水果。大菜首先推出海参元子，即大海参条子与大肉元混合烩成，再继之以桂鱼片。红烧鱼翅则在上完四五样菜后端出，一大盆，热气腾腾，每人盛一小碗分食。继之以挂炉填鸭，宛如北京之填鸭制法，一大盆，亦盛以小碗，分而食之。另将鸭皮烤脆，切成小片，附以烤制之小块面皮，包裹而食。再继之以小炒数样，如腰花、肚片之类，最后为糖醋桂鱼与全鸡或全鸭。黄焖元子、烧青鱼等则不能上席。两道点心在中间穿插而上，为糊油包子与油炸起酥之面点。糊油包子用桂花白糖猪油作芯子，颇具特色。四盘水果各人带回家去，均已吃饱，不能再吃。吟雪大酒楼每日开数十桌鱼翅席。该酒楼之鱼翅、海参皆从上海直接进货，而不在汉口之海味号购进。来吟雪吃酒席者各界人士均有。抗日战争前，省一中教师每逢周末必来此聚餐，每人出资二元即可。

味腴与蜀珍酒楼等级更高，均系四川人创办。味腴称别墅，在岳飞街口一栋小洋房内。蜀珍称酒家，在洞庭街原上海电影院旁。味腴较蜀珍更为高级，一桌酒席非二十元莫办。来此饮宴者多为达官世富。每日只开数桌，不超过十桌。因场地较小，价格较高，一般人家望而生畏。其酒席极别致，有爆虾仁、爆双脆，即肚尖腰花合爆，炖银耳鸽蛋，亦有鱼翅海参。两处均有豆瓣鲫鱼，即伴以四川特制之豆瓣酱烧制，为四川名菜。最珍贵者为炒山鸡片。山鸡即野鸡，其肉较家鸡更嫩，故更可口。

除高档的大型川菜酒楼外，老武汉还有不少经营川味的中小酒楼饭馆，如1946年开业的蜀菜雅川菜馆（今川味香餐馆的前身）和芙蓉川菜馆（位于汉口汉正街下段升基巷内）等。

3. 老武汉的徽菜馆

明清两代，徽商是中国十大商帮之首，其人数之多、资本之雄厚、活动范围之广泛,均是同时代的其他商帮无法与之抗衡的。九省通衢的武汉三镇是徽商经营的重要基地之一。徽州饮食业商贩随着其他行业的徽商外出经营,在武汉开设菜馆、面馆、饮食摊贩等,经营徽州风味菜。出门在外,人们往往对家乡风味菜十分眷恋,武汉的徽商也不例外,他们首先成为武汉徽菜馆的常客。由于徽商人数众多,加之不少武汉当地人也乐意到徽菜馆品尝一番,故徽菜馆的生意往往十分兴隆。

旧时,武汉的徽菜馆数量众多,档次也较高,执武汉饮食业之牛耳。因此,台湾著名美食家唐鲁孙先生在《中国吃的故事》一书中称:“武汉三镇没有一家自命荆楚菜的饭馆,一般古朴俨雅的老饭馆,大多挑着徽馆牌号。”

由于资本雄厚,多数徽菜馆规模宏大,设备豪华,多是一式红木的摆设。所经营的徽菜也是量大质优,大盘大碗。老武汉比较著名的徽菜馆除了前面介绍的大中华酒楼外,还有中南春酒楼、新兴楼、同庆酒楼等。中南春酒楼坐落在武汉市最繁华的黄金地段江汉路上,是一个有着悠久历史的安徽风味的小型酒楼。中南春酒楼制作的灌汤鲜肉蒸饺最有特色。新兴楼于 1936 年开业, 著名菜肴“红烧划水”很受老武汉的欢喜。同庆酒楼以经营红烧鱼面为主。大中华酒楼的老板章在寿,在发迹前曾在同庆酒楼当学徒,由于勤劳肯干,不怕吃苦,深得老板胡桂生的喜爱,因而很快学到一手做徽帮菜的手艺。

徽菜馆亦有层次较低的酒楼,如升基巷的景阳楼。四元钱的和菜,一桌人即可饱食而去,菜肴不外乎粉蒸肉、黄焖元子、烧青鱼之类。食客还可单独购买碗菜,便于一人独食或二人合食。另有三鲜面,面条用老方法制成,即用粗竹竿压制而成。面条极硬,一大海碗,三鲜盖满,年轻人一碗即饱。价格亦十分便宜,五角一碗。

但近代以来,武汉徽菜馆的经营总的来说是江河日下的。武汉徽菜馆的衰落与徽商的衰落紧密联系。徽商以经营盐、茶、典、木为主。鸦片战争前后,由于清朝盐政的改革,安徽盐商遭到重创。武汉开埠后,近代钱庄银号兴起,典当业一落千丈,在武汉经营典当业的徽商逐渐被淘汰。加之近代中国社会的动荡和外国资本主义势力的入侵,徽商的资本逐渐衰退。徽商的衰落使徽菜馆的顾客群减少。另外,徽菜馆经营保守,墨守成规,无法适应近代以来迅速转变的环境,也是其衰落的重要原因。据说,起初徽菜馆的服务对象限于徽州同乡。所用堂馆说的也是徽调,不谙其乡音的顾客,会遭受冷遇和白眼。武汉开埠后,随着其他新式馆子一一兴起,徽菜馆就日益走下坡路了。

4.老武汉的素菜馆

素菜是中国菜肴中的一朵清新靓丽的奇葩。素菜作为一支独立的菜系,至迟在宋代就已经形成了。据宋代孟元老《东京梦华录》记载,当时市肆上已有专门经营素菜的素菜馆了。中国古代的素菜可分为市肆素菜、寺观素菜和宫廷素菜三大流派。在长期的发展过程中,它们互相影响、互相融合。近代以来,老武汉的素菜馆可分两类:一类是市肆素菜馆,一类是寺观素菜馆。前者以"菜根香"素菜馆为代表;后者以归元寺云集斋素菜馆为代表。

"菜根香"素菜馆,位于江汉路冠生园旁。解放前,"菜根香"素菜馆分上下两层。楼下经营经济客饭,一钵饭、一盘菜、一碗汤,只需五角钱。菜多为芹菜、干子、面筋合炒而成,汤则为冬瓜汤,别有风味。一般公务员和学生多为座上客。楼上经营筵席大菜。解放前,流氓大亨杨庆山六十大寿,即假该处楼上举行拜寿庆典,国民党党政要人袁雍等均前往拜寿。拜寿毕即吃素酒席。

归元寺云集斋素菜馆,位于汉口胜利路184号,创办于1933年,其前身是归元寺素菜馆。当时全是由僧人主理,已故归元寺方丈昌明法师,是素菜馆的第一任经理。昌明法师在经营管理上很得法,使素菜馆不断发展、壮大。过去主要供应的对象是出家之人、居士和社会上的善男信女,每天的素食供不应求,生意兴隆,名声远扬。归元寺云集斋素菜馆的素食品种花样繁多,曾吸引了成千上万的游客,大获好评。新加坡前总理李光耀、日本前首相中曾根康弘、前苏联新闻代表团、前苏联国家马戏团以及许许多多国内外知名人士、艺术家,都曾领略过云集斋的素食风味。湖北省、武汉市有关领导也曾多次在此举办特色盛宴,招待八方贵宾。归元寺云集斋素菜馆经过多次维修和改建,设备齐全,环境幽雅,目前已成为武汉市最大的一家素菜馆。现有营业面积2000平方米,可接待顾客五百人同时进餐。

在保持和发扬传统素食的前提下,云集斋素菜馆不断创新产品。如该店制作的"素什锦",又名"罗汉大江"、"罗汉斋供",原是佛门流传于民间的名菜。用精制豆制品、冬笋、木耳制作,后经厨师们从营养学、美学角度进行改革,加以冬菇、玉米笋、红枣及时令蔬菜等材料,精心制作,命名为"罗汉上寿",意在祝福善男信女食后多福多寿、祛灾消病。此菜视之悦目，食之清淡爽口，颇受食客欢迎。云集斋素菜馆每天可供应素菜品种一百多个，能承办素席、素宴。著名的传统素菜有“罗汉上寿”、“白鹤菜胆”（图 1-7）、“佛手冬笋”、“归元全鸭”、“香酥雀头”、“红皮素鸡”，名点有“东坡饼”、“什锦素包”、“什锦素面”、“欲长寿”、“常食素”等。

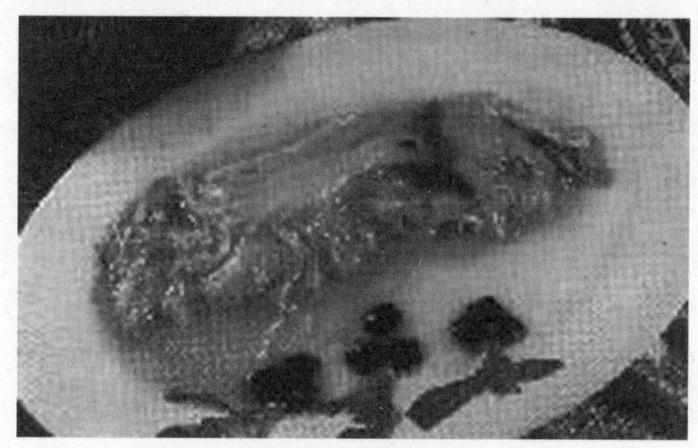

图 1-7　白鹤菜胆

5. 老武汉的茶馆

茶馆，又称茶坊、茶楼、茶社，是商人、行帮洽谈生意，游客、行人谈天说地的场所。武汉是九省通衢之地，历来商业繁盛。在唐宋时期，武汉最繁盛的地区先集中在武昌南市，后逐渐移到汉阳东、南门。到了明末清初，汉口出现了“北货南珍藏作窟，吴商蜀客到如家”的繁荣景象。随着武汉商业的日趋发达，来往客商逐日增多，武汉的茶馆业开始繁荣（图 1-8）。

图 1-8　老武汉的茶馆

清道光年间（1821—1850），叶调元的《汉口竹枝词》就描写了当时汉口茶馆的盛况：“无数茶坊列市阛，早晨开店夜深关。”据范锴《汉口丛谈》（成书于 1823 年）记载，仅后湖一带就有数十家茶馆，比较著名的有“涌金泉”、“第五家”、“翠芗”、“习习亭”、“丽春轩”等。1909 年（清宣统元年）时，武汉三镇的茶馆发展到 411 家，其中汉口250家、武昌133家、汉阳28家。

民国时期，武汉的茶馆遍及大街小巷，尤以长江边、汉水边和闹市区为多。1918年时，仅汉口就有696家茶馆。1928年，增加到1117家。1931年武汉大水后，百业萧条，大批失业者涌进了茶馆，茶馆生意格外兴隆。到1933年时，武汉三镇的茶馆多达1373家。武汉在抗日战争中沦陷以后，茶馆业在日寇铁蹄下只残存250家，从此一蹶不振。解放前夕，武汉三镇共有300多家茶馆。旧时茶馆，有"清水"和"浑水"之分。清水茶馆以卖茶为主，里面不唱戏、不打牌；浑水茶馆，唱戏、说书、演皮影戏、标会以至打牌赌博，全都可以。

清末以来，青洪帮成员往来多在茶楼或酒馆，常用"茶碗阵"来进行活动，茶馆成了他们的主要活动阵地。"浑水"茶馆渐多，于是赌博、吸食鸦片、贩卖枪支、拐卖妇女的交易都在茶馆里进行。来泡茶馆的人员三教九流，无所不有。人们多认为泡茶馆者不是"三教九流"之辈，便是好吃懒做之人。进入民国以后，会党分子以"功臣"自居，大者窃国，中者霸户，小者占房开茶馆、酒楼、旅社、客栈等。当时的刘玉堂、刘桂荀、章庆澜、潘义以及后来的杨庆山、周汉卿等，都是从茶楼、酒楼、旅社、客栈起家的。后来汉口有一句俗话："不是光棍（青洪帮分子）不开茶馆。"即使不是光棍，也得找一个光棍做后台。

但老武汉茶馆不尽是藏污纳垢之所，它还发挥着不少积极作用。如昔日汉口大火路有汉江、龙泉、协兴、合兴、联兴、清香、洪发、万利、春来、汉泉等十七家茶馆，这些茶馆大多是为了行业议事、交易往来、相互联系、谋事雇工、乡亲往来、录亲访友、暇时休息而服务的。当时有民间歌谣赞道："大火路长又长，家家户户是茶坊，宾客进门茶一杯，笑问客人去哪方？不去东、不走西，找乡亲，会同行。"这些茶馆起到了同业公会和同乡会的作用。

汉口的茶馆大致可分为大型、中型和小型三类。

大型茶馆多称茶楼，也多设在楼上，经营面积较为宽敞，雇用茶房（工人）十余人，内有头佬一人，负责管理业务。茶桌（俗称"八仙桌"）至少三四十张以上，茶具十分讲究，一般用盖碗茶具，也有用红瓷茶壶泡茶的。茶叶多采用二、三号"毛尖"。冬季有火炉取暖，夏季初用布叠折成的土吊扇，用人工拉送，后来多改用电扇。馆内设有雅座，备有竹木躺椅若干张，冬用狗皮褥子，夏用竹席，一般季节用长毛巾铺垫，茶资比普通座略高。有些进行地下交易的客商或谈私房事的人，就常常到雅座品茗休息。不少茶馆还辟有静室数间，供客人抹牌赌博，从中抽盈头。有的还附设有小型酒馆，制作各种面点及小炒，同时兼营香烟、糖果、瓜子、花生之类生意。为方便茶客，有的还附设有理发店。当时这类茶馆较有名的有中山大道积庆里口的临城茶楼、花楼街口的楼外楼、六渡桥附近的江南春和洞口春、民生路江边的话雅、集稼嘴河边的怡心楼等。

中型茶馆比大型茶楼规模略小一些，一般雇请茶房三至五人，头佬一人，设有雅座，茶具、茶叶都不太讲究，茶资也较便宜。白天以卖茶为主，晚间就演出评书、皮影戏、楚汉剧清唱（图 1-9、10）等，聚众抹牌赌博另辟有静室，与大型茶楼相同，如安乐泉茶馆、凤台茶馆、汉泉茶馆、一洞天茶馆等就属于此类茶馆。

图 1-9　茶馆里的评书演出

图 1-10　民间艺人在茶馆中演出

小型茶馆是社会下层阶级经常聚会的地方。它一般只有两三间房子，十几张茶桌，较为简陋。茶房通常只有一人，老板和老板娘一般只招呼客人抹牌，晚上也有评书和皮影戏等活动。这类茶馆有的有招牌，如杨鹤茶社、清香茶社等，有的则连个招牌也没有，或以茶馆为名，或冠以姓被大家称为某家茶馆。

武昌、汉阳的茶馆与汉口的茶馆不同。如徐家棚的一些小茶馆，专供粤汉、平汉铁路线上的旅客休息候车之用（旧时没有长江大桥，京广线不能直达）。黄鹤楼上的茶社专供游人少憩品茗。钟家村只有两三家露天茅棚茶馆，供扫墓人休息解渴。

上茶馆喝茶也有各种规矩。茶馆有一天“三茶”之说：从早上开门到午饭时分为早茶，下午为中茶，下午六点到晚上十点关门为晚茶。过了早茶时间，茶客就要“换茶”，另付中茶钱；过了中茶时间，也得“换茶”付钱。喝早茶大多就在茶馆里吃早点。有些单身汉，一起床就上茶馆洗脸漱口，然后泡壶茶。这时候，提篮卖早点的食贩，已经把饼子、油条摆上桌子，任凭茶客吃，吃多少算多少钱，剩下的还是由食贩收去。茶水最初论壶卖，可以免费增加开水，一壶茶只能配两个茶杯，如人多，可以增加茶杯，但不能超过四个；熟茶客可以例外，否则当另加一壶茶。到了后来，茶水改用论杯卖时，情况就不同了，来客一人各泡一杯。如今的茶馆也都是如此，这样可以互不吃亏。茶客若有事，要暂时离开一下，只消把茶杯盖翻过来盖在茶杯上，靠着茶壶放好，茶博士一看就知道这位茶客还要回来，就不会把茶壶收去，别的茶客也不会占这个座位了。否则，再来时，又得付钱重泡一壶。

二十世纪三四十年代，每到夏天人们总想找一纳凉场所。于是，新市场（今民众乐园）、长江饭店（今军人饭店）、中南旅社（今"六门"桥南商场）都开放"屋顶花（茶）园"，出卖清茶、冷饮供人们消夏。租界内的维多利亚（今市政府大礼堂处）、新生花园（今健康幼儿园）、天星花园（今江岸区文化馆）也卖起茶来了。不过他们用的桌椅茶具跟茶馆不同，多用小型方、圆桌、活动靠椅和高级玻璃杯，具有一点现代气息。

概而言之，近现代武汉饮食市场与行业之所以能够取得较快的发展，从根本上来说，还是得益于近代武汉的开放。尽管这一开放是被迫的，但它给武汉饮食文化带来了巨大的变化，它使得武汉的饮食文化率先由封闭走向开放，不断适应时代潮流的地域饮食文化。事实上，武汉的饮食文化在西俗东渐和各地风味夹击之时并未萎缩，相反，却迅速发展，并逐渐成为中西结合，融中国各地风味之所长。传统与现代结合的风味的特色，充分显示了武汉饮食文化的巨大包容性。

第五节　荆楚饮食民俗

荆楚先民在漫长的社会历史发展过程中，辛勤劳作，不仅创造了灿烂的饮食文化，同时也形成了丰富多彩的饮食民俗，以及与此相联系的商贸习俗，如店名招牌，吆喝响器，信仰与禁忌，行话隐语，行帮会所等各个方面。这些商业民俗随着时间的推移，逐渐渗入荆楚社会生活的每个层面，装点着荆楚的城市面貌，使她具有了中国老商业城市的独特魅力。

一、荆楚饮食民俗的特点

荆楚饮食民俗的特点主要表现在以下四个方面：

(一)大米和淡水鱼鲜是人们日常饮食中重要的主副食原料

所谓“鱼米之乡”，是对荆楚地区饮食结构最准确的概括。大米是本地一日三餐不可缺少的主食原料。在一些乡村地区，早餐是大米粥，中晚餐是大米饭，大米占摄取量的70%～80%以上。大米产量大，食用广，加工方法也很多，除了常见的大米粥，饭等主食外，还可制成米糕、米豆丝、米粉丝、米面窝、米泡糕，以及用糯米制成的汤圆、年糕、糍粑、欢喜砣、粽子、凉糕、米酒等小吃品种。还可以将大米做菜，最常见的是做粉蒸菜，如粉蒸肉，肉有粉香，粉透肉味，风味独特；另外，是将糯米与其他原料拌合，作出所谓的“珍珠菜”。如：珍珠圆子，珍珠鲫鱼等等。由此可以证明大米在人们饮食生活中的重要地位。

荆楚民间素有“无鱼不成席”之说。鱼在荆楚人的餐桌上扮演了十分重要的角色。荆楚拥有鱼类一百七十多种，常见经济鱼类有五十多种，产量约占全国16%。荆楚人爱吃鱼，逢年过节，少不了一道“红烧鲢鱼”，以图“年年有余”之大吉；婚庆席上，少不了一道“油焖鲤鱼”，以祈“多子多孙”之预兆；酒店开张，免不了一道“财鱼奶汤”，以求“恭喜发财”之大利。荆楚人会吃鱼。光鱼的烹调方法就不下三十种，红烧、油焖、氽、清蒸、焦溜、水煮等等。加工方法多样，鱼块、鱼片、鱼条、鱼饼、鱼圆、鱼面、鱼糕等等，光是鱼类菜肴就多达一千多种以上。荆楚人吃鱼还积累了许多经验，什么季节食什么鱼，到什么地方食什么鱼，什么鱼吃什么部位最好，什么鱼用什么烹调方法最好，都很讲究。

(二)以“蒸、煨、炸、烧”为代表的烹调方法和以“咸鲜”为主的口味特征

“蒸”是荆楚地区广泛使用的一种烹调方法，不仅鱼能蒸、肉能蒸，鸡、鸭、蔬菜也能蒸。尤其是在仙桃市(原沔阳县)素有“无菜不蒸”一说。荆楚地区蒸菜十分讲究，不同的原料、不同的风味要求各有不同的蒸法。如新鲜鱼讲究“清蒸”，取其原汁原味；肥鸡肥肉讲究“粉蒸”，为了减肥增鲜，油厚味重的原料讲究“酱蒸”，以解腻增香。荆楚名菜“清蒸武昌鱼”、“沔阳三蒸”、“梅干菜扣肉”是这三种蒸法的代表作。

“煨”也是极富江汉平原地方风格的一种烹调方法。逢年过节，家家户户少

不了要做一道“汤”,汤清见底,味极鲜香。

此外,“炸”、“烧”的烹调方法使用也十分普遍。民间称做菜叫“烧菜”,谓腊月二十八准备春节食品叫“开炸”,可见炸、烧在楚地民间应用之广泛。

荆楚口味以“咸鲜”为主,调味品品种单调,过去许多地方都是“好厨师一把盐”,基本上不用其他调料。在一些乡村的筵席菜点中,所有的菜几乎都只一个味——咸鲜。这种口味特征可能与楚人爱吃鱼有关,因为鱼本身很鲜,烹调鱼时,除了需加少许姜以去腥味外,调味品只需盐足矣。

(三)“无鱼不成席”、“无圆不成席”、“无汤不成席”集中反映了荆楚筵宴的风格

“无鱼不成席”是因为鱼味道鲜美,鱼价格便宜,鱼营养丰富,更重要的是鱼富含寓意,如多子、富裕、吉祥、喜庆等,所以“逢宴必有鱼,无鱼不成席”。

“无圆不成席”是说荆楚人特别喜欢吃“圆子菜”,如鱼圆、肉圆等。荆楚人不仅可用动物原料作圆子,而且还善于用植物原料作圆子菜。如:藕圆、萝卜丝圆、绿豆圆、糯米圆、豆腐圆、红薯圆等等。同鱼菜一样,圆子菜也是各种筵席不可缺少的。在民间,肉圆子是筵席中的主菜,它的大、小、好、坏往往是衡量该桌筵席档次的重要标准。在鄂东南一带还盛行一种“三圆席”——以肉圆、鱼圆、糯米圆为领衔菜组成的一种筵席。以连中“三元”(解元、会元、状元)寓祝福之意。故民间举办婚嫁、喜庆筵席必用“三圆席”,以示吉祥如意,事事圆满。

荆楚人爱喝汤,举凡筵宴都少不了一钵汤。汤的制法多样,有氽、有煮、有熬、有煨、有炖,汤的原料丰富,鱼、肉、蔬菜、水果、野味、山珍等等都是良好的原料。汤菜品种繁多,高级的有清炖甲鱼汤、长寿乌龟汤,中档的鮰鱼奶汤、瓦罐鸡汤、野鸭汤等,低档的有氽圆汤、三鲜汤、鲫鱼汤等等。这种爱喝汤的饮食习惯,可能与荆楚人偏爱咸鲜的口味和荆楚大地冬季寒冷,借汤驱寒,夏季炎热,借汤以开胃补充水分、盐分的需要有关。

(四)吃鱼讲究多

荆楚地区筵宴不仅是“无鱼不成席”,而且,年节筵宴还讲究“年年有鱼”,即鱼是看的,而不是吃的。鱼作为长江中游地区人们日常生活和宴请的一道必不可少的菜肴,其品种也可谓繁多。每逢新春佳节,家家户户吃团圆饭的时候,都必然有一盘全鱼,取其年年有余之意。或红烧、或清蒸、或溜炸,但是,怎么个吃

法，各地有各地的习俗。在我国长江流域的荆楚地区，鱼是整个宴席的最后一道菜，基本上是端出来摆摆样子，谁也不去吃它。这意味着，这条鱼是今年剩下来的，留给明年。还有一些地区，一上热菜就是全鱼，一直摆在桌子的中间，直到宴会快结束时，人们才动筷子。这两种吃鱼的习俗，都是人们所寄托的一种期望，希望家业发达，“年年有余”的象征。

在举行婚宴时，一般也离不开全鱼，这道菜一般是在酒过三巡后上的。吃的时候要注意，只能吃中间的，鱼头和鱼尾都要完好地保留下来，最好是连中间的脊骨都不要弄断，因为这是一种对新婚夫妇白头偕老的美好祝福。当然，有时鱼很大，盘子盛不下。在这种情况下，掌刀的厨师可将鱼的中段切掉一块，但吃的时候仍然要有头有尾。

鱼是长江流域人民所喜爱的一种菜肴，它可煎可煮，可炸可溜，可腌可卤，可糟可爆，味道各不相同，大宴小宴都离不开它。在吃鱼的时候，也就伴随着许许多多习俗的产生，一直流传至今。在不少山区，在上鱼这道菜的时候，必须把鱼头对着长辈或尊贵的客人。鱼头对着谁，谁都必须先饮三杯，因为这是主人对客人的敬重，而后鱼头所对的人开始吃鱼，其他人才可以吃。如果在他还没动筷子吃鱼时，别的人先去吃鱼，就必须罚酒三杯。有些地方还在鱼头上点一点红，以示吉庆。

在水上吃鱼，那就更有许多讲究了。大鱼上桌时，必须将鱼头放在船老大、或者是驾驶舵手面前，鱼尾放在舢板小老大处，捕鱼手吃鱼的中段，其他人只能吃放在自己面前的鱼。在渔船上吃鱼，要先吃上半片，吃完后把鱼骨头拿掉，再吃下半片，只顺着吃，切不可把鱼翻过身来吃。渔民们在“三面朝水，一面向天”的渔船里，最忌讳的就是一个“翻”字。

长江流域中一些山里人，还爱吃一种“熏鱼”。就是把鱼洗净晾干后，吊在灶口上让烟熏，然后在锅里放上少许米或糖，上面架上甑皮（一种用竹片编架起来用来蒸东西的工具），再把经过烟熏的鱼洗干净后放在上面，用文火慢慢地熏烤，一边烧，一面在鱼身上涂一些红酒糟，直至锅里的米或糠完全烧焦为止，便可食用了。这种熏鱼味道奇香，带有浓郁的酒糟味，咬起来带有弹性，便于保管。所以，山里人把它切成片后，作为正月里人来客往的一种最好的下酒菜。

事实上，我国其他地区对鱼也有很多讲究，赫哲族的许多婚姻就是在捕鱼过程中结成的良缘。他们常常以“杀生鱼”来款待客人。杀生鱼多用鲤、草根、鲟、鳇、胖头等鱼为原料。先将鱼肉从骨头上剔下两整块，切成连接的鱼丝，从鱼皮上片下来，然后伴以用开水烫过的土豆丝或绿豆芽，以及粉皮或粉丝等，再拌以辣椒油、醋、酱油、食盐等，食之清香可口，别具风味。特别是在春节期间，家里若来了客人，好客的主人就先泡上好茶，摆上瓜籽，然后拿来两条鱼，麻利地用刀把两边的肉取下来，用前面的方法，为客人制作成一盘精美的杀生鱼，随后又端上几碗红通通、透明发亮、大如黄豆的大马哈鱼籽和焦黄得像肉松一样的鱼卷，这已经成为赫哲族人民的待客习俗。

居住在长江上游贵州、的贵定、福泉一带的苗族，每年的三月初九是他们的“杀鱼节”。这一天，人们来到河边，从河里叉起一条条鲟鱼，就地架起铁锅，燃起篝火，用河水煮着鲜鱼，喝着米酒，吹起芦笙，唱着山歌，祭天求雨。祝愿风调雨顺，五谷丰登。

此外，水族老家中老人死了，亲戚朋友送祭品时，必须要有鱼；端午节要吃“鱼包韭菜”。云南的傣族在过中秋节时也必须从池塘里捉鱼；侗族秋收季节在田边燃起篝火，用树枝穿在鱼嘴里，在火上烤焙而熟的“烤鱼”并喝着糯米酒，手撕着烧鱼，就着糯米饭，把酒品鱼，山歌四起，一幅农家乐的图画展现在人们的面前。

鱼是人们所喜爱的，由它产生的一些习俗，在长江流域的一些地区，有的正渐渐地消亡，而有的却被人们一代一代的传了下来。

二、荆楚节令婚嫁生育饮食民俗

荆楚地区的节令、婚嫁、生育等习俗中，也有丰富多彩的饮食内容，值得回味。

（一）节令食俗

春节，俗话说“腊八过，办年货”。家家户户腌腊鱼腊肉、碾糯米粉、泡糯米打糍粑、做小吃、打豆腐、宰牛鸡、福（伏）年猪（民间过年杀猪叫“福”，福作动词用）。直至腊月二十八晚“开油炸（锅）”，将年饭食品全部准备完毕。二十九或年三十日，将家中水缸储满水，以后三天不能挑水。腊月三十除夕夜，家中举宴，长幼咸集，多作吉利语，名曰“年夜饭”。关于吃“年饭”的时间，各地不尽相同，有的是早晨，有的是中午，也有的是晚上。但不管什么时间，其食品之丰盛、进餐礼俗之讲究，是任何筵宴不可比拟的。

正月初一开始，亲戚朋友相互拜年，彼此相邀畅饮。从正月初一至十五止，民间谓之“请年酒”或“吃新年酒”。这段日子里真是“灶里不断火，路上不断人”。

端午节时在荆楚地区除吃粽子外，在鄂东南地区，端午节还要吃糯米饭或包裹糖馅的糍粑，有的还吃麦面馍。江汉平原地区，端午节兴吃芝麻糕、绿豆糕、盐蛋、鳝鱼。家家户户要腌一些鸡蛋、鸭蛋，农村小孩总是在这天胸前挂上一个用线网装着的咸蛋，互相逗乐。端午节还是食鳝鱼的最佳时节，这个时候鳝鱼肥美味鲜。《汉口竹枝词》里“艾糕箬粽庆端阳，鳝血倾街秽莫当”即是这一民俗的真实写照。

中秋节，中秋食月饼自古已然。鄂北一些地方，中秋节还有吃馒头或包子的习俗。荆江一带，中秋节还必食鸡蛋煮米酒。在武汉市，每逢中秋节板栗喷香，“仔鸡烧板栗”成了家家户户餐桌上的必备菜肴。

除了上述三大节日之外。三月初三“上巳节”（又名荠菜花节）的饮食习俗尤具地方特色。是日，家家采地米菜煮鸡蛋吃，俗以为上巳日吃了地米菜煮鸡蛋可以清毒、防暑、免灾、治头晕。《汉口竹枝词》载：“三三令节重厨房，口味新调又一桩。地米菜和鸡蛋煮，十分耐饱十分香。”记录了上巳节汉口地区的饮食习俗。

（二）婚嫁食俗

婚嫁食俗是婚嫁活动中的一个重要方面。它的内容十分广泛，地区差异性也很大，这里仅对一些比较有特色的食俗内容作一介绍。

婚嫁食俗从相亲开始。鄂东南地区，如果丈母娘对新上门的女婿看不中，会做一碗鸡蛋面条给小伙子吃，若是明智的小伙子，他就会知道吃了鸡蛋就该“滚蛋”了。如果双方家长相看中意，则由男方提出订婚。民间订婚要备办订婚礼物（俗称聘礼），聘礼中有些食物是必不可少的，茶叶就是其中之一。明人郎瑛《七修类稿》中引《茶疏》说：“茶不移本，植必子隆。古人结婚，必以茶为礼。取其不移植之意。”可见聘礼用茶，有“一经订婚，决不解毁（改悔）”之意。

女儿出嫁，她母亲要在嫁妆中放一些具有特殊意义的食品，以示期望，如在被子角放上红枣、花生、桂圆、瓜子等，取其“早生贵子”之意，或在马桶（现在一般用痰盂）里放一些煮熟染红的鸡蛋和筷子，谓之“送子”。

新婚之日，男方要大摆宴席，民间谓之“喜酒”，婚宴一般分两天举办。第一天迎亲日名为“喜酌”，第二天名为“媒酌”。喜酌的赴宴者为三亲六眷，媒酌的赴宴者为亲朋好友。在鄂东南地区，婚宴正式开始前，要先行一个“茶礼”。新娘在姑子的陪同下，给入席坐定的客人倒“喜茶”（旧时为红糖水），名为倒茶，实为认亲。小姑子给新嫂子介绍客人的称谓，新娘随后喊一声“××请用茶”，客人站起，接过茶杯喝完后，将早已准备好的红包放进杯中，新娘收起红包，再给下一位倒茶。一一倒完，茶礼结束，婚宴开始。

在民间，婚宴菜品的构成都有特殊的规定。农村许多地方，婚宴菜肴还有吃菜、看菜、分菜之别。所谓“吃菜”，即是供客人在席桌上吃的菜。按理说，筵席上的菜肴都是可以吃的，但出于某种礼仪，有的菜却只能看而不能吃，谓之“看菜”。因为这道菜象征着某一种意义，此时它已成为某种寓意的寄托物。所谓“分菜”，是指给赴宴宾客带回来吃的菜肴。分菜一般是炸制或烧制的无汁或少汁菜，常做成块状或圆子状，便于分装携带。菜肴一上桌，由席长或同席长辈分给每位客人，客人取出早已准备好的布袋或手巾包好带走。

（三）生育食俗

十月怀胎，饮食为要。在民间，妇女怀孕后，为了达到预想的生育目的（生儿或生女）和顺利生产，总是采取一些饮食手段来加以影响。如：要求孕妇多吃龙眼（干品叫桂圆），以为多吃龙眼，生的孩子眼睛会像龙眼一样又大又明亮。荆沔一带，长辈总要孕妇吃藕，因藕多孔，多吃藕，希望孩子将来又白又胖又聪明，多长心眼。还有的地方要求妇女多吃猪脚，以求孩子将来走步早，会走路。

民间除了鼓励，要求孕妇吃某些食物外，还禁止孕妇吃某些食物。如牛肉，说是吃了牛肉，小孩身上会多毛。禁止吃狗肉，以为狗肉不洁，食后会导致难产。有的地方还忌吃生姜，认为孕妇吃了生姜，出生的孩子可能是六指。此外，有的地方为了达到预期的生儿、生女目的，常采取一些饮食手段加以影响，如“咸男淡女”、“酸男辣女”等等，不一而足。

产妇进补最主要的方式是喝老母鸡汤，所以亲戚朋友送礼大多都是送鸡，产妇产后一般要吃二三十只鸡；有的地方还用红糖进补，说是红糖可补血。“产前一盆火，饮食不宜暖；产后一块冰，寒物要当心。”这是民间对产妇饮食的科学总结。

孩子出生后，亲戚朋友都要前往祝贺，主家则要设宴款待。亲朋好友送的礼物大多数是吃喝的东西，如鸡、鸭、肉、面条、糯米等。主家则举行隆重的“满月宴”或“九朝宴”来款待。

三、昔日荆楚的民间筵席礼仪

旧时荆楚民间摆宴席请客喝酒，非常讲究筵席礼仪。如酒桌怎么安放，客人入席怎么坐，以及坐在什么位置上，都有讲究。尤其是婚姻喜庆宴席，更是马虎不得。客人中有辈分上下、年龄长幼、地位大小等的区别，他们该坐在什么席上，席上又该坐哪个方位上，都有约定俗成的规矩。场面大一点、客人较多的宴请，主人还要专门请一位懂礼仪的人担当“执客事”，以免待客不周。

民间讲究“席不正不坐”，那么究竟怎样才算坐正了席位呢？

过去，荆楚的民屋，多为二进或三进木间架瓦房，以二进为“堂屋”。有什么喜庆之事要宴请亲朋，酒席都要摆在堂屋里，以中堂为上，以左为尊。若一般宴饮，宾客较少，只设一席时，摆席的规矩较为简单，只需把桌子设在中堂中央即可，桌面缝纹多为上下朝向；若尊者是多人，需多设尊座，则将方桌缝纹作横向。大圆桌只作上下朝向。对于只有六人参加的宴饮，不能上、下各坐一人，两侧各坐二人，否则会被讥为“王八席”。

婚姻喜庆之时，往往设宴较多，摆席的规矩也较为复杂。以四席（图 1-11）

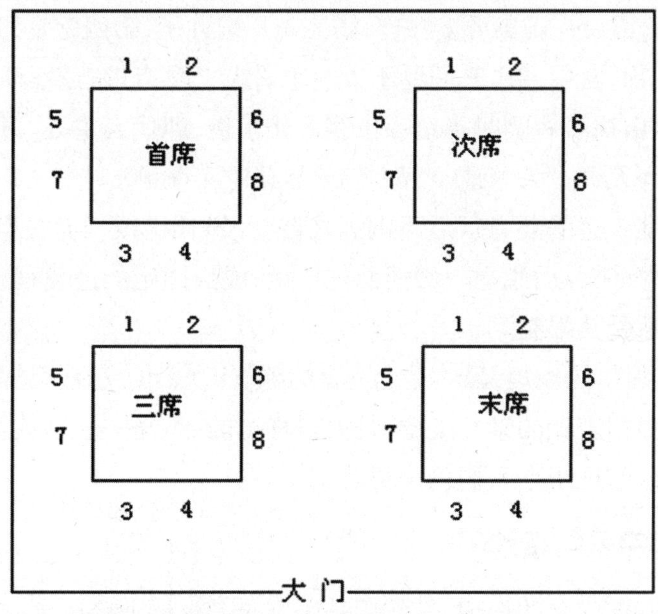

图 1-11 四席宴饮座位的安排

为例,面向大门,上方并排摆两桌,下方与上方对应并排摆两桌,席间要有一定的空间可以来回行走。这四桌的先后顺序为左上方为首席,右上方为次席;首席的下方为三席,次席的下方为末席。一张席上坐八位客人,尊者长者,或特邀贵宾坐在酒席的主位上才算恭敬。一桌酒席上的主位在上方,其次在下方,左右两方依次入座。主位上左为第一位,右为第二位。次主位右边为第三位,左为第四位,左右两边四个席位又分左为先右为次,也有上下之分。比如娶亲婚宴,男家在新娘接进门行完礼入洞房后,就开始摆酒宴酬宾了。首席上坐的必须是女方来的贵客,俗称上亲。如果送亲的上亲刚好坐满一桌,那么其他的几桌就是奉陪上亲喝酒的陪客。上亲里面按照兄嫂弟妹、表兄妹等长幼次序入席。次席上的陪客是自家亲戚中的外戚,如外祖父母、舅父母、姑父母、姨父母,长辈未到的由他们的子女代表入席。另外两席就是自家亲戚,即伯叔、兄弟等,入席次序仍分长辈晚辈,兄上弟下的礼教入席。

请客入席一般由主家所延请的“执事者”导引。“执事者”是由与主家关系非常好、对主家的亲戚都比较了解的人担当。

席位坐定之后,开始向席上上菜了。民间喜事酒宴配菜最有名的要算“八个头”了。八个头上菜的顺序也有讲究,那就是“鱼头肉尾,三圆四喜”。这就是第一碗菜先上鱼,最后一碗菜要上扣肉,第三碗是肉丸子,第四碗是甜汤,其他菜肴上席的顺序不拘,自由端出来问题不大。菜肴端上桌有“东道不请客不餐”的礼教。每桌席上由执事者临时指定一位客人作东道,即代表主人。每碗菜上桌之后,东道就向客人说:“大家请。”客人们才启筷吃菜喝酒。

旧时,湖北人进餐还有饭后不喝酒之俗。民间以“饭”与“犯”同音,“酒”与“久”同音,因忌讳“久后犯上”,必使酒先于饭,成为固定的进餐程式。但父母双亡者,则可以不受其限制。

这些酒宴习俗的规矩,虽然是老一套的陈规旧俗,但它在宴请酬宾中所显示的尊敬长者、互相谦让的崇礼美德,是值得称道的,难怪一直延续至今。在各种喜庆酒宴中,这些规矩老人们仍是很讲究的。

四、商家字号与招牌

店标,是商店店名的标识。其作用是区别于其他同业经营者,在顾客心目中树立起店家形象。在老汉口激烈的商业竞争中，店家的声誉与店标名称往往是密切相关的。因此，商家为图吉利，以广招徕，业主无不在店名招牌上精心创意。也正是由于店标与店家声誉的关系，才形成了其独家专用的性质，从而构成了老汉口商业标志习俗中的一个重要形态。

店名、店标在旧时或称“招牌”、“字号”。传统的商号用字，是极为讲究的，不但要取“雅”意，而且多采用各种吉利字眼，意图求得生意兴隆，吉祥发达。旧时汉口商店字号多含吉祥字，如“茂、盛、兴、隆、公、允、祥、和、谦、顺、裕、泰、瑞、昌、永、发、福、丰”等字。在民间更流行一首商号用字歌，三镇商号用字可以说大都不离其宗。歌云：

顺裕兴隆瑞永昌，元亨万利复丰祥；
泰和茂盛同乾德，谦吉公仁协鼎光。
聚益中通全信义，久恒大美庆安康；
新春正合生成广，润发洪源厚福长。

如在老汉口的“大兴园”餐馆等店名中，我们就能看出商家们命名店名的用字规律。

在商号取名的格式上，传统形式以用三个字者居多，这样便于记诵。也有店家起两个字的，但民间为了说着顺口，则常在其后加一“记”或“号”字，如“蔡林记”热干面等。也有直接冠以姓氏的，如“曹祥泰”、“伍亿丰”、“汪玉霞”等等。

店名也会因行业不同而具有不同的特色。一般茶馆多用“泉、春、园”；饭店多用“馆、楼、庄”。在历史悠久的汉正街，商店鳞次栉比，挂满了五颜六色的招牌。金古楼、会芳楼、五明楼、聚仙楼、鸣鹤园，都是清代汉口著名酒店；楚江楼、小江园则是著名的茶馆。票号一般取财源通达之意，如百川通、三晋源等。汉正街还有一些店铺以物品产地为招牌，或以雅字奇字为招牌，较著名的如“玉露斋”烧腊、“只处高”皮面。

各种商铺的招牌字号，既具有店标的形式，又具有观赏的价值；还有些店名，含有一定的掌故或趣闻。这些字号与招牌，把老汉口的街头装点成一座大美术馆，构成了江城一道独特的风景线。

五、吆喝与响器

旧时武汉商人的广告手段，除了用字号招牌，还想方设法动人视听，以叫卖和各种各样的响器来吸引人们的注意力。旧时管“叫卖声”叫“吆喝”。“吆喝”是走街串巷的各种小贩(图1-12)必不可少的本领，这种吆喝构成老汉口特有的风俗，特有的民风，长久地留在人们的记忆中。

图1-12 旧时武汉街头卖面食的小摊

江城过去的种种吆喝，有腔有调，有滋有味，合辙押韵，抑扬顿挫，能把所叫卖的物品的特点、优点都唱出来。卖不同的东西，有不同的吆喝法，绝不会让人弄错，非常有艺术性。这些叫卖声中有的沉闷如黑头，有的豪放如唱大花脸，又有的清脆如生旦，在白昼给浩浩欲沸的市井平添不少情趣，在夜晚又给寂静的夜晚带来一些凄凉。

让我们先来听听老汉口卖油条的小贩的吆喝声吧！他们多系贫穷的老人，在夜间叫卖。其声嘶哑苍凉，听后让人感到凄怆悲凉。当年著名相声艺人潘占奎曾经形象地学着那种断断续续、嗓音嘶哑的叫卖声：“饼子怕(泡)油饺(条)，回火热油饺(条)。”其实油条多是冷的。如果在秋风袭人的夜晚，看到一位白发苍苍、衣衫褴褛的小贩提一盏小油灯，挎一竹篮，走街穿巷，用嘶哑苍凉的声音叫卖着凉油条，怎么不让人们从心底泛起凉意呢？

对比起来，倒是卖麻花的吆喝声比较有生气。卖麻花也同样挎一竹篮，不同的是多在白天由年青人叫卖：“糖麻花、盐麻花、馓子枯麻花、金牛酥麻花。”叫起来声调高而脆。值得一提的是金牛酥麻花。这种麻花是当年湖北咸宁县金牛镇的特产。一根麻花的长短粗细就像一支铅笔，酥松香脆，美味可口。因其体积细小，质量要求较高，需用上白精细面粉调以香油、矾碱，发酵后揉搓成型，再用滤过的麻油煎炸而成。如今武汉市面上已经绝迹了。

“桂花赤豆汤”的叫卖声更有意思。“桂花赤豆汤”是用糯米、赤豆、桂花、白糖熬成的稀粥,用木桶盛装,裹上多层棉絮保温。卖“桂花赤豆汤”的多是江浙妇女,她们的吆喝声富有节奏性和音乐性,很有江南水乡的韵味。因为江浙方言的缘故,她们口中“桂花赤豆汤”喊成了“贵话耶——差的差”。因此,武汉本地人在朋友之间争执调笑,常常说:“你那是上海人卖稀饭”。这一取笑别人的歇后语,意思是——贵话、差的差!

更有趣的是凉面的叫卖声,吆喝起来的声调是:“哎——撩撩撇撇呵——”这声音听起来真是有些特别。其实他叫嚷的是“凉粉凉面呵”,因为他是别着嗓子叫唤,听起来就成了“撩撩撇撇呵”!荆楚方言“撩撇”就是“容易”的意思,是说他本小利大,赚钱容易也!

商贩们除叫卖外,还用各种打击声吸引顾客。卖不同的货物,操不同的家伙,各具特色,使人不见其人,便闻其声。如卖热干面和卖莲子汤的。热干面是当今武汉最具特色的小吃之一,但是武汉早期的热干面是难登大雅之堂的,二十世纪三十年代的热干面也与卖凉粉凉面一样,肩挑一担粉、面走街串巷。所不同的是并不大声吆喝,而是手握一只饭碗大小的小鼓,缀上一根鼓坠儿,摇动时咚咚地直响。旧时每到深夜,肩挑一副六角担儿,摇着手铃并不吆喝,这是卖“清炖冰糖莲子汤”的。铃儿一响人们就知。惟有那炖莲子的紫铜煲儿形状特好,好似一台小型飞机发动机,又像一个大莲蓬:沿圈是窟窿,一个窟窿里一小罐莲子汤,倒出来刚好一小碗,真是“冰莲紫铜煲,红泥小火炉”。食后,据说有清热解暑、明目润肺的功效。

过去荆楚乡下货郎担售针线、花布、胭脂、扑粉等妇女用品,手摇“拨浪鼓”(雅称“惊闺”、“唤娇娘”),摇动起来叮当作响。《汉口竹枝词》中有“手执惊闺沿户卖”的诗句。后来,拨浪鼓发展到小鼓、小锣齐鸣,“咚———咚———”之声在城乡不绝于耳。民国之后,又增加擦皮鞋的敲踏脚箱,卖冰棒的敲柜子,卖梨膏糖的拉手风琴,卖麦芽糖的敲铁块,卖肥皂、雪花膏的打洋鼓、吹洋号,连算命者也弃小锣改拉胡琴。

清人叶调元《汉口竹枝词》中有诗云:“芝麻馓子叫凄凉,巷口鸣锣卖小糖。水饺汤圆猪血担,深夜还有满街梆。”生动地描绘了昔日荆楚的摊贩们或高声吆喝,或借响器招徕的情景。这些摊贩们千姿百态的叫卖声汇聚在一起,就像一曲交响乐,为昔日的江城三镇增添了不少风韵。

第六节　武汉饮食老字号

字号是商店的名称和招牌,由于武汉自古以来就是一个繁华的商埠,各地商贾云集于此,不仅推动了武汉商业经济的发展,也带动了武汉餐饮业的繁荣,并造就了一批知名的餐饮老字号。这些老字号均系新中国成立前开设的,店史在九十年以上,它们见证了武汉的沧桑历史,也在武汉的历史上写下了辉煌的一页。

一、大中华酒楼

荆楚江缓鱼儿多,鱼类菜肴是鄂菜的重头戏,像清蒸武昌鱼、糖醋桂鱼、红烧鮰鱼、烧青鱼划水、荆楚鱼丸、鱼糕等,都是人们所熟悉的荆楚名菜。作为荆楚省会的武汉,有不少酒楼饭店以烹制鱼类菜肴驰名,武昌的大中华酒楼(图 1-13)就是其中的佼佼者。

图 1-13　大中华酒楼

大中华酒楼创办于 1930 年,主要创始人为安徽人章在寿。章在寿十二岁时即在武昌的同庆酒楼当学徒。同庆酒楼是一家徽州风味的餐馆,以经营红烧鱼面为主。章在寿由于勤劳肯干,不怕吃苦,深得老板胡桂生的喜爱,因而很快学到一手做徽帮菜的手艺。1930 年,章在寿离开同庆酒楼,与陈明开等人合伙顶下了芝麻岭(今彭刘杨路武昌邮局对面)的五香斋餐馆,自立门户,仍以经营红烧鱼面为主,兼营炒菜。由于几个人齐心协力,注重特色,讲究质量,生意很快就做开了。当时的股东中,有三人是在上海学的烹饪手艺。上海当时有三家徽州餐馆的招牌都叫大中华,而他们也想搞徽州风味,于是就把自己的这家餐馆取名为“大中华”。1932 年因修建马路,芝麻岭的餐馆被拆除,“大中华”搬到了柏子巷口,即现在的位置至今。

初创时的大中华酒楼是一幢旧式的两层楼房,在当时还算有一定规模。一楼卖经济客饭,一菜一汤一钵饭,也兼营一些面点。顾客只花三五角钱,即可吃饱吃好,经济实惠,很受群众欢迎。二楼做各种炒菜,后来发展到承办筵席,经营合菜。这些均以鱼菜为主,如清蒸鳊鱼、松鼠桂鱼、糖醋桂鱼、五彩桂鱼、牡丹桂鱼、银丝桂鱼、烧青鱼划水(图 1-14)、瓦块鱼等。二楼的顾客大多是社会中、上层人士,以各级官吏、高级职员居多。由于地处法院对面,许多官司的诉讼双方在宴请法官、律师时,多就近光顾于此。偶尔也有大人物,如省政府主席一类光临品尝,故生意做得蒸蒸日上。

图 1-14 烧青鱼划水

二十世纪三十年代初的武昌,餐饮业一度比较繁荣,行业竞争日趋激烈。在“大中华”附近就新开了汤四美汤包馆、蜀珍川菜馆,加上汉宾酒楼、味腴餐馆的兴盛和发展,都对“大中华”构成了直接挑战。其中,尤以汤四美为最,它既卖汤包,又兼营小炒,还承办筵席。其老板汤荣昆活动能力强,当时的震寰、裕华、一纱等几大纱厂,还有米厂、电厂等都被他拉到汤四美包席。面对强劲对手,大中华采取了果断的应对措施。首先是扩建三楼,重新装修了门面,三楼店堂布置成活动客间(即包房),可大可小,以满足顾客需求。其次,在经营上,严把质量关,进货选料十分讲究。为保证原料新鲜,还专门制作了土冰箱。那时没有味精,用原汤做菜,以达到原汁原味,口感鲜美。

当时社会上流传着这样一种说法:吃菜要上“行时”的餐馆,喝茶要上“背时”的茶馆。意思是“行时”的餐馆生意好,原材料销得快,食品新鲜的多;“背时”的茶馆生意差,水烧得很开。为了办成“行时”的餐馆,大中华除了十分注重菜的质量外，还要求服务员善于向顾客推荐介绍，因而在激烈的竞争中总是占得上风。二十世纪三十年代，"一二八"和"八一三"日本两次进攻上海吴淞口，许多有钱的下江人逃难到武汉，他们都是餐馆的常客，当时许多餐馆都发了财，大中华也不例外。这段时间是大中华最兴旺的时期。

1938 年 10 月武汉被日本侵略军占领，武昌长街（今解放路）一带餐馆关门停业者十之八九。由于大中华的股东均为安徽人，家乡早已沦陷，无乡可归，在这里财命相连，只得硬着头皮苦苦支撑。长街中心地区被日军占驻，一些小型餐馆纷纷迁到八铺街难民区一带集中，像大中华在这里坚持经营的寥寥无几。直到敌伪省府成立以后，这里才逐步恢复一点生机。由于生意清淡，又缺乏资金，员工的生活非常艰苦。这时股东、员工都不拿工资，生意好吃好点，生意差吃差点。在武汉被占领的七年中，大中华只能勉强维持，惨淡经营。

新中国成立后，大中华酒楼的经营风格和特点日臻成熟。特别是在毛泽东"才饮长沙水，又食武昌鱼"的诗词发表以后，大中华更加凸现了以烹制"武昌鱼"为主的淡水鱼类菜肴的经营特色。他们继承传统，不断创新，在原来几十种传统鱼菜的基础上，发展到五百余种。其中，仅武昌鱼的做法就有三十多种，有花酿、杨梅、荷包、梅花、菊花、蝴蝶武昌鱼等，各具特色，色香味形俱佳。由于武昌鱼的推出和不断创新发展，大中华酒楼更是名声大振。许多外地游客都是慕名而来，以上大中华品尝正宗武昌鱼为快。一些人甚至认为，不食武昌鱼，枉自到武昌。

图 1-15　菊花鳜鱼

图 1-16　粉蒸黄颡鱼

在继承传统的基础上，大中华酒楼又发展创新了包括鳊鱼、青鱼、鳜鱼在内的"全鱼席"系列菜品（图 1-15、16）及一鱼多吃等，推出了"红枣炖甲鱼"、"虫草八卦汤"、"莲茸鱼夹"等一批滋补、食疗菜肴；同时，还发掘整理了荷香鱼、鱼羹等一批具有楚乡风情的传统名馔佳肴。

大中华酒楼多次被评为商业部、省市的先进单位。1992 年，为武汉市饮食业前十家最大的企业之一。近年来，由于市场变化，大中华酒楼停业数年后，现已迁到武汉光谷，重新开业，仍以鱼菜为其特色。

二、老会宾楼

汉口的老会宾楼是以烹饪鄂菜出名的大型酒楼。鄂菜历史源远流长，早在公元前四世纪，楚国就能办成丰盛精美的筵席。两千多年来，随着经济、文化的发展，鄂菜在中华民族众多代表菜系中已取得了独具一格的地位。鄂菜可分武汉、荆沙、鄂州、襄阳等四个地方风味，而武汉菜是其中的佼佼者。在武汉，集鄂菜之大成者，要算老会宾楼了。

老会宾楼创办于 1929 年，老板朱荣臣是湖北汉阳县朱家台人。他十几岁时就在汉口大观楼(茶馆兼酒馆)里做跑堂。后来他兄弟三人合伙在汉口开餐馆，数次搬迁，多次倒闭。1932 年，朱荣臣在汉口三民路口独资开了一家餐馆，由他儿子朱世泽取名为会宾楼。1935 年，迁至三民路中段现址。营业规模一底二楼。一楼供应大众化的客饭和小吃；二楼是宴会酒厅；楼顶平台，每到夏天开辟为夜茶园。当时会宾楼的顾客主要是一些普通的体力劳动者。菜肴主要是荆楚风味，受到武汉以及黄陂、孝感等县群众的欢迎。

武汉沦陷前，朱荣臣避乱离开武汉。武汉沦陷后，日本商人纷纷在武汉开设店铺。有一位日本商人在朱荣臣“会宾楼”不远的孙中山铜像附近(今健民药店地址)开了一家酒楼，取名也叫“会宾楼”。1939 年朱荣臣回到汉口恢复营业，见日本人已用“会宾楼”字号，为显示自己是真正的会宾楼，他便在原招牌上添上一个“老”字，以示区别。

1945 年日本投降后，由于“杏花楼”、“燕月楼”等相继停业，一些著名的京苏帮厨师也加盟到老会宾楼，加强了老会宾楼的技术力量，使其形成荆楚风味加京苏风味，为武汉三镇最具名气的一家酒楼。顾客由原来的体力劳动者转变为社会知名人士、文化界人士等，如京剧艺术大师梅兰芳，影坛明星胡蝶，楚剧名演员李百川、沈云陔，汉剧名演员牡丹花、胡桂林、周天栋等，都曾在此举行过宴会。还有国民党的高级军政人员、青洪帮头目以及一些世商富户，也曾在此开办婚丧喜庆筵席。最有意思的是，那时汉口各行业均有同业公会，每年改选，选毕必在老会宾楼办酒席，最少四桌，需报上级备案，并请汉口市政府及国民党市党部派人指导。老会宾楼的营业蒸蒸日上，每天营业额达六七千元(法币)。

图1-17　橘瓣鱼圆

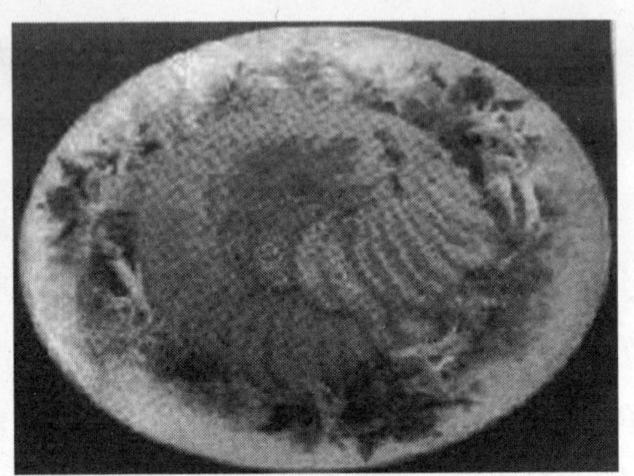

图1-18　蟠龙卷切

老会宾楼的著名菜肴有生氽鮰鱼、东坡肉、绣球燕窝、掌上明珠、全家福、龙戏珠、橘瓣鱼圆(图1-17)、蟠龙卷切(图1-18)、金包银、清炖甲鱼、五香葱油鸡、烧滑鱼、葵花豆腐、财鱼三吃、干贝裙边、什锦鱼肚、白汁银肚、峡口明珠汤等，色香味俱臻上乘，名扬全省。如葵花豆腐，此菜初名一品豆腐，是二十世纪四十年代由宗良植、宗良松兄弟俩根据胡承藩师傅的传授创新的。制作时，先把鲜豆腐去皮擦碎，然后掺入鱼茸、虾仁、火腿等配料。此菜名为豆腐，实为上等佳肴，一经应市，即轰动武汉三镇，深受各界欢迎。后来，老会宾楼的厨师又在一品豆腐的基础上，加以改进造型，用鸡蛋皮切成丝条贴在豆腐上，旁边镶以绿菜叶，形同葵花，故取名"葵花豆腐"。

解放后的老会宾楼于1955年实行公私合营，成为武汉市第一家率先实行公私合营的酒楼。经过社会主义改造，经营方向始终坚持鄂菜风味，不断挖掘传统特色菜肴，在大众化上创新发展，曾受到中南商业部的好评。老会宾楼房屋年久失修，1982年6月老会宾楼得以重建。新建的老会宾楼为六层楼房，建筑面积达4000平方米，外形美观。餐厅分布在一、二、三楼，四楼附设旅社。楼顶呈波浪型，夏天开放茶园，宛如屋顶花园。

老会宾楼自开业以来，名师辈出。如特级名师宗良植，从事烹饪近六十年，精通红白两案。1958年中共八届六中全会在武昌召开，他制作的宴会名点"五叶梅"，毛泽东、周恩来等中央领导品尝后十分赞赏。

三、五芳斋酒楼

五芳斋酒楼位于汉口中山大道1171号，1946年由倪锦财创办。解放前五芳斋（图1-19）的经营面积仅几十平方米，以经营江浙风味菜肴和小吃为主。其中，汤圆、粽子、糕团风味独特，为世人称道。

图1-19 解放前五芳斋

解放后，五芳斋面貌发生了根本性转变。1966年曾一度改名为“红卫饮食部浙味餐馆”，1979年恢复旧名，称“五芳斋酒楼”。1983年五芳斋酒楼进行改造，由原来两层楼，扩建成五层楼，营业面积达1300平方米，可以同时接待540位客人进餐。

扩建后的五芳斋酒楼面貌焕然一新，具有现代规模，集饮食娱乐为一体，格调高雅，环境舒适。一楼大厅供应风味小吃，有“宁波汤圆”、“板油豆沙粽”、“宁式鳝糊”、“苏式糕团”、“苏式汤包”、“大排包”、“三鲜蒸饺”、“奶香小白兔”等五十多个品种，还批零经营速冻食品。二楼经营火锅，有“麻辣火锅”、“鸳鸯火锅”、“鲜汤火锅”等。由于品种全，花样多，口味各异，深受顾客青睐。三楼供应风味小炒，设有包房。四楼供应酒席包桌。五楼供应高档喜宴，配有歌厅、舞池。

五芳斋酒楼目前已发展成为集餐饮、食品加工、商业贸易、汽车运输等为一体的具有现代化管理规模的新型企业，批量生产经营的五芳斋速冻汤圆系列、真空保鲜粽系列、苏式糕团系列等深受广大消费者青睐，已成为武汉市乃至湖北省知名品牌和名优产品。近几年来，为拓宽经营市场，扩大销售，其获奖品种五芳斋汤圆、粽子、宫廷饭等进入武汉及周边城市一百多家大小超市，在同类产品中属畅销产品和质量信得过品牌。

公司获得的荣誉数不胜数，中央电视台、武汉电视台、长江日报、武汉晚报经常予以采访报道。在1990年荆楚省名优小吃大赛中，其主导产品“宁波汤圆”、

“板油豆沙粽”、“苏式糕团”一举夺得省商业厅授予的三块金牌，成为湖北省餐饮业中获金牌最多的企业。从此，“汤圆大王”、“粽子大王”（图 1-20）、“糕团大王”的美誉传遍武汉三镇。近几年来，先后荣获省商业系统“先进企业”、“消费者满意单位”称号，武汉市政府授予的明星企业称号，国内贸易部授予的“中华餐饮名店”、“全国绿色餐饮企业”，并连续四年两届获得荆楚省著名商标、省消协“放心消费十佳单位”等。

图 1-20 汤圆大王——五芳斋

四、冠生园酒楼

冠生园酒楼位于汉口江汉路 117 号，创建于上世纪三十年代初。最初为冼冠生在汉口开设的小作坊，经营糕点和面食。抗日战争胜利后，冠生园开始经营酒席，以制做精美的粤菜粤点而闻名。当时，冠生园的经营极为讲究，台布洁白，杯筷精致。服务员为男青年，着洁白制服。酒席上菜首先为爆虾仁，颗粒极大，洁白如玉，宛如一盘珍珠，极色香味形之最。不似他处酒楼之爆虾仁，颗粒较小，色泽不白，甚至掺以胡萝卜丁或土豆丁。冠生园其他名菜，还有叉烧与腊味等，也是用上选材料精制而成。

解放后，冠生园酒楼继承了粤菜风味，仍以制作粤菜粤点（图 1-21）为主，其中尤以“三烤两包”（即烤叉烧、烤鹅、烤乳猪、豆沙包、叉烧包）和“鸡丝烩蛇羹”最具特色。烹制的“五彩蛇丝”、“脆炸鲜奶”、“蚝油凤爪”等几十种创新品种轮流应市，深受中外顾客好评。冠生园酒楼先后被评为市、区优秀服务竞赛最佳单位，晋升为荆楚省二级企业，被列入1992年武汉市饮食行业前十家大型企业之一，但现在已失去昔日的辉煌。

图1-21　冠生园生产的食品

五、小桃园

鄂菜的“三无不成席”（无汤不成席、无鱼不成席、无圆不成席）集中反映了鄂菜的特色。荆楚人爱喝汤，也会做汤，瓦罐鸡汤、排骨藕汤、鲫鱼汤、鮰鱼汤、鱼圆汤、龟鹤延年汤、峡口明珠汤等，均为汤中杰作。举凡筵宴，压轴戏必然是一钵鲜醇香美的汤，“无汤不成席”，已成为一条不成文的规定。

从历史上来看，地方特色最浓的要数“八卦汤”。所谓“八卦汤”，就是乌龟汤。因为楚地巫师往往用龟壳占卦，所以荆楚人便把乌龟肉称为八卦肉，把龟肉汤称为八卦汤。作家秦牧在一篇文章中写道：“我在武汉虽然仅仅是在解放初期住过十几天，但印象却是十分深刻。……那次我到武汉时，武汉中小饭馆里有一样菜式引起了我强烈的兴趣，那就是‘八卦汤’。当时饭馆里普遍都卖这道菜。这使人想起古代云梦泽的遗迹……”是的，荆楚人的饮食习俗，不仅与自然环境和食物资源有关，而且与灿烂的楚文化有关。虽然经过三千多年的流传和变异，现代仍有很多菜肴保持着楚菜遗风。在著名的《楚辞·大招》中，有“鲜蠵甘鸡，和楚酪只”这道名菜。汉代王逸注释说，这是用鲜洁的大龟烹之作羹，调上饴蜜，再与鸡肉合烹，和以酢酪，味道清香鲜润。可见荆楚人用龟肉煨汤的历史何等悠久，烹调方法何等讲究。

在武汉，有许多以煨八卦汤著称的餐馆。抗日战争前，以“佘胖子煨汤馆”最为著名；抗战胜利后“筱陶袁”又取代了“佘胖子”的地位。1946年冬天，两个失业厨工陶坤甫和袁得照，在汉口兰陵路被飞机轰炸的废墟上，搭了个十多平方米的小棚，合伙卖豆浆、面窝谋生。生意十分清淡。他们看到大智路有一个卖八卦汤和牛肉汤的小店生意很好，便登门请教。回来改为卖八卦汤和牛肉汤，生意逐渐兴隆，于是更加精工细作，终于以味美价廉在顾客中赢得了信誉。许多顾客热情地说：“这样好的煨汤，有个招牌不是更俏吗？”陶坤甫便同袁得照商量：“我姓陶、你姓袁，三国时有个桃园三结义，我们俩也来个陶袁结义。我们店小，就叫‘小陶袁’吧？”袁得照听了摇摇头说：“小字只三划，三天就要垮台，不吉利！”老陶灵机一动说：“有了，不是有个越剧名角叫筱牡丹吗？我们把‘小’字改成‘筱’字就可以了。”渐渐地“筱陶袁”便在三镇出了名，以后又改名为“小桃园”，如今的“小桃园”以汤菜(图1-22)名闻三镇。

图1-22 小桃园的鸡汤

六、汪玉霞

在汉口老居民中，过去流传着一句歇后语：“汪玉霞的糕点——绝酥(劫数)。”“绝酥”是酥中之绝，是称赞“汪玉霞”的传统产品碱酥饼质量之高。因为“绝酥”在汉口人念起来与“劫数”同音，借以表示“在劫之数”，形容人们的感情很深，如同命中注定，分拆不开之意。

“汪玉霞”生产经销的食品，多带有一个酥字，如酥糖、酥京果、碱酥饼、酥月饼等，着色黄润，香气扑鼻，食之清脆爽口，人们称之为“泡酥”。经过几代人的经营，在长期的发展竞争中不断改进生产工艺，重视食品质量，终于赢得了信誉，成为武汉有名气的食品店（图 1-23）。不仅誉满武汉三镇，而且蜚声省外。

图 1-23　汪玉霞食品店

“汪玉霞”创建于 1738 年（清乾隆三年），它的创始人为蔡玉霞，原为安徽休宁人汪士良的姨太太。蔡开店用已名而从夫姓，故称“汪玉霞”。最初是汉正街灯笼巷口的一个小店，只卖些茶叶、甜食等小商品。蔡玉霞死后，汪士良的长孙汪国柱继承了该店。清嘉庆初年，因白莲教大起义，清廷封锁九江关，汪国柱在此所开油榨坊，桐油积压，不得下运，心急如焚。一日老仆窥见九江关关督鸣锣过街。关督原系汪士良生前好友，汪国柱前往求见，关督告知三天后开关一个半时辰（今天的 3 小时），让其作好准备。当时，大批桐油因泊关口甚久，急欲抛出，汪国柱乘机压价，收购三千万斤，待至开关时刻，抢先出关下运南京、上海，突获暴利，旋在各地开设当铺、行号一百三十六家之多，小小的“汪玉霞”因系祖业特别受到重视，每年年终召集各地商号掌柜来吃团圆饭，总结工作。店内职工待遇优厚，有“一年二十四荤（初一、十五打牙祭）三大醉（元宵、端午、中秋三节），开张谢神不在内”的招待。

鸦片战争以后，国人染上鸦片瘾者甚众，抽烟之后，口觉味苦，大都喜爱吃甜食，食品行业生意兴隆，大有发展。“汪玉霞”始由贩卖食品转变为小型手工业食品作坊，雇工制作酥糖、杂糖、芝麻糕、绿豆糕、酥京果等食品，后堂制作，前店销售，营业兴旺。民国时期，“汪玉霞”分裂为“雨记”和“为记”两家。为了保持“汪玉霞”这块老招牌的信誉，防止汪家后人滥用“汪玉霞”的招牌开设分店，两家订下协议，规定“雨记”开设的分店只能在六渡桥以上地段，“为记”开设的分店只能在六渡桥以下地段。如 1930 年，“为记”在汉口中山大道生成里口设立分店，就是按照协议，招牌定名为“汪玉霞”食品店。

“汪玉霞”雨记和为记两家食品店，一向是前店后厂，以销定产。生产规模不大，全系人工操作，都特别重视食品生产质量。“汪玉霞”选料极精，如白糖，从鸦片战争以后，是选用英商太古、怡和洋行的上好白糖，后来选用台湾白糖及广东汕头尖洋糖。抗日战争胜利后，选用四川的洋白糖。每次买回糖后，先长时间存放起来，待糖的油卤吐出后再使用。这样的糖，溶头好，做出的食品质量高。香油，选用河南驻马店的小磨香油，味香，颜色清亮。芝麻，选用武昌武泰闸的，颗粒饱满，皮薄肉厚。鸡蛋，选用阳逻的新鲜鸡蛋。面粉，选用上好白面粉。猪油，选用新鲜板油。

图 1-24 汪玉霞的糕点

在原材料的配方上，“汪玉霞”向来很重视，由管糕饼的和掌作师傅研究规定配方标准，工人按照生产，不许有偷工减料的行为。如碱酥饼，在抗日战争前该店每生产一百斤，用麻油十四斤，芝麻十六斤，白糖十六斤，白面粉若干。抗日战争胜利后，每生产一百斤碱酥饼，用麻油八斤，芝麻十五斤，白糖十二斤，面粉若干。

半成品加工是食品生产质量高低的重要环节，加工过程都要精工细作。如豆沙制成半成品后，还要连续回锅炒三至四次，达到颜色像缎子一样发黑、发亮。糯米是做京果的主要原料，买回来后，先要经过筛选，规格质量一致，可以久放，泡起来不致小粒泡烂了，大粒还未泡好。根据气候冷热，糯米一般要泡数天，如泡的时间太短，生产出来的京果就不酥松爽口。面粉要细，要蒸得透熟，做出来的糕点才有宝光，花纹好，起酥爽口。

在食品同行中，“汪玉霞”是从相互竞争、相互拼杀中走过来的。碱酥饼是“汪玉霞”的一种传统特色产品。他们不仅注意这个产品的质量，在价格上也比较低廉。平时，一般产品的利润率约 35%，碱酥饼只有 5%。遇到别家竞争拼杀

图 1-25 汪玉霞的食品广告

时,更是不惜赔本销售。

为了招徕顾客,扩大影响,“汪玉霞”平时还在报纸上刊登广告(图 1-25),以扩大商店的知名度。1935 年“汪玉霞”搞了一次“老店新开”的“三百年纪念”(其实不到三百年),用碱酥饼和京果来“打炮、放盘”,使“汪玉霞”声誉更加提高。1949 年 5 月武汉解放,“汪玉霞”继续经营,生意兴旺势头不减。1956 年走向公私合营,企业传至第九代人。以后又走向国营,改为新华食品厂。

1985 年 4 月,关闭十八年的“汪玉霞”门市部恢复营业,消息传开,顾客慕名纷沓而至。开业当天,该店销售的各种糕点、糖果、烟、酒和高级饮料有二百多个品种,顾客连声叫好。特别是该厂部优质产品油葱饼、玫瑰酥月饼、果仁广式月饼、香草蛋糕等,顾客竞相购买,闻名国内外的碱酥饼被一购而空。门市部里,琳琅满目的各式糕点吸引着顾客,常常把店堂挤得水泄不通。

七、曹祥泰

曹祥泰副食品商店,位于武昌解放路中段闹市中心(图 1-26),历经三世,是一个由小摊贩发展起来的远近闻名的百余年老店。

图 1-26 解放路的曹祥泰

曹祥泰的创始人曹南山,原籍武昌卓刀泉。他勤劳而善于经营,白手起家,一手创办了曹祥泰。1863 年(清同治二年)曹南山的父亲去世,留下母亲和两个弟弟,无以为生。当时年仅十三岁的他挑起了家庭的重担。他向街邻借钱,买下几升蚕豆炒熟提篮叫卖,以此维持生活。此时曹南山就显露出优于常人的经营眼光。人们买他的蚕豆,他总给人家抓一大把,比别的小贩多,久而久之,“一大把”出了名,曹南山也多销多赚。后来又做水果生意。由提篮发展到挑担子,进而摆摊子,渐渐有了积累。

此后,他的两个弟弟相继长大成人,弟兄三人对于经营水果各有经验和专长。二弟善于贩运桃子,三弟善于储藏秋波梨,曹南山则擅长盘西瓜。在水果的经营上,曹南山再次显露出投资经营的独特眼光和胆识。清光绪年间,有一年六月下连阴雨,河下到了大批西瓜船,瓜价大跌。他预料久雨必变晴转热,连买带赊用几串钱买了两大船西瓜,运回家来,自己的小屋子堆不下,还堆满邻居的堂屋。不几天,天气连日放晴,气候酷热,人们争着买西瓜解暑。当时又值“秋闱”之期,各州县的考生云集武昌省城,曹南山的西瓜成了“奇货”,西瓜由几个钱一斤涨到几十个钱一斤,最后甚至卖到一串钱一斤。两船西瓜竟赚了四百多串钱。这笔钱为曹南山起家奠定了基础。

1884年(清光绪十年),有了一定积蓄的曹南山在武昌长街新街口(今解放路)开设了一家食品杂货店,招了两个学徒,请了一个伙计,挂起了“曹祥泰”的招牌,“曹祥泰”的店名即起源于此。“曹祥泰”起初主要经营水果、干果、炒坊、食糖、海味、五金、锅罐、碱、纸张、香烟、蜡烛等三百多种商品。食品杂货店经营了一个时期,他们兄弟三个分了家。二弟以开茶馆为业,三弟开曹祥泰元记杂货米店,均无多大发展。惟独曹南山经营的曹祥泰福记食品杂货店生意兴隆,有“曹祥泰,不愁卖”之说。

但天有不测风云。一日该店炒坊失火,将店子烧光,曹南山多年的心血付之一炬,痛心疾首,深受打击,一度心灰意冷,无意再事经营。但曹南山的为人诚信与经营头脑在商界已小有名气,一些往日同行对其遭遇深感惋惜。特别是汉口晋和铁号的经理权景泉,更是出于对他的信任,主动借出三千两银子力劝其重振旧业。曹南山痛定思痛后决定东山再起,于1907年迁到长街复业,后因年事渐高,店内业务逐渐转交其长子曹云阶。

曹南山的长子曹云阶接办杂货店,兢兢业业,由于经营得法,当年不仅还清了三千两银子的借款,还有盈余。到了1910年,“曹祥泰”就有了福记杂货店、禄记米店、寿记钱庄、喜记槽坊,资金总额约一万两银子。

1911年辛亥革命后不久,曹南山次子曹琴萱进了食品杂货店。他原是武昌二中的学生,当时受到民主革命思潮的影响,抱有“振兴实业,挽回利权”的愿望。

适值第一次世界大战爆发,中国的民族工商业得到了一定的发展。此时,曹祥泰已从商业经营中积累了大量的资金,便抓住这个有利时机,逐步向工业方面投资。先后兴办了肥皂厂、机器米厂、纽扣厂、针织厂等企业。

1932年,曹祥泰食品杂货店增设了糕饼坊,按节令的变化生产不同的糕点,自产自销。由于其选料严格,配料考究,工艺精湛,注重质量,很快便赢得了广泛的声誉。特别是各式月饼、绿豆糕和腌制盐蛋,每逢节日,商店门口,总是排起了购货的长龙。曹祥泰生产的小麻叶、洪湖蛋糕,具有独特的风味,在武汉地区享有盛誉。抗日战争爆发后,曹祥泰深受战争之苦。1945年8月抗战胜利时,曹祥泰的全部企业基本上只剩下食品杂货店店房和肥皂厂的厂房两个躯壳了。

曹云阶筹集了近一万元(银元)的资金后,1946年元旦曹祥泰重新开张。从这时起,曹云阶把店子交给长子曹美成主持。曹美成曾在香港进入私立广州大学政治系学习,与当时的民主人士柳亚子、何香凝等过从甚密。他热衷于政治活动,受到过一些进步思想的影响,但不大善于经营,只掌握店里的人事大权,业务由管事杨丽生等人负责。由于曹祥泰是武昌著名的老店,汉口的批发商乐于向其发货,进销不成问题,利润就有保障。

1956年曹祥泰进入公私合营,旋改国营,更名为"工农兵副食品商店"。十一届三中全会后,"曹祥泰"牌名重新露面,焕发青春。

曹祥泰作为百年老店,老店不老,生意兴隆。总结曹祥泰的发展史,正确的经营理念、干练的经营管理人才和完备的经营管理制度,是其历经百年而不老的关键所在。

在经营理念上,曹祥泰坚持薄利多销,诚信为本,不进次货。在曹南山作小商贩时,就有"曹大把"的绰号。他在卖蚕豆时,往往多抓一点给顾客,以广招徕。薄利多销就此成了曹祥泰的传统经营作风之一。在薄利多销的同时,曹祥泰还始终坚持信用,决不进次货,数十年如一日,在同行和顾客中赢得了良好的信誉。

正确的经营理念是曹祥泰成功的根本。但仅有理念是不够的,还必须靠人来坚持和落实。曹祥泰的主持人,都是精通业务的内行。特别是曹南山和曹云阶,极为精明能干,为曹祥泰打下了坚实的基业,树立了优良的传统。曹祥泰的店员也多是经验丰富的经营管理人才。如保管海货数十年的李耀卿,不但掌握了各种海货的性能，而且能按季节变化采取各种不同的保管方法，使曹祥泰销售的海味，绝少霉烂变质。

曹祥泰之所以成功，还在于具有较完备的管理制度。时至今日，令曹祥泰经营百年不老的“理念、人才和制度”这三大法宝，仍然值得借鉴。

八、武汉酱园老字号钩沉

在悠长的岁月中，这些酱园老字号给这个城市积累了一笔宝贵的财富，它们已成为武汉这座城市的一张名片，与武汉血肉相连、密不可分。

1. 老锦春酱园

武汉老市民，对老锦春酱园都有深刻印象。老锦春酱园制作的酱品，种类繁多，风味独绝，可谓是香、甜、脆、美，不仅驰名武汉三镇，而且在周边省市也有很高的声誉，因而生意一直十分兴隆。老锦春酱园是在1753年(清乾隆十八年)由原籍江苏镇江丹徒县的商人王锦江来汉阳东门里显正街独资开设的。据记载，在1753年，王锦江从镇江贩运绸缎来到汉阳。他看到汉阳商贾云集，市场繁荣，但无一像样的酱园，而王氏老家镇江是以善于制作酱菜名闻全国的。王氏想到如果能从镇江请来技工在此开设酱园，必获大利。当他再次来汉阳后，即在汉阳东门内显正街买地建房，并由镇江请来掌作师傅，从苏州买来酱缸，开设了锦春酱园，接着其家属也来汉定居。

锦春酱园开创之初，规模并不大，但它运用了镇江的先进生产技术，严格操作秩序和配方下料，决不粗制滥造，故其产品味美可口，很快影响了市场，奠定了基础。

锦春酱园在清代光绪年间取得了较大的发展，这时锦春酱园由王锦江的第七代传人王春卿接掌店务。此时，王春卿已入汉阳籍，考取了秀才，后又到日本留学两年，回国后曾到荆州书院当过教师，1901年弃儒从商。光绪末年在汉口黄陂街开设了分园，1913年(民国二年)在汉川开设了分园，后又迁至汉阳黄陵矶镇营业。至此，即形成汉阳、汉口、黄陵矶镇三足鼎立之势。为了显示百年老店，王春卿又将招牌改为“老锦春”，三处酱园共有酱缸一千五六百口。汉口和黄陵矶两分园还兼营糕饼、腊货、杂货。由于王春卿谙于中医，还研制了有药物健身作用的“长春酒”和“紫苏豆”，再加之藠头、蓑衣萝卜等名牌酱菜继续保持其传统特色，因而老锦春酱菜风靡三镇，成为武汉著名的酱园（图1-27）。

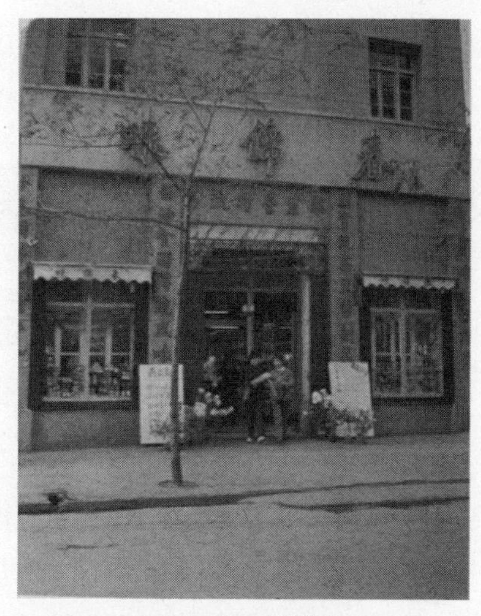

图1-27　老锦春

老锦春生产的酱菜，其特色品种计有：蓑衣萝卜、紫苏豆、甜藠头、藠头脯、酱瓜、腌蒜苗、腌大蒜头、酱海带、泡豆角、酱豆角、腌南丰菜、泡辣椒、酱油干子、臭面筋、青方、红方、糟方、糟鱼、糟野鸭、各色酱油、白醋、酱红白萝卜、元支、元坯、元豆瓣酱等。

这些酱品在制作上都有其独特的工艺。据老锦春酱园第八代传人王远志先生回忆说："蓑衣萝卜选购上品黄州萝卜，先制成酱萝卜，把酱萝卜干切成可以扯长的蓑衣形，用冰糖末冲开水，放冷浸泡，晾干出售。顾客买回，临吃前加上小麻油，食之感到香、甜、脆，真是佐餐的佳品。

酱瓜选用青嫩的小黄瓜作原料，泡在甜面酱缸里，每天在深夜转缸一次，把黄瓜上沾的面酱一条一条的抹掉，换放另一缸里。这样连续转缸二十天或一个月，成为甜脆可口的酱瓜，才能出售。

豆豉本是江西的特产，汉口原来无此产品，为了适应群众需要，派人去湖南浏阳学习制作豆豉的技术。选用黑豆作原料，经过蒸熟发酵，适当的加温发霉后，晒干即成。豆豉炒肉丁，或豆豉拌红椒，均为人们所喜爱的佳肴。

沙湖盐鸭蛋也是老锦春的特产之一。每年春末，派人到沔阳沙湖，选购鲜鸭蛋约二十万个。进货早，不嫌贵，只要质优成色好。腌蛋时根据传统经验，有投料配方，即每个鸭蛋，须用盐多少，黄泥多少。盐泥浆调和均匀后，把鸭蛋包好腌透，咸淡适宜，经过阴藏一定时期，盐蛋内一律变成朱砂黄，而且蛋黄有油，这就达到标准，可以发售。这样，沙湖油黄盐蛋，不仅畅销武汉三镇，还远销上海，堪称名产。

老锦春除重点酱品类外，还有糕点，品种也不少，其中也有名产品，在市场上可与汪玉霞等名牌产品竞争。

老锦春酱园从1754年创业起，至1954年进入武汉市合作总社为止，恰好整二百年。然后到"文革"前，在这漫长时间里，其产品能始终如一，给人们留下良好的印象,虽几经动乱,业务却能迅速恢复发展。

可惜,现在市场上已经见不到独特风味的老锦春酱菜了,经营者只得舍近求远去购进扬州、镇江、上海等地的瓶装酱菜应市,但武汉的人们还是希望有朝一日能吃到老锦春酱菜。

2. 老同兴酱园

解放前,汉正街附近的五彩巷有一家老同兴绍酒酱园,它生产的金鸡牌酱油、酱品在旧汉口享有盛名,深受汉口老居民的喜爱。

老同兴的老板是浙江诸暨人汤志轩,原在沈阳和安东(今辽宁丹东)经营南杂货店酱园。"九一八事变"后,他感到东北地区在日本侵略军统治下,企业难以生存,遂转资内地,另图发展。1935年,他将濮庆忠原在沙市的同兴酱园接过来,改名为上海老同兴绍酒酱园,就原址重新开业。抗战期间,西迁人口日众,对酒、酱的需求量日益增多,汤志轩、濮庆忠二人即利用这一有利条件,逐步扩展业务,建立分园。新中国成立前夕,已先后发展了三十家。汉口老同兴绍酒酱园即是其中之一。

1946年,濮庆忠派李国志等人来汉筹建新园。当时正值徐华林、王舒琳在汉口五彩巷经营的同兴酱园,由于股东意见不和,无意继续经营,于是李国志以两千银元将该园厂房设备全部盘进,改名上海老同兴绍酒酱园,股金总额为法币七千二百万元(约合九万银元),并成立董事会,议定各项章程。由李国志任经理,谢万生、李国桢任副经理。经过填土平地、维修房屋、增添生产设备,于1946年6月正式开业。该园除了就五彩巷园址进行酿造生产以外,并先后在园前的铺面和花楼街以及武昌民主路增设三个批零兼营的门市部。由于经营得法,业务蒸蒸日上,产品畅销,并能与当时的浙帮"五和"、"老顺泰"、"老鼎兴"、"大陆"等四家酱园争雄,因而位列全行业之首。

老同兴虽名为绍酒酱园,但其实际生产以酱油为主,绍酒多由重庆等地兄弟厂运来销售。本园所产绍酒每年不过六百坛,约三万斤左右,而酱油年产量达一百八十万斤上下,占全行业总产量的70%~80%。至于酱品、酱菜、腐乳等品种仅为配备花色,适应门市部零售需要,产量很小。腐乳年产一千坛左右,酱品每年产三至四万斤,酱菜年产量一万斤,食醋年产量两万斤左右。

由于酱油为该园的主要的大宗产品,而且利润较大,所以该园非常重视酱油的产量和质量。1946年开业时，主要生产设备酱缸为五百口，后增为六百口；木榨九部，后增为十五部。采用烘晒结合，榨酱取油分级配制新法酿制酱油。此种酿造方法，具有生产周期短、出油率高的优点，是在市场上开展业务竞争的有力支柱；同时，为突出金鸡牌瓶装酱油的地位，申请工商管理部门以“金鸡”为注册商标，精工细作，提高鲜度和浓度，并加入化学防腐剂，以防止酱油生霉。为创名牌、保名牌，首先从慎选原料入手。黄豆选用皮薄、浆足的品种，配料不用脚盐、矿盐，而用川盐和海盐。在配制方法上，按不同等级酱油，用不同配方，决不粗制滥造。当时武汉本帮酱园，每百斤黄豆拌合面粉二十斤，浙帮酱园拌合四十斤，而老同兴却拌合五十斤，因此所酿成的酱油，不仅浓度大，而且咸中带甜。该园认真操作合理配料。他们配成的六个等级，是以双套酱油为基础，加以不同比例的甜面酱和双缸酱。制成的一、二、三级酱油装瓶出售，其余三个等级则作为散装酱油。如一、二、三级中有不合质量要求者，即作为散装酱油，决不装瓶出售。为了保证酱油鲜度，购日本产鲜度表一只，对每批所产酱油必加检验，必须达到42度方能装瓶出售。而当时其他酱园所产的瓶装酱油，仅有35度左右。因此，金鸡牌瓶装酱油高出他厂一筹，被消费者称为“色浓味鲜，富有酱香的好酱油”。

老同兴的管理人员不多，除经理、副经理分工掌管全园行政事务外，设有内外账房三人，其余人员多为直接或间接参加生产的工人，少数为推销员和营业员。生产方面设有正副把作，负责安排全园生产，组织调动工人进行各种生产事宜，督促检查产品质量，并按销售情况调拨产品或安排发运。把作有职有权，不仅管理全园生产，并能向经理提出意见，对全园工人予以奖惩，甚至予以解雇。此外，还订有店规，用以管理职工，实行人尽其用，绝无闲员。在业务管理、财务管理和包装管理方面，均有一套办法，做到职责分明，有章可循。

在销售上以多种方法开展竞争，除充分利用三个门市部销售阵地外，还建立不少经销处或代销店，扩大销售网，送货上门，便利购方，甚至直接送货到消费者手中。他们推销的酱油50%～60%销往市外，其余批售本市杂货店零售和餐馆自用。这些多属先货后款的赊销形式，于每月月半、月终收款，五、八、腊结清。

老同兴绍酒酱园非常重视广告宣传这项工作，特地指派职工一人，负责运用各种形式，办理广告宣传：在报纸上刊登巨幅广告，在街头张贴广告，发动职工作口头宣传。为了突出金鸡牌酱油，解放后曾在商标上印出市人民政府颁发的奖状，并标出武汉惟一的字样；同时，在店堂内陈列大型木雕金鸡一只。此外，还不时举行大减价。各门市部开业时，就大肆刊登广告，实行优惠，买一瓶瓶装酱油，另送一瓶。这些广告宣传，对扩大产品销售起到积极作用。

1949年武汉解放后，老同兴绍酒酱园继续经营，李国志仍担任该园经理，主持全园业务。他们正确执行公私兼顾、劳资两利的政策，有力地调动了劳资双方的经营积极性。加之城乡运输畅通，农村经济得到恢复和发展，酱制品销售亦随之得到扩展，因而使已誉满城乡的金鸡牌酱油更加畅销。1950年参加武汉市工业品展览会，曾获市人民政府颁发的优质产品奖状。此后又参加中南区土特产展览会，亦获好评。公私合营后，经政府批准该园与原设于硚口区的“五和”、“大陆”、“复昶”、“四美”等九家酱园合并组成“武汉市公私合营老同兴酱品厂”，原老同兴酱园经理李国志、原大陆酱园经理王荣奎均担任该厂副经理。这一为人民群众生活必需的酱制品行业，在新的发展道路上继续前进。1985年所产金钩豆瓣酱、油辣寸金萝卜，还荣获市优质产品称号，但如今也是风光不再了。

3.伍亿丰酱园

“伍亿丰，挤不通”，这是武昌市场一句旧的口头禅，描绘了伍亿丰店铺内外顾客众多、生意兴隆的景象。伍亿丰开业于1862年(清同治元年)，创始人是伍家模。据说，伍家模幼时家境贫苦。“穷人的孩子早当家”。他十四岁时就在湖南学做行商生意。幼时的经历，锻炼了他的才干，也培养了他艰苦奋斗、精打细算、勤俭节约的生活作风。即使他在家境丰裕之后，生活仍然十分简朴，用的手绢破了，还要打个补丁再用，不乱花分文。

1862年伍家模用做小生意积累的资金，在今武昌粮道街胭脂巷口创办了伍亿丰食品杂货店，称为伍亿丰福记。

伍亿丰福记坐落在武昌胭脂山下，为伍家开办的第一家店，约在二十世纪三十年代末期遭遇火灾，所幸店铺事先投保，火灾后得到偿金一万块银圆。借此，店堂得以重建开业。新店采用仿英式外形的两层楼建筑，在当时显得十分气派。柜内是木质地板，柜外是水泥地坪，经营环境之优越在当时的食品杂货业可谓屈指可数。1967年伍亿丰福记改为国营，店名也改成了胭脂路副食品商店。二十世纪八十年代复名为“国营伍亿丰商店”。

开店之初，伍亿丰福记即有独立的酱园。二十世纪三十年代，伍亿丰酱园已颇具规模，酱缸由粮道街店后一直摆到胭脂山，达四百口之多，每年黄豆上市，即大量囤积，备一年之用，将黄豆做成元坯，趁盛夏伏天晒酱，制酱油。平时收购各种蔬菜，自制酱菜，其品种有：辣酱、酱萝卜、酱姜、酱瓜和醋，并腌制春菜、雪里蕻、藠头、豆角、蒜苗、腐乳等。在生产经营过程中，伍亿丰酱园不仅注重产品的质量、口味，还时刻注意清洁卫生。出售酱品的工具，每日必定清洁一次；酱油、醋零售之时，必用过滤筛过滤；盛物器皿时刻注意用罩盖，封闭严实。伍亿丰酱园生产经营酱制品注意细节，这些酱品又独具风味，深受顾客欢迎，往往供不应求。顾客对其产品看得赏心，买得放心，吃得称心。

现在，伍亿丰福记的店址仍在，不过已转租出去，经营别业。

九、毓华茶庄

位于汉口六渡桥闹市区的毓华茶庄，在武汉茶叶商店中是历史比较悠久的著名茶叶店之一。它以名茶纷呈、品种繁多、规格齐全、质量优良赢得顾客好评，营业兴旺，历久不衰。追溯毓华茶庄的历史，还要从抱云轩说起。

武汉人素有饮茶的习惯，因此旧时武汉茶馆众多。茶叶的消费量很大，故茶叶店的生意也是不错的。安徽六安名茶在解放前畅销武汉三镇及襄河一带。安徽金寨县人江伯良、杨某（其夫人为许兰芳）于是就设想开设茶庄。二人合资开办了一家抱云轩茶庄。店名是从家乡的抱儿山盛产名茶而取的。茶庄设在汉正街682号，地皮为安徽茯苓公所产业，房屋为江伯良父亲江选钱出资建造。门面为传统的中式楼房，装饰在柜台上的两块台面，是由家乡运来又厚又长的整块银杏木做成的。其建筑装修、家具设备，古朴典雅，环境宜人。开业以后，生意兴隆。茶庄自制的六安名茶在1912年曾参加巴拿马国际博览会，获得金质奖牌。由此，抱云轩茶庄名声远扬，鄂皖两省的六安、霍山、英山、潜山、岳山、太湖一带在汉经营茯苓、茶叶的商人，无人不知抱云轩茶庄的大名。

抱云轩茶庄在经营发达以后，得知江西友人在中山大道六渡桥有门面房屋一栋，地点适中，便出高价租下，于1925年开设毓华茶庄，所用职工多为安徽家乡人。

最初经常有杨某的客人来访，特辟三楼小房为其下榻。后来职工们才知此人原是王明（即陈绍禹），而杨某也是搞党的地下工作的。

武汉沦陷期间，江柏良和杨某离开武汉，毓华茶庄停止营业，房屋为一洋行占据。1945年日本投降后，江伯良等回到武汉，以黄金二十四两为代价收回毓华承租权，并投资一万银元在毓华茶庄招牌上加云记二字，表明是抱云轩茶庄的支店，恢复营业，业务得到继续发展。

毓华茶庄之所以经营发达，长期立足于江城武汉，归纳起来有以下一些有利条件：

首先，江柏良和杨某两家都来自盛产名茶的故乡安徽，对茶叶的产购制销，了如指掌，而武汉九省通衢，商业繁盛，是茶叶的销售市场。因此，进货与销售渠道畅通，生意兴隆，稳操胜券。

其次，拥有技术熟练、经验丰富的制茶技术力量，炕、检、烘、选、窨制花茶，拼制品质，均有行家里手，精制优选，质高价廉，赢得了顾客的信赖。

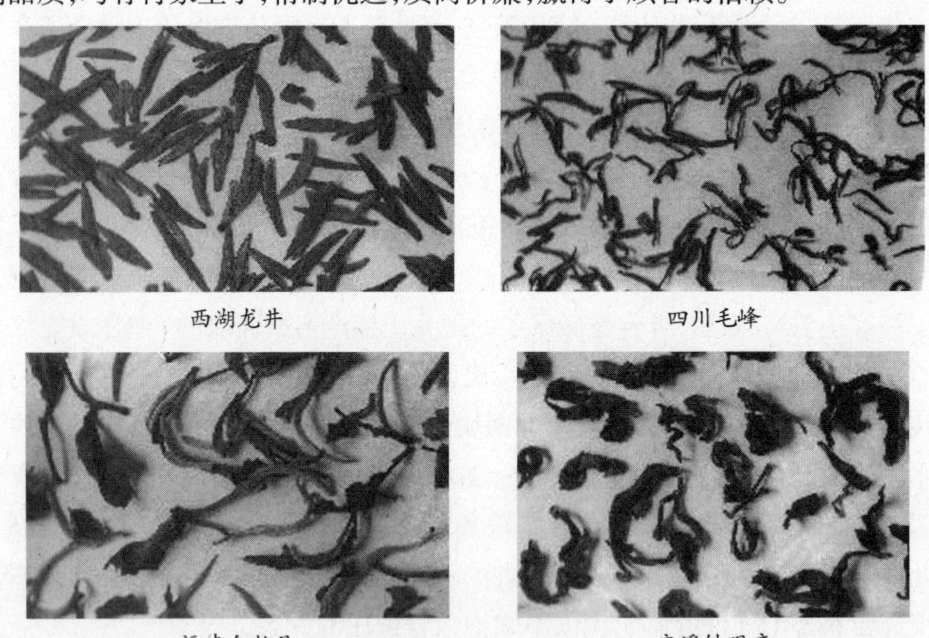
西湖龙井　四川毛峰　福建白牡丹　安溪铁观音

图1-28　毓华茶庄经营的部分茶叶

再次，经营优质名茶，品种齐全(图1-28)，既有安徽名品，如六安瓜片、金寨苞蕊针、太平猴魁、休宁松茗、歙县珠兰、黄山毛峰、九华云雾等，又有各省名茶，如杭州西湖龙井、君山银针、龟山崖绿、天蒙山白毫、福建眉毫香片、玉露松针、滇红、滇绿、沱茶、四川松峰云雾、祁红、信阳毛尖等，可谓名茶荟萃，清香馥郁，任君选购。

最后，地处闹市中心的六渡桥，商店云集，人流如潮，顾客盈门。

解放后，毓华茶庄不仅恢复茶叶零售业务，还于民权路筹建了振华茶叶有限公司，直到公私合营。1956年毓华茶庄公私合营后成立中心店，恢复了前店后厂传统的经营方式，自制经营各种名茶，毓华茶庄的业务得到了进一步的发展。随后，毓华茶庄改为国营体制。

二十世纪九十年代初，毓华茶庄还先后加入了安徽省茶叶理事会、湖北省茶叶学会，广泛收集茶叶经销信息，研究茶叶文化，探索茶叶加工技术，使经营管理和茶叶质量上升到一个新的台阶。

1993年，为适应市场经济的建立和发展，在老店的基础上扩建成毓华商厦，经营茶叶的品种在原有的一百多个品种的基础上，继续扩大与安徽、江西、浙江、福建、湖南、广西等地名茶产地各精制茶厂的供销关系，汇集君山银针、西湖龙井、黄山毛峰、六安瓜片、婺源茗眉、福建白茗等众多色、香、味、形各具特色的名茶于一店。与此同时，还根据茶文化的新发展，在商厦增设江苏宜兴紫砂壶、婺源锡罐等系列茶具和礼品茶销售专柜，在武汉市各大型商场设茶叶批发专柜，请驰名海内外的江西婺源茶厂茶道队表演茶道（图1-29），指导茶叶鉴别、泡制、品茗。2000年以后，由于经营问题，毓华茶庄改制，成立了毓华有限责任公司。

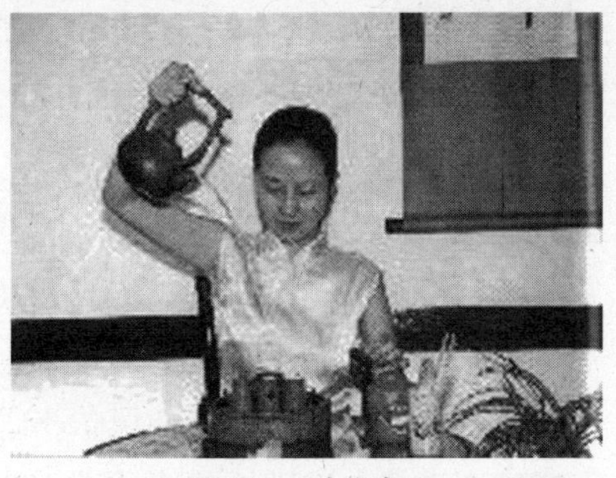

图1-29　茶道表演

十、武汉餐饮业老字号品牌的传承与发展

老字号是中华优秀传统文化的一部分，其字号本身就是宝贵的无形资产。然而，由于种种原因，在现代市场经济的冲击下，许多老字号经营萎缩、境地困顿，基业无法长青，老字号的生存与发展备受世人瞩目。据不完全统计，在我国老字号中，超过五分之一的是经营饮食的。而且，饮食老字号经营时间最长、分布较广，具有一定的代表性。在首批国家非遗名录中，列入了少数酿酒、酿醋、制茶的技艺和凉茶，饮食文化申遗的大门打开了。第二批申报时更是势如潮涌，约

三十项得以入选，涉及地区更广。除了酿酒、制茶相关项目外，还包括一大批闻名遐迩的传统饮食制作技艺，如王致和腐乳、六必居酱菜、涪陵榨菜、山西面食、广式月饼、金华火腿、全聚德烤鸭、羊肉泡馍、东来顺涮羊肉等。可它们之中没有"湖北造"。甚至在我省去年公布的首批省级非遗名录中，亦难觅饮食文化的身影。偏偏荆楚人对自己的这张"名片"，既没有经济上的考虑，也缺乏文化上的重视。

武汉餐馆老字号的发展历史，大体上可以分为以下几个阶段：

武汉餐馆老字号建立时期（二十世纪二三十年代）：武汉餐馆业起伏跌宕极大。据1933年《实业统计》，在1931年武汉水灾后，各业萧条，以经营高档筵席为主的汉口中西菜馆歇业二十一家；酒饭面馆和熟食小店也分别歇业了四十七家和五十一家。据1935年《实业部月刊》记载，当年汉口"中西菜馆业，能稍获利者，不过十分之一，亏损者十分之九，普通饭馆能维持开支者亦属少数，专营包席者无一不告赔累，歇业者计达四十三家（原有一百六十家）之多"。但在"一二八事变"后，由于江浙时局不稳，上海、南京、安徽等地的厨师来汉开馆，仅徽州菜菜馆就由十六家增至四十二家。抗日战争初期，武汉城市人口陡增，外出就膳需求扩大，餐馆业盛行一时。许多老字号大都是在这个时期建立起来的。如四季美汤包是1922年由汉阳人田玉山创店经营，特色为"皮薄、汤多、馅嫩、味鲜"；祁万顺酒楼是由黄陂人祁海洲创办于1926年，原址在汉口大智路，当时是个水饺馆，后迅速发展，到1963年因经营有特色出席全国群英会，名震八方盛极一时；热干面是武汉人早点普遍喜爱的风味小吃，但以创立于1928年的蔡林记最为著名；老通城酒楼是由汉阳人曾厚诚于1929年创建，原名为"通城食品店"，是武汉经营荆楚名特小吃豆皮和江苏菜的著名酒楼；大中华酒楼是由安徽人章再寿由同乡18人合股，于1930年创办，因其烹制武昌鱼而著名，成为经营鄂菜风味的名酒楼。悦宾酒楼是由扬州人王茂祥等人合股于三十年代所开的。老会宾楼是由汉阳人朱荣臣开办于1932年，时名为"会宾大酒楼"，等等。这种盛况到武汉沦陷前夕开始骤然变化，餐馆业纷纷停业。

武汉餐馆老字号停滞时期（武汉沦陷后—建国初期）：日军占领武汉后，伪市政府对餐馆实行物料配给，因武汉沦陷而停业的餐馆虽有不少复业，但大都经营惨淡，勉强维持。抗战胜利后，大批餐馆复业或新开，接近战前的水平。老通城等酒楼在原址复业，不久因苛捐杂税和通货膨胀的打击，业务衰落。1947 年 6 月 19 日《华中日报》载：“酒菜业在勉强苦撑的占十分之九。”1949 年 4 月 21 日《汉口商报》载：“熟食业因受时局不清，市面萧条之影响，一般人购买力几乎降至零度，营业实在无法继续，所有微弱资本，以亏耗殆尽。该业会员纷纷宣告停业，所留无几。”建国后，人民政府对饮食业进行整顿，由于经济结构和群众消费结构的变化，酒楼经营惨淡，但熟食小吃却迅速发展，如于 1946 年“小桃园煨汤”（原名“筱陶袁”）开业等。

武汉餐馆老字号转型时期（1955—1976）：1956 年，全市饮食业实现了公私合营，归武汉市饮食公司管理，大中型私营餐馆在 1966 年全部转为国营。老会宾楼于 1955 年元月 20 日，成为全市饮食业的第一家公私合营餐馆。老通城于 1955 年 5 月 1 日交国营公司接收，成为全市第一家国营餐馆。老大兴园、大中华酒楼也于 1956 年进行公私合营。祁万顺酒楼在 1956 年因调整网点，迁至汉阳西大街与李金章小吃店合并。这些老字号酒楼餐馆经过公私合营后，性质虽然发生了变化变为国营企业，但由于当时实行计划经济供小于求，又加上没有竞争对手，所以这些餐馆老字号生产规模都相应扩大了，发展也相当迅速。这种情形直到“文化大革命”时期才稍有改变，因货源紧张和社会动荡的影响，发展停滞。

武汉餐馆老字号衰退时期（八十年代至今）：从八十年代开始，国家实行市场经济进行经济体制改革，武汉市饮食业贯彻国家的方针也进行了行业改制。由于市场进行了全面开放，个体餐馆纷纷开业，市场竞争激烈。而在计划经济体制下形成的企业的经营机制和管理体制，严重束缚了这些老字号的生存和发展，缺乏竞争优势，已开始逐渐淡出历史舞台。如四季美经营规模缩小，经营状况不佳，仅能维持“温饱”；祁万顺酒楼经营状况一般；蔡林记也因经营惨淡于 2000 年与武汉“富思德”公司合作，成为股份有限公司，实行连锁经营，目前连锁店达一百二十多家。除在武汉周边城市设加盟店外，还在河南设店，这算是老字号发展最好的一家；老通城辉煌时期是张斌时代，后来营业状况大不如前，规模缩小，只有二楼在经营豆皮等小吃。靠每日不足 3000 元的营业额与一楼每月 9.5 万元的租金维持职工工资和日常开销；老会宾楼 1998 年被武汉三五酒店管理有限公司收购；大中华酒楼 2000 年 8 月，武汉私营企业南方集团出资 1400 万元将这家老字号整体购买，原有全民所有制职工全部转变身份，国有资产彻底退出。2000

年11月，江西一家私企买下该酒楼的五年经营权，重新开门营业。2002年，酒楼停业以租赁门面度日；小桃园2002年被武汉大汉口乐园商业发展有限公司收购。这些老字号不是惨淡经营勉强度日，就是被收购。

随着时代的变迁，曾经辉煌一时的老字号难以适应环境的变化，从我们的视线中逐渐消失。如今武汉剩余的老字号不过十多家，如"蔡林记"、"老通城"、"四季美"、"小桃园"等，这些老字号也失去了往日的光彩，惨淡经营。

为什么这些曾经辉煌的老字号在屹立近百年之后却在繁荣的市场经济中步履蹒跚，只把往日的繁华和辉煌尘封在了人们的记忆中！我们不禁沉思：老字号真的老了吗？如何才能使老字号再现光彩呢？

在传统社会中，由于缺乏必要的传播工具和传播媒介，老字号的品牌宣传主要依靠口碑传播。这种传播方式的主要动力是人们对该字号的认同，因而它有着传播效率低、传播范围受地域限制等不可避免的缺点。这也造成了老字号在长期的发展过程中难以突破地域限制、扩大其影响力的局面。

随着社会的进步、科学技术突飞猛进，各种传播工具应时而生。电台、电视台、报刊、互联网等传媒在我们的生活中占据着重要的位置，它们为我们提供大量的信息，同时也成为各商家宣传其品牌的阵地。

武汉的名小吃多，但能突破地域的不多。没有来过武汉的人，很少会知道武汉的四大小吃、四大名小吃老字号，但说起肯德基、麦当劳，可以说无人不知无人不晓。武汉的老字号不仅没有走出去，在本土也已老态龙钟、步履蹒跚。造成这种局面的直接原因，就是武汉的老字号缺乏对品牌的宣传，仍抱守"酒香不怕巷子深"的陈旧观念。

我们以"四季美"为例。"四季美"位于江汉路与中山大道的交汇处，可谓是汉口的黄金地段，占尽了天时地利，但由于缺乏必要的宣传，没有鲜明的识别标志，在繁华的江汉路上，它并没有招揽到多少顾客，店里总是冷冷清清。而与之几步之遥的麦当劳、肯德基局面却大不相同，店内顾客川流不息。它们占据着武汉各处的繁华地带，利用强大的广告攻势扩大其知名度。它们利用了一切可利用的传媒——电视台、电台、报刊、互联网、路牌、灯箱……让人们随时随地都会想起它们、关注它们。而且它们的广告推陈出新，不断更换，总是给人耳目一新的感觉，吸引着广大消费者的眼球，尤其是年轻一族，正是消费群体的核心力量。

武汉本土的老字号营销观念落后，若想再次赢得顾客，就必须转变观念，从顾客的需求出发，去迎合现代消费者的消费需求，进行产品创新。

一方面，老字号应根据人们口味的变化，对产品作出一些调整。例如"四季美"的汤包、"老通城"的豆皮都比较油腻。在物质匮乏的年代，人们可能视其为美味，但在生活水平日益提高的今天，人们的口味也发生了变化。现在的人们，更重视食品的营养，对口味的食品要求也倾向于多样化。这就使得老字号的顾客不断地流失，并且难以吸引年青一代的顾客，从而造成老字号顾客群体老龄化的局面。来老字号的食客一般有两种：一种是为怀旧而来，这些顾客多是老人；另一种是慕名而来，一般为初次到武汉的人，或一些观光的游客。第二种顾客一般很难留住，但其中的一部分人也可能成为老字号的潜在顾客。因此，老字号要想吸引顾客，一方面必须以满足顾客口味为导向，对其产品作出调整，以期吸引更多的年轻顾客群，变潜在顾客为现实顾客；另一方面，在产品品种上要有所突破。老字号不能固守本字号流传下来的看家品种，也应博取百家之长，使经营的产品品种多样化，以满足消费者追求多样化消费的需求。在产品品种创新上，"四季美"在武汉众多老字号中一直处于领先地位。在近二十年来，"四季美"的汤包由过去单一的鲜肉汤包，发展到现在的鲜肉、香菇、蟹黄、时令蔬菜等十二大系列，鲜、咸、辣、甜等八种口感和高、中、低三种价格档次。这正适应了人们追求多样化的要求。

武汉的老字号在发展过程中，缺乏的是对其文化特色的突显。与本土的新兴餐饮企业以及外来餐饮企业相比，在文化层面上不能彰显其个性，难以形成其独特的竞争优势。如何进行文化创新、体现个性，对这些老字号来说变得十分重要。

武汉的餐饮老字号是武汉的饮食文化的缩影。像"蔡林记"、"老通城"、"四季美"等小吃老字号体现着武汉的市井文化，如何使这些文化特色突现出来，使老字号的个性得以彰显？在这一问题上，老字号应进行深思，寻求新出路。

曾有人建议将"蔡林记"建成民俗馆，这个建议值得重视。"蔡林记"本身有它的传奇故事，热干面又是武汉特有的小吃，体现着江城特有的饮食文化。若将这二者结合起来，应会产生不错的效果。可以将"蔡林记"热干面馆的大厅中央（或门前）放置像江汉路步行街那样的"热干面"铜像，在墙壁上贴上展现"蔡林记”历史渊源、武汉民俗文化的绘画。这样，“蔡林记”就不仅是一个餐馆，而且是一个展现武汉饮食文化、风土人情的民俗馆。其实，不仅是“蔡林记”，“老通城”、“四季美”都可以进行这样的尝试。这样，不仅将这些老字号的文化底蕴突显出来，也从一个侧面显现了武汉的风俗文化，同时也使这些老字号民族特色更加鲜明。这样，不仅会吸引武汉本地的顾客，也会吸引外来顾客到此一睹老字号的风采，感受武汉的文化和风俗。其实，老字号本身就代表着武汉的一种市井文化，将之与景点旅游结合起来，既可以使游客了解并体会武汉的风俗文化，又可以带来巨大的收益。因此，政府应结合旅游促销活动，加大对老字号的宣传力度，让老字号深厚的文化底蕴得以家喻户晓。将武汉丰富的小吃文化资源与休闲、购物、旅游等活动巧妙而紧密地结合起来，不论对老字号的振兴还是对旅游业的发展，都会起到事半功倍的效果，何乐而不为呢？

武汉的餐饮文化源远流长，老字号见证着武汉餐饮业的兴衰。在悠长的岁月中，这些老字号给这个城市积累了一笔宝贵的财富，它们已成为武汉这座城市的一张张名片，与武汉血肉相连、密不可分。老字号的振兴，不仅需要其自身的努力、政府的扶持，也需要社会各界的共同支持；同时，还要努力向一些新字号学习，这样才能使其金字招牌再次放出耀眼的光芒。

那么，武汉的老字号们怎样才能擦亮自己的金字招牌，使其再现光彩呢？

1.探索特许加盟之路

所谓特许经营(也可称特许加盟或连锁加盟)就是指：“特许人和受特许人之间的契约关系。特许人提供拥有产权的商业技术和经营诀窍，并对受特许人进行培训，受特许人交纳一定费用取得使用权。”这种经营方式源于十九世纪的美国，由于其有范围广、渗透力强、扩散速度快、成功率高、集资方便、降低投资风险、规模扩张迅速、利于冲破区域限制等优点，而风靡于世界。各行各业的商家都看好这种经营方式，纷纷采用这种方式来扩大影响力和经营规模，尤其为餐饮业的商家所看好。“四季美”等老字号应打破传统观念，尝试走连锁经营的道路，适应时代的需求，寻求新的出路。

2.坚持顾客导向

武汉本土的老字号营销观念落后，仍处于“产品导向”观念的时代，已不能适应市场发展趋势。若想再次赢得顾客，就必须转变观念，从顾客的需求出发，去迎合现代消费者的消费需求。

首先，进行产品创新。其次，老字号进行跨地区经营时，也要考虑当地消费者的特点，对产品口味进行适当调整。外地要根据当地消费者的特点和需求，开发一些新口味、新品种。其三，在产品品种上要有所突破。老字号不能固守本字号流传下来的看家品种，也应博取百家之长，使经营的产品品种多样化，以满足消费者追求多样化消费的需求。在产品品种创新上，"四季美"在武汉众多老字号中一直处于领先地位。在近二十年来，"四季美"的汤包从过去单一的鲜肉汤包，发展到现在的鲜肉、香菇、蟹黄、时令蔬菜等十二大系列，鲜、咸、辣、甜等八种口感和高、中、低三种价格档次。这正适应了人们追求多样化的要求。

第二，服务创新。在现代社会，消费者追求更舒适、更自由的生活，人们在消费过程中更注重服务，而产品只不过是服务的一个载体。人们希望通过服务来实现对人性的重视，并满足心理需求。因此，服务成为人们消费的核心。良好的服务才是为顾客创造真正价值的手段。而武汉老字号普遍存在的问题就是服务质量差，这也是武汉本土老字号竞争不过西式快餐的主要原因。走进麦当劳或肯德基，无论是就餐环境还是服务态度，都让顾客感觉很舒适。而我们的老字号与之形成鲜明的对比，服务人员素质不高，服务态度差，这与消费者的生活追求背道而驰，怎么能吸引顾客呢？

3.开发方便食品

随着人们生活节奏的不断加快，消费观念的不断更新，饮食方式也应随之变化，人们更追求快捷、方便的饮食。一些有眼光的商家抓住这个有利时机，开发各种方便食品，以迎合人们食品消费结构变化的要求。开发方便食品需要有好的产品、好的品牌、较强的创新能力，与新兴品牌相比，老字号在这方面具有得天独厚的优势。它们的美誉度高，自身的品牌具有比较广泛的影响力和号召力，容易被广大消费者认同和接受。一些老字号的实践也证明了老字号利用品牌优势开发方便食品，是培育新的经济增长点的成功之路。

当看到这些老字号都取得了成绩，武汉的另一些老字号们是否也应该在开发方便食品上下点工夫呢？"四季美"的汤包、"蔡林记"的热干面其实都可以凭借其品牌优势开发冷冻、方便食品，重新开辟新的市场领域。方便食品不仅适应现代消费结构的变化要求，它还能突破地域限制，扩大老字号的影响力，可谓是一举多得。

开发方便食品需要大量的资金和技术投入,以武汉这些老字号目前的实力,也许有些困难。但老字号可以利用自身的品牌影响力,募集资本采取多方联营等方式。这样,既可以解决资金和技术问题,又可以减少老字号所承担的风险。

4.加强政府扶持

武汉的老字号创立之初,多为家族经营或合伙经营。解放后,在社会主义改造中,这些老字号全部成为国营餐饮企业。在政府的扶持下,这些改制后的老字号也辉煌一时。然而,随着经济的改革,中国进入市场经济时代。像很多国有企业一样,这些国营餐饮老字号也出现制度僵化、体制落后等问题,无法适应现代市场经济的发展,促使这些老字号走向没落。

老字号是一个城市发展的象征,老字号曾经的辉煌也带动了城市经济的发展。当社会的大环境发生巨大的变化时,这些老字号无法适应突如其来的变化,变得衰老、缺乏活力,但其本身所蕴涵的文化价值和品牌价值是现代新兴品牌无法比拟的。因此,政府在关注现新兴企业发展的同时,也要充分认识到老字号的价值所在,重视老字号在城市发展进程中的重要作用。让老字号重新焕发“青春”需要老字号自身的努力,更需要政府的大力扶持。

老字号代表着武汉的一种市井文化,将之与景点旅游结合起来,既可以使游客了解并体会武汉的风俗文化,又可以带来巨大的收益。因此,政府应结合旅游促销活动,加大对老字号的宣传力度,让老字号深厚的文化底蕴得以家喻户晓。将武汉丰富的小吃文化资源与休闲、购物、旅游等活动巧妙而紧密地结合起来,不论对老字号的振兴还是对旅游业的发展,都会起到事半功倍的效果,何乐而不为呢?

5.推进文化创新

武汉的老字号在发展过程中,缺乏的是对其文化特色的突显。与本土的新兴餐饮企业以及外来餐饮企业相比,在文化层面上不能彰显其个性,难以形成其独特的竞争优势。如何进行文化创新、体现个性,对这些老字号来说变的十分重要。

武汉的餐饮老字号是武汉的饮食文化的缩影。像“蔡林记”、“老通城”、“四季美”等小吃老字号体现着武汉的市井文化。如何使这些文化特色突现出来,使老字号的个性得以彰显？在这一问题上，老字号应进行深思，寻求新出路。

在进行文化创新时，我们不要忘记文化的创新要植根于老字号的传统文化。文化创新不是全盘否定老字号的传统，而是寻找传统与现代的契合点，在保持老字号传统文化特色的同时，使其更具时代感。

武汉的餐饮文化源远流长，老字号见证着武汉餐饮业的兴衰。在悠长的岁月中，这些老字号给这个城市积累了一笔宝贵的财富，它们已成为武汉这座城市的一张张名片，与武汉血肉相连、密不可分。老字号的振兴不仅需要其自身的努力、政府的扶持，也需要社会各界的共同支持。

江城餐饮老字号的金字招牌虽然蒙了点灰尘，但它们的成色并没有减少。只要大家共同努力，这些老字号仍可再创伟业，使其金字招牌再次放出耀眼的光芒。

第二章　荆楚服饰文化

传统服饰是中国传统文化的重要组成部分。出自“衣冠王国”具有东方神韵的服饰，在人类服饰文明中占据重要地位。纵观中国服饰发展史，有两个典型的特征：其一，以人文精神为理念的发展主线，中国服饰文化中浸润着中国人的哲学、审美和伦理等东方气度；其二，多民族融合、不断吸收外来文化创造的成果，中国各地区与民族之间互相融合与影响，并借鉴吸收不同服饰文明的精华，形成了以汉族服饰为主体、各少数民族服饰多元发展的局面。

古代荆楚地区以楚文化为基础的服饰文化，其瑰丽的想象、华美的面料、精致的工艺、独特的造型，是中国服饰区域文化中靓丽的风景。荆楚地区民族众多，如土家族为代表的少数民族服饰文化，就以其深沉的历史记忆、古朴的表达方式、热烈的生命追求享誉中外，是民族服饰百花园中的奇葩。

埃及卢克索神庙法老像镌刻有：我看到昨天，我知道明天！探索古代中国服饰的神采，追寻荆楚地区往日的风华，不仅仅是为了重现昨日的温情记忆，更是为了当下和未来。

第一节　荆楚地区原始居民的服饰

衣食住行衣为首，服饰属于人类物质生活的基本内容之一。先民很早就把“布帛可衣”与饮食二者，称为“生民之本”[①]。服饰的产生和人类进化的特点息息相关。旧石器时代人类进化到直立猿人阶段，猿人的体貌也发生了不少改变：体

① 《汉书·食货志》。

毛逐渐退化，皮肤变得细腻，降温防寒等能力大大降低。这时，就需要遮蔽物来保护身体。此外，衣饰的产生和原始社会的生产方式密切相关。当时，人们穴居山林，过着茹毛饮血的生活。一方面为了提高狩猎的效果，人类往往把自己装扮成猎物食物的形象，如头戴兽角或兽头，身穿某些动物的毛皮，以便接近狩猎目标。此外，当时人类纵横山林原野狩猎，为了保护身体免受外界损伤，需要物品覆盖身体。所有这些，都促使衣饰的产生。

到了旧石器晚期，当时我国正处于大理冰期。为了抵御严寒，先民不得不利用动物的毛皮和草叶树皮等各种外在的物品充当衣物。我们可以从古籍中推测最早服饰的情形。《墨子·辞过》云："古之民未知为衣服时衣皮带茭，冬则不轻而温，夏则不轻而清。"《礼记·礼运》记载："昔者……未有丝麻，衣其羽毛。"制作衣物的工具也得到改善。如在辽宁海城小孤山遗址（距今约4.5万年）出土了我国迄今发现最早的骨针，磨制精细，针身约7厘米。在北京山顶洞人遗址（距今约1.8万年）发现的骨针，显示了很高的工艺水平。针尖锋利，长8.2厘米，针身浑圆，通体光滑匀称。骨针的出现，表明当时人们已经学会使用工具缝制简单的衣物。

湖北处于洞庭湖之北，这里江河湖泊密布，土地肥沃，地貌以山地丘陵平原为主。气候属于亚热带季风湿润气候，日照充足，降水丰沛。得天独厚的自然地理条件，不仅适合各种植物生长，也非常适合人类的生存与发展。根据现有的考古发现，距今80万年到距今70万年左右的郧县猿人，就开始在这片土地上活动。从此，楚地先民如繁星点点散播在荆楚大地上。距今60万年到距今40万年左右的郧西猿人，与北京猿人的时代大致相同。距今约19万年的长阳人，属于早期智人文化类型。江陵鸡公山遗址则是晚期智人的遗存，距今约5万年到4万年。可以说，整个旧石器时代，湖北这块热土上一直都有人类的生存繁衍。正是旧石器时代文化的创造和积累，才为湖北境内的新石器时代人类的大发展奠定了坚实的基础[①]。大约在1万年前，人类社会进入了新石器时代。湖北境内，已知的该时期相关遗址有数百处之多。这些文化遗存从距今约8000年到距今约4000年时间不等，人类聚落广泛分布于全省各地。

新石器时代，荆楚先民创造了让人惊叹的物质文明。迄今为止，湖北境内旧

① 杨宝成：《湖北考古发现与研究》，武汉大学出版社，1995年，第20页。

石器时代的遗址尚未发现有骨针和衣物等物品。由于湖北境内土质酸性较重，不利于此类物品的保存。我们有理由相信，当时荆楚地区服饰制作水平不低于北方。虽然我们至今无法了解先民服饰的样式，但本地大量的关于新石器时代的考古发现，可以证实这一点。已发现的遗址中出土了丰富多样的服饰类器物，我们从中可以管窥一斑。

（一）纺织工具

发端于旧石器时代晚期的磨制钻孔技术此时得到了普遍的推广和应用，标志着人类改造自然能力的提高。为了满足人们对服饰的需求，纺轮应运而生。纺轮是我国最早的纺纱工具，在古文献中称为瓦、纺锤、纺专、线垛、棉坠等。纺轮中心有一圆孔，一捻杆穿孔而过。使用时，纺轮转动的惯性和纺轮自身的重力产生的牵引力，进而达到将纤维纺成纱线的目的。

湖北境内出土的纺轮不仅数量多、种类全，而且外形美观，纹饰精巧，具有很高的艺术价值。从 20 世纪 50 年代到 80 年代，分别在天门石家河、京山朱家嘴、京山屈家岭、枝江关庙山、宜都石板巷子、宜昌中堡岛、黄冈螺蛳山、钟祥六合等地的遗址中出土大量的石质和陶质纺轮。其中，又以京山屈家岭遗址（距今约 5300 年到距今约 4600 年）、天门石家河遗址（距今约 4600 年到距今约 4000 年）出土的纺轮（图 2-1）最具典型意义。屈家岭遗址和石家河遗址出土的纺轮大都为泥质陶。纺轮质地较硬，颜色有红、黄、灰、黑等色。纺轮外形多样。按边缘的形制，有直边、斜边、棱边、弧边、凹边等；按面部的不同，有弧面、平面、凹面之分。其中，彩绘陶纺轮外形美观，颜色有橙黄、橙红、黑褐、红褐等。纹饰的基本构成有麻点、直线、弧线、曲线、印点。组成的图案有对称同心圆形，也有精致的漩涡状。这些纹饰除了艺术装饰的功能外，

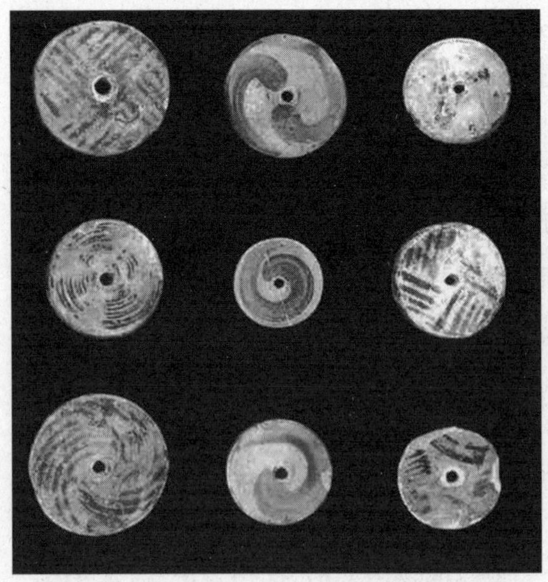

图 2-1 天门石家河文化遗址出土的彩绘纺轮

更具有提高纺纱操作技术的作用。纺轮表面的纹饰是人们观察纺轮转动速度的一种标记，是纺织技术进步的表现。[①]

（二）装饰物

新石器时代，荆楚先民的手脚日益灵敏，聪明才智日益提高。他们除磨制石器外，还制造出丰富多样的装饰品。关于佩饰物的功用，主要有以下几种主流观点。首先，美化自己吸引异性。达尔文认为，动物身上的种种装饰，如孔雀的锦屏，公鸡的高冠，野雉的尾羽等等，都具有吸引异性的作用。他在研究了当时世界上存在的氏族部落的习俗后认为：野蛮人喜爱打扮，他们用羽毛项圈、手镯、耳环等装扮自己，或在自己身上脸上涂抹各种颜色和花纹。这种装饰也是受到性选择原理的支配。[②]其次，装饰物还具有表明身份地位和所属部落的功能。同时，佩饰物还具有特定的观念意义，它与先民的宗教意识有关。先民佩戴这些饰物，希冀能够获得神灵的保佑。这一点，我们可以由近推远，从某些少数民族的习俗中得到启示。1949年以前，云南西双版纳的傣族把野猪牙、獐牙、五色石当作灵物，须臾不离身边，据说具有纳吉辟邪的作用。

湖北新石器时代的装饰物数量大，按照饰物发掘时与人体的部位接触不同，可以划分为头饰、耳饰、手饰和颜面饰等。

1.头饰

湖北天门石家河文化遗址出土了十余件玉器，其中以在肖家屋脊出土的最多。这些玉器面部形象与冠饰不尽相同，但都穿戴整齐，表情肃穆。据推测可能是氏族神职人员。在这些头像中，有头戴尖冠者，冠后着披风；有头戴浅冠者，头上有弯角形头饰；有头戴箍形冠者，箍在脑后起结，箍上饰平行线纹；有头戴平顶圈帽者，帽沿有卷纹花边（图2-2）。常

图2-2 天门石家河遗址出土的玉人头像

① 后德俊：《湖北科学技术史稿》，湖北科学技术出版社，1991年，第22页。
② 王维堤：《衣冠古国》，上海古籍出版社，1991年，第9页。

见的头饰还有笄和簪。笄是古代妇女固定发髻的用品。簪是笄的发展，是固定发髻和冠的长针，材料有金属、兽骨和玉石等。在湖北长阳西寺坪遗址还发现了骨簪，从侧面表明当时荆楚地区手工制作领域在不断扩大，同时也表明女性追求美和热烈活泼的天性。

2.耳饰

耳饰是装点容颜的重要组成部分，佩戴耳饰是先民广为流传的习俗。荆楚先民在新石器时代就开始佩戴耳饰。从图2-2的头像中，我们能清晰地看到玉人耳带大环。当时的材质有骨、石、玉等，以耳环和玉玦最为常见。耳环为圆环形，佩戴前须在耳朵上穿孔，以绳带穿挂。玉玦则是一种有缺口的玉环，使用时既可卡住耳轮，又可以用绳带悬挂于耳孔上。在长阳西寺坪遗址中出土了大量新石器时代的饰品，饰品有石环、石璧、石璜、石玦、玉玦、绿松石等。仅耳饰一项就有64件之多。

3.臂饰

臂饰指套在臂腕上的饰物，主要有瑗、环、镯等饰物。材料以玉石、骨牙为主，少量为陶制品。湖北出土的新石器时代的臂饰，主要以臂环为主。湖北公安县王家岗遗址墓葬发现的饰品仅臂环一种，在74座墓中，只有5座有臂环出土。其中一座墓主，身着11枚陶环，其余的4座均为1枚。宜昌中堡岛遗址所出大宗的人体饰物，也是陶环①。

第二节 楚国服饰文化

春秋战国时期，楚国在其发展过程中取得辉煌的文化成就。相比同时期的众多的区域文化，楚文化处于同时代的先进行列。楚文化的先进文明成果，主要体现在衣食住行的物质生活以及哲学、文学、科技等诸方面的精神世界，其中楚国服饰就是楚文化中的奇葩，其材质种类之丰富，其服饰样式之新颖，其人体佩饰之精美，都达到了让人叹为观止的地步。楚国服饰文化的影响声名远播，地域上远远超出楚国地域所限，时间上泽被后世，是汉服的先驱，其文化精髓还被今

① 宋镇豪：《夏商社会生活史》，中国社会科学出版社，1994年，第360页。

人吸收,创造出既有时代特色又有鲜明楚风的服装。

楚国发达的服饰文化和楚国高度发展的社会经济息息相关。楚国拥有强大的国力和合理的社会分工,因而能设立专门机构安排工匠编织衣物。楚文化有博采众长和开拓创新的精神,因而能汲取其他地区的先进工艺和工具,楚人大胆创制了独具特色的服饰文化。楚国地处南方,气候温暖湿润,比较适合桑麻等植物的生长,充足的服饰原料为服饰生产打下基础。而楚服也较为宽大舒展,以适应南方炎热的天气。楚国盛行巫文化,“信巫鬼,重淫祀”,服饰上也深深地打下信仰的烙印。

一、楚国服饰的材质

楚国服饰根据衣料不同,统称为布或帛。布是麻和葛等植物纤维组成,帛则由丝编织而成。麻即苎麻,广泛生产于楚地,是平民和贵族所常用的衣料。麻纺是当时纺织业中特别重要的行业。一则苎麻产量大,每年可收割三次,为麻纺提供了充足的原料。无论贵贱都可穿着,二者区别在于:平民所用麻布较粗,而贵族用料则较为精细。长沙 M406 号战国楚墓出土有战国时期的麻布残片。该麻布织造较为精细,比现代的龙头布还要密集。其次,官方重视麻布的生产。《周礼·天官》记载周代有“掌布缌缕纻之麻草之物,以待时颂功”的“典枲”官。布缌缕纻分别指麻布、麻线、细麻布等。枲即指麻,所谓“典枲”官,即是负责征收麻布原料、管理官方麻布生产、祭祀奉送麻布的官员。葛布名称各异,粗而厚的葛布为绤。《说文》:“绤,粗葛也。”比绤细一些的葛布为絺。《说文》:“絺,细葛也。”细薄有绉纹的葛布称作“绉”。《说文》:“绉,绵之细者。”细薄的葛布尤其适合南方夏季炎热的气候。官方机构中也设有专门征收葛的官员,称为“掌葛”。

丝织品是楚国重要的衣物来源,为楚国贵族所钟爱,也是体现楚国先进的生产工艺的物证。1982 年 1 月,湖北荆州江陵马山砖瓦厂发掘了一座楚国中小贵族的墓葬,出土了大批保存完好的丝织品,丝织品种类多样,工艺精美,被人称为先秦的“丝绸宝库”,为研究楚国丝绸和服饰提供了绝佳的资料。

早在西周时期,楚国所产的蚕丝便已作为向周王奉献的贡品。《管子·小匡》载:楚“贡丝于周室”。到了春秋战国时期,楚国的蚕丝产量和质量均跃居于列国先进之列。这些丝织产品主要为组、纱、罗、绢、锦、绦、绣、丝棉、麻等丝、麻织物。

组是一种丝织宽带。《尚书·禹贡》记载荆州有“玄纁玑组”，就是说荆州出产有深青色和深红色穿珠子的丝带。丝带是楚国的传统产品，在长沙和江陵楚墓中都出土过素色、深青色、深红色和有花纹的丝带。《楚辞·招魂》中提到的“纂组”，便是编织丝带。丝带是楚人服装的重要部分，主要用于系衣衽、挂玉佩、穿甲衣等。在长沙和江陵楚墓中就出土过素色、深红色、深青色和花纹的丝带绦。

楚墓出土的丝织物中，结构最简单的是纱，它轻柔透亮，外有明显的方孔。在长沙左家塘楚墓中保存有一块藕色手帕和一块浅棕色绉纱手帕，其轻薄程度相当于现代的真丝乔其纱。纱是楚国贵族夏服中常用面料，在江陵马砖一号楚墓中出土了一件素纱禅(单)衣，可惜纱大都已腐朽。

目前我们见到的楚服，大量的是以罗为原料制成的。《释名》说：“罗，文疏罗也。”罗质地轻薄，丝缕纤细，孔眼较大。用罗做成的衣服，穿起来比较轻盈，是贵族盛夏时的上好衣料。江陵马山一号楚墓出土的绣龙凤虎罗纹禅衣(图 2-3)，

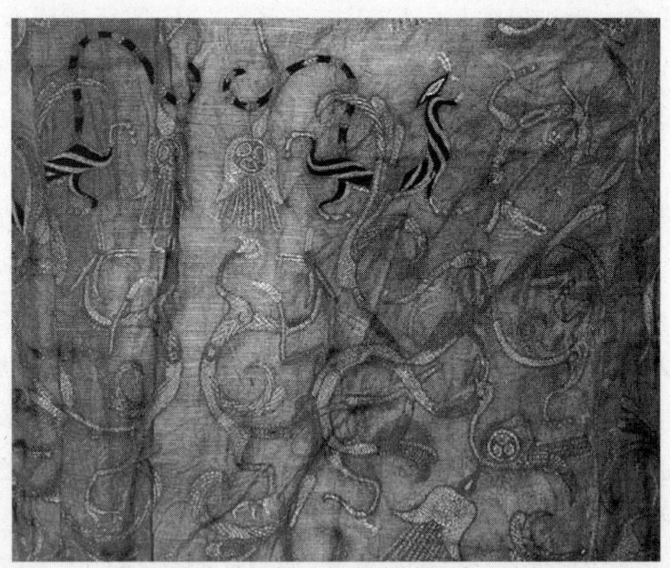

图 2-3 楚国龙凤虎纹绣罗

孔眼均匀，质地轻盈，用作绣地，花纹反衬明显。花纹主题是龙、凤、虎，与其他鸟兽纹样和花草、藤蔓等穿插连接。其中，植物既起着装饰作用，又有图像骨架的作用。图案中龙凤虎各具神采，栩栩如生，组成了一幅“凤鸣、龙啸、虎吟”画卷。罗地以其轻、薄质感与满绣纹样的沉稳、扎实形成鲜明对比。

楚墓中出土的最有价值的丝织品为锦。锦是以彩色丝织成的有花纹的织品，彩纹并茂，是最为精巧复杂的丝织品。《释名》云：“锦，金也。作之用功，重其价如金，故惟尊者得服之。”古文献中有：“衣做袖，锦为缘。”锦除用作服饰的面料外，还广泛用作服装的衣袖和边缘。马山一号墓出土的锦就是明证。出土的锦古朴富丽，单幅一般为二色或三色，最多的有六色，花纹富有变化。如其中N4夹衾锦面，就是迄今发现战国时期图案最复杂、花纹单位最大的一种锦。这条锦衾长约333厘米，宽约233厘米，由五幅拼成，花纹单位由七种八组交错排列的舞人和动物纹组成。动物纹有各种不同姿态的龙、凤、兽等，图案复杂，色彩缤纷，说明楚人已经掌握了相当复杂的提花技术。这种大单位花纹的织锦过去只见于东汉。1982年马山一号墓的发掘，把此类织锦出现年代大大提前了。

在楚墓中还出土了大量的绣品，这是当时相当高级的丝织物。楚国绣工在各种质料的衣物上，用人工一针一线绣出千姿百态的图案花纹。如马山一号墓所出的21件刺绣品（图2-4），刺绣色彩协调，针法纯熟，花纹无一雷同，反映了楚人绣花工艺的卓越成就。仅刺绣手法就有锁绣、平绣、间绣、满绣等。

图2-4 楚国凤鸟花卉纹绣
（江陵马山1号墓出土）

二、楚国服饰的色彩和图案

色彩在中国文化中具有特殊的地位，尤其是服饰色彩更是用作社会教化的工具。服饰色彩不但能区别着衣者的阶层，也能标示个人所处的场所。服饰图案不仅美化着服饰，也同样表达某种价值观念和社会追求，具有深刻的涵义。服饰色彩图案，还是区别不同民族个性的标识之一。华夏族的得名之所以在“夏”前加上“华”，表明中华古代服饰的用料、色彩、花样等方面更华美。

楚国服饰的色泽图案，作为楚国服饰中重要的组成部分，是一种含有深刻文化涵义的装饰艺术。楚人在发展过程中，出于自然美和色彩崇拜的原因，越来越重视服饰的色泽图案。

春秋战国时期的印染技术和组织管理都有较大发展。先民在生活中发现某些植物能提炼各色染料，如染红色的茜草，染蓝色的蓼蓝，染黄色的栀子，染紫色的紫草等。荀子曰："青，取之于蓝，而青于蓝。"指的即是从蓼蓝草中可以萃取靛蓝，其颜色较蓼蓝草更蓝。一些矿石也用作染料，主要有赭石、朱砂、石黄、黄丹等。当时还使用称为"涅"（盐铁类化合物）的媒染剂以生产黑色染料，使用此法染成的衣物颜色附着牢度强，能耐日晒和水洗。由于印染衣料程序繁杂，劳动强度大，故当时和印染相关官制中对此有明确的分工。"掌染草"专门负责征收、调配植物染料。《周礼·地官·掌染草》载："掌染草，掌以春秋敛染草之物，以权量受之，以待时而颁之。""染人"专司印染事务。《周礼·天官·染人》谓："染人掌染丝帛。凡染，春暴练，夏纁玄，秋染夏，冬献功，掌凡染事。"当时"染人"能根据季节和染料产量的不同，能染制各种色彩，显示了较强的组织管理能力。

先秦时期贵族服饰讲究"九文"、"六彩"、"五章"，"非烈彩不入公门"。依据当时的章服制度，彩色作为区分身份地位重要的标志。《仪礼·士冠礼》、《礼记·玉藻》、《吕氏春秋·季春纪》分别记载了当时的服装偏好："一衣而五彩具。"先秦时期，色彩有正色和间色之分，以区别尊卑。正色为青、红、皂、白、黄等五种颜色，尊者多服正色。其余色泽为间色，卑者多服间色。楚贵族墓出土的丝织物，也主要以五种正色为主。

由于染过色的服装才算"吉服"，所有贵族服饰要染色，平民穿的衣服也喜色彩。楚墓中出土有大量木俑，代表当时社会的下层，其所着服装也大多是有色彩的。楚国盛产兰草等衣物染料。用兰草提炼的染料，色彩浓艳，不易褪色，故深受楚人喜爱。楚国宫廷中还设有专门主持靛蓝生产的官员"蓝尹"。《楚辞·云中君》曾描述过五彩缤纷的楚服："浴兰汤兮沐芳，华彩衣兮若英。"从中可见楚国服饰色彩的绚烂缤纷。

楚国贵族墓葬出土的纺织品，大多是以红色为主。楚人尚赤的风尚由来已久。《墨子·公孟篇》说："昔者楚庄王……绛衣博袍。""绛衣"就是红色之衣，这是楚国服色尚红的最早记载。尚红，就是以红色为贵。在刺绣品中，以红色为绣地是最普遍的，绣花线采用朱红和深红的也较多。前面所说的"纁"，就是用茜草根多次浸染而成的红色。茜草作为染料用量很大，在楚地种植较广，已成为农业中的经济作物。楚服中的红色，还有用朱砂染成。朱砂色浓艳，光牢度好，但产量低，只有贵族阶层的服饰才用它。楚人以红色为贵，是与他们信仰有关的。他们认为自己的祖先是祝融。祝融是火神，而火正是红色。火在楚人的生产生活中起着至关重要的作用，因而火崇拜也是楚人重要的信仰。[①]

楚人在色彩组合上也有不俗的表现。江陵马山一号楚墓中出土的服饰中，色彩斑斓，图案灵动。色彩有朱红、紫红、金黄、浅黄、浅绿、咖啡、墨绿等二十余种。衣物图案主要通过刺绣工艺表现出来。这种刺绣图案流畅奔放，给人以强烈的运动美感。楚人喜欢以飞禽走兽来装饰衣物，尤其喜欢龙凤，所以纺织品上常以龙凤花草纹为主，形态多变。特别是龙凤起舞的纹饰，栩栩如生。种类有：龙凤相蟠纹、蟠龙飞凤纹、对龙对凤纹、龙凤戏逐纹、俯视的龙凤纹、凤鸟花卉纹、龙凤虎纹等。例如马山一号墓出土的绣龙凤虎纹罗禅衣，用浅棕色罗作绣地，用朱红、黑、金黄、淡黄等色绣线，绣出龙、凤、虎。图案的一侧是头戴花冠、展翅飞舞的凤鸟，下为一条卷曲的小龙。另一侧是一只昂首卷尾的猛虎，张着大口向前方的龙扑去，整个图案表现龙飞凤舞和斑斓猛虎穿跃其中的生动景象。20世纪50年代后期在长沙烈士公园发掘的M3号楚墓，出土有精美的丝绢。所发现的龙纹丝绢表现了龙腾云雾的情形，图案生动奔放。所出土的凤纹绣绢，则表现了凤翔九天的情景，布局匀称，线条流畅，画面飘逸灵动。

已发现的几处楚墓的主人仅仅是下层贵族，墓中的随葬丝织品却精美绝伦。反映了当时丝织品应用的广泛。楚墓中发现的丝织品色彩瑰丽、富于变化。图案纹样灵动奔放、繁杂铺陈。楚国的纺织物相比中原诸国的纺织品技高一筹，少了伦理和等级的束缚，多了神话色彩和浪漫气息。

三、楚国服饰的形制

春秋战国时期，由于交通与经济的发展，以及各国争霸战争的影响，各个地区的联系逐渐加强。不同地区通过交换和战争掠夺，文化有走向融合的趋势。服饰作为展示不同民俗风俗的窗口，概莫能外。服饰文化相互借鉴和模仿，因而华夏民族的服饰也呈现出交流融合绚烂多彩的局面。

流行于中原地区的深衣形制，在楚地得到广泛应用。深衣是春秋时期出现的一种将上衣下裳连在一起的新式服装，也就是袍式的大袖宽衣。在此之前，楚

---

① 张正明：《楚俗杂考》，《楚史论丛初集》，湖北人民出版社，1984年，第259页。

人的服装是上衣下裳分开而不连接。战国末年,这种上衣下裳的衣制还存在。如《离骚》中说:“制芰荷以为衣兮,集芙蓉以为裳。”马山一号楚墓出土的两件单裙,也就是裳。但穿裳的人已不多了。

深衣的形式是右衽、大袖,并有曲裾掩之,袖长过手,衣长及踝,领、袖和衣襟都有很宽的缘边。对此,沈从文先生说:“曲裾衣的应用,春秋战国到汉代虽具普遍性,但在楚墓彩俑及出土实物中,才明白它的剪裁方法相当经济,处理材料方法极重实用,中南夏季炎热,衣着主要部分多用极薄的绮、罗、纱、縠,同时用较宽的织锦作边缘,才不致缠裹身体,妨碍行动。”①这种曲裾式的长袍后被称之为深衣,在齐、秦、韩、赵、魏、中山等国的出土实物中都有发现。因此,深衣不应是楚国原有的服装,而很有可能是从北方传来为楚人所采用。

楚国由于社会风俗和地理环境与中原各国有着明显的不同,在服装方面既有与中原地区一致的方面,又有自己的民族特点。中原诸国受礼法影响较深,服饰形制相对保守。如《礼制·王制》中说:“禁异服”,“作淫声、异服、奇技、奇器以疑众,杀。”所以服饰形制比较规范。而楚人长期混处于“蛮夷”之中,相互间在文化习俗上的交流渗润是不可避免的。楚人一方面用夏变夷,另一方面也为夷所变。加之楚人性格活泼,无拘无束,富于创新精神,敢于别具一格,表现个性,这种民族性格和精神也推动了楚国服饰不断推陈出新。

从中原学到的深衣样式的楚人,也进行了革新。《礼记·深衣篇》说:深衣“长毋被土”,即不覆于地面,以免受到玷污。楚墓出土的木俑和实物均为长曳被土,这与深衣定制“长及于踝”,约去地四寸有所出入。另外,江陵马山一号楚墓出土了一批直裾衣,深衣应为曲裾。这些服装有锦面袍、绣罗禅衣等。可见,花样繁多,不拘一格,式样突破礼制,确为楚服的特征。

楚国服饰鲜明特色之一在与冠制。楚人崇尚高冠。《左传·成公九年》记载楚钟仪被囚于晋国时说:“晋侯观于军府,见钟仪,问曰:‘南冠而挚者谁也?’有司对曰:‘郑人所献楚囚也。’”杜预注:“南冠,楚冠。”晋侯看到钟仪戴的南冠,就知道他不是晋人,可见楚国在冠制上是有别于中原诸国的。屈原在《九章·涉江》中说:“带长铗之陆离兮,冠切云之崔嵬,被明月兮佩宝璐。”王逸注曰:“切云,冠名。其高切青云也。”这种冠可能即晋侯所指的南冠。屈原这段话在长沙子弹

① 沈从文:《中国古代服饰研究》,上海书店出版社,2005年,第60页。

库楚墓出土的帛画(见图 2-5)得到了印证,尽管画面内容带有神话色彩,但人物服饰的处理,却是从楚人的实际生活出发的。图中男子头戴峨峨高冠,冠带系于颔下,身穿大袖袍服,衣襟盘曲而下,形成曲裾,是深衣样式。楚国贵族男子的典型服饰就是头戴切云冠,身着袍服,佩戴宝玉。

图 2-5 楚国贵族男子服饰帛画

高冠还沿袭到东汉,《后汉书·舆服志》载:"长冠,一曰斋冠,高七寸,广三寸,促漆纚为之,制如板,以竹为里……楚冠制也。"《淮南子·主术训》云:"楚文王好服獬冠,楚国效之。"高诱注:"即獬豸之冠。"獬豸是古代传说中的神羊,能别曲直,一角,性忠。獬冠的特点是上有一角形木棒,因獬豸是一角羊。应劭《汉官仪》曰:"秦灭楚,以其冠赐近臣,御史服之,即今獬豸兽,触不直者,故执宪以其角形为冠,令触人也。"汉承秦制,将此冠取名曰法冠,因它为执法者所戴。长沙马王堆一号汉墓出土的木俑,大部分都在冠上直立一角形木棒,可能就是獬豸冠的遗制。

沈从文先生在谈到楚国冠制时曾说:"楚人头上戴的冠子,在古代必有些不同于其他地方的特征,如制作色泽特别华美,有的还高高上耸,与当时中原人诸习惯不同,也极明显。"[①]这是对楚国冠制的精当总结。

楚人钟爱奇装异服,文献中多有记载。如《左传·昭公十二年》载:楚灵王冬狩于州来,"雨雪,王皮冠,秦复陶,翠被,豹舄。"对此,杨伯峻先生注释说:"复陶乃以禽兽毛绒为之,衣以御寒者。"翠被之"被,当读为帔,《释名·释衣服》云:'帔,披也,披之肩背不及下也。'盖以翠毛为之,所以御雨雪,若今之斗篷或清时妇女所著之披风。"[②]楚灵王所着的王冠、复陶、翠被、豹舄可以说都属于"奇装异服"的范围。屈原曾自诩说:"余幼好此奇服兮,年既老而不衰。"可见屈原从小就爱好奇丽的服饰,到晚年此爱好仍然未变。

---

① 沈从文:《中国古代服饰研究》,上海书店出版社,2005 年,第 54-60 页。

② 杨伯峻:《春秋·左传注》,中华书局,1981 年,第 1338-1339 页。

一般而言，楚服的衣身紧小，这可能与“楚灵王好细腰”有关。楚人以细腰为美，所以服饰衣身窄紧，因而使人看起来苗条高大。沈从文先生说：“楚服特征是男女衣著多趋于瘦长，领缘较宽，绕襟旋转而下，衣多特别华美，红绿缤纷，衣上有着满地云纹、散点云纹、小簇花纹，边缘多较宽，作规矩图案，一望而知，衣着材料必出于印、绘、绣等不同加工，边缘则使用较厚重织锦。”①

楚国妇女的服装除具以上所说的衣身较紧外，袖口也较窄小，这与中原诸国的宽袍大袖区别明显。信阳楚墓彩绘妇女木俑的袖头作窄式，下裳交叠，相掩在背后，不作曲裾绕襟的裁剪法。这样既满足了服装的需求和美化，也可以使行动免受因下裳牵制而舒展不开之弊。这种交相掩襟而又在裾衽边缘上加以各种锦绣的纹饰，使楚国的这种服装起到了形式美和实用美二者结合的效果。这种袖口窄小的例子，还见于长沙陈家大山楚墓出土的人物龙凤帛画中的妇女。该女子身穿紧身长袍，袍长曳地，袖口作窄式，在领、袖等部位，缘有锦边，锦上有条纹图案，是这时楚服特色。

四、楚国的佩饰

人类佩戴饰物由来已久，早在原始社会就盛行于各地。人类迈入文明社会的门槛后，这种习俗继续存在，并且使佩饰获得新的象征意义。楚人对于佩饰格外看重，认为它能赋予人特殊能量，因而出现了不同于中原诸国的佩饰。尽管楚地偏居南方，但仍属华夏文化圈，中央王朝的礼乐文化也影响楚地。体现在佩饰上，楚地与中原各国有相通的一面。

从文献和出土的考古资料来看，楚国佩饰繁多，种类齐全，能充分展示楚人对待生命和生活的态度。按照佩饰的材料不同，可分为植物、金属、玉石等。根据装饰身体部位的差别，可分为发饰、耳饰、颈饰、臂饰、手饰、腰饰等。其中，由于植物饰物容易腐朽，加上年代久远，保存不易，因而至今没有植物类佩饰的出土，不过文献中的材料似可弥补这一缺憾。

《山海经》中多次记载人与佩饰发生感应，产生或吉或凶的效果。而发生在楚地或相邻区域的就达5次。比如《山海经·西山经·西次一经》记载植物类佩饰的神奇效果：“浮山，……有草焉，名曰薰草。麻叶而方茎，赤华而黑头，臭如蘼

① 沈从文：《中国古代服饰研究》，上海书店出版社，2005年，第54-60页。

芜，佩之可以已厉。”根据推断，浮山位于今陕西东南、湖北西北，和楚地相邻的地区。厉，指恶疮。表明浮山的薰草作为佩饰，可以医治恶疮类的疾病。《山海经·南山经·南次一经》记载有楚地佩戴动物类饰物的情况：“(楚地)有兽焉，其状如马而白首，其文如虎而赤尾，其音如谣，其名曰鹿蜀，佩之宜子孙。怪水出焉，而东流注于宪翼之水，其中多玄龟，其状如龟而鸟首虺尾，其名曰旋龟，其音如判木，佩之不聋，可以为底。”文中所指鹿蜀庞大如马，不可能当作佩饰。因此，郭璞注解道：“谓佩带其皮毛。”其中的两种动物类佩饰都能防灾祛邪。以上表明，在楚地神话传说里，动植物佩饰具有神奇的功能，能给人带来吉祥和安康。

屈原的《楚辞》中记载有大量植物类佩饰，除表明个人品格外，更多的是受风俗的影响。古人用干燥的香草装入囊中制成香囊，以丝带系扎在身上。而《楚辞》中的主人公，则更青睐直接佩戴香草，以表明主人公的高洁品质。《离骚》中用作佩饰的香草有蕙：“既替余以蕙纕兮，又申之以揽茝。”意谓楚王给自己加的罪名是以蕙草为佩饰，以及采集白芷。蕙草是佩饰的主要组成部分，因此把佩饰称为蕙纕。蕙以美丽的姿态、浓郁的香气、神奇的功能深得楚人的喜爱。

《离骚》中用于制作佩饰的还有秋兰，是“纫秋兰以为佩”。兰指兰草，兰草以生命的象征而存在。如《诗经·郑风·溱洧》描写郑地男女春天集会时：“士与女，方秉兰兮。”兰，指兰草。青年男女手持兰草嬉戏求偶，兰草作为美好生命的表现和寄托而出现。《离骚》的主人公以兰草为佩饰，同样表达了深沉的生命意识。

《离骚》中用于制作佩饰的植物还有菌桂，“矫菌桂以纫蕙”，把菌桂和蕙草相联，更能表达主人公渴望生命长存的心迹。菌桂据说能使人延年益寿。《楚辞解故》载：“菌桂，性微温，无毒。主百病，养精神，和颜色，为诸药先聘通使。久服轻身不老，面生光华，媚好常如童子。”①

能当作佩饰的植物还有薜荔。“贯薜荔之落蕊”，即把薜荔的花心串联起来，作为佩饰的组成部分。薜荔也称为草荔，根据《山海经》的说法，草荔能治疗心痛，所以才有《九歌·山鬼》中的主人“被薜荔兮带女罗”，在痛苦中披上薜荔以治疗心病。能用作佩饰的还有琼枝。《离骚》载：“溘吾游此春宫兮，折琼枝以继佩。及荣华之未落兮，相下女之可诒。”琼枝指玉树之枝，是传说中的有药用功能的神树。人佩戴玉树枝，能驱除不祥。主人公用琼枝装点原有的佩饰，以供求女。

① 朱季海:《楚辞解故》，上海古籍出版社，1980年，第27页。

"佩缤纷其繁饰兮,芳菲菲其弥章。"植物佩饰即有俊俏的形态,更有浓烈的芳香,因而深得楚人的钟爱。

金属类佩饰的特点是材质珍贵、工序繁杂、工艺精美、制作考究,因而是中高层贵族的心爱之物。从目前考古资料来看,腰饰带钩是金属类佩饰的主要形式。带钩的使用与当时服装的形制有密切的关系。由于楚国的服饰没有专门的纽扣,必须以腰带束系。腰带中的皮革质地较硬,不易系结,而使用带钩连接腰带两端则较为方便。带钩除用作束系腰带外,还是重要的佩饰。带钩也称为"钩"、"胥纰"、"犀比"、"师比",《楚辞》中则称之为"鲜卑"。带钩由于制作精美而成为贵族衣袍中的重要组成部分。春秋时期带钩的使用已较为普遍,考古实物在全国各地都有发现。其形制是钩头有鸟头或兽首状的弯曲,下端作琵琶或长条状。钩的正面多雕刻有花纹,装饰考究,以铜质的带钩最为常见。如在河南淅川下寺10号楚墓出土有一枚铜带钩,钩体雕刻有四条盘旋交错的夔龙,钩头为兽面形。安徽寿县双桥战国楚墓出土有两件铜带钩,雕刻精美,钩尾装饰有蟠龙纹。在湖北江陵雨台山楚墓出土铜带钩31件,器物较小,当为中小贵族的墓葬。楚墓中铁质和金质的带钩也有出土,一般出现在中型和大型楚墓中。如在湖北江陵望山1号楚国贵族墓出土的铁带钩(图2-6),带钩雕刻有镶金嵌印的凤鸟花纹,长46.2厘米、宽6.5厘米,是迄今我国出土最大的带钩。江陵望山3号墓出土有鎏金铜带钩,装饰典雅清丽,富有浪漫气息。考古界将处于楚国怀抱的曾国文化称为楚系文化。1978年在湖北随县战国曾侯乙墓出土有4个金带钩,各长10厘米,为铸造法制作,钩似鸭首,光洁无纹饰,为全国出土带钩之精品。

图2-6 错金银铁带钩(现藏于湖北省博物馆)

春秋战国时期,玉器拥有很高的社会地位,人们以玉为贵、以玉为宝。当时的儒家给玉器蒙上神秘的宗教、政治色彩,将玉的品质与人的道德联系在一起,君子比德于玉。玉佩是标志贵族身份和威仪的重要饰物,是贵族服饰中不可或缺的部分。贵族服饰必有佩玉。《礼记·玉藻》篇记载:“古之君子必佩玉。”除去丧礼和某些特殊场合外,“君子无故,玉不去身”。按照等级差别,贵族所佩玉饰以及颜色都有严格规定。《礼记·玉藻》篇;“天子佩白玉而玄组绶;公侯佩山玄玉而朱组绶;大夫佩水苍玉而纯组绶。”同样,死后随葬玉佩,也不得僭越礼制。贵族间互赠礼物,佩玉最为重要。《诗经·秦风·渭阳》篇有“何以赠之?琼瑰玉佩”之句,《诗经·卫风·木瓜》篇:“投我以木桃,报之以琼瑶。”

玉器考古实物全国各地均有出土,而出于江淮之间的楚地玉器特点鲜明。根据文献记载,楚国是出产玉石、珍爱玉石的国度。《国语·楚语下》记载有楚国出产的宝玉白珩享誉列国,在晋国的宴会上晋卿赵简子询问楚玉的情况。屈原在《楚辞》中将自己比作琼玉。如《涉江》中主人公“被明月兮珮(佩)宝璐”。楚地江汉沮漳间有玉石出产,河南南阳、陕西蓝田等地也是楚国重要的玉石产地。楚国设置有掌管玉器事务的专门机构—玉府,负责管理楚王的金玉器物。当时玉府向全国征集上等玉石,所以才有楚人卞和两次向楚王进献“和氏璧”的故事。从出土的楚墓玉器实物(图 2-7)和楚墓木俑身上所绘制的佩玉来看,楚国贵族挚爱玉饰,玉饰和青铜器一样是他们身份地位外在的标志。所以,楚国玉器工艺精湛,更能凸显楚国服饰的雍容华贵。

图 2-7 曾侯乙墓玉龙佩

楚国玉器出土的种类和数量都比较多,主要有下列几类。

1.发饰

笄是楚人的日常服饰用品,是固定发髻的用具。古代女子 20 岁时举行笄礼，女子成年称为“及笄”。长沙子弹库一号墓出土的《人物御龙》帛画中，可见发髻中用笄的形象。河南淅川下寺楚墓出土有5件玉笄（图2-8），通体呈圆柱状，为青玉，色泽透亮，笄帽呈螺钉形，通体有纹饰，玉笄制作精良。河南信阳长台关2号楚国墓葬出土有玉笄1件。梳篦是梳理头发的用具，也有将梳篦插在头发上作装饰。楚地出土的实物有河南淅川春秋墓与随州曾侯乙墓出土的玉梳。其中，曾侯乙墓出土的玉梳（图2-9）保存完整，体呈长方形，棕红色，平背，正背刻精美变形龙纹，下部有23根齿，梳齿尖锐，断面作长方形。楚玉器中玉梳极为罕见，为研究先秦时期楚人日常生活提供了珍贵的实物标本。

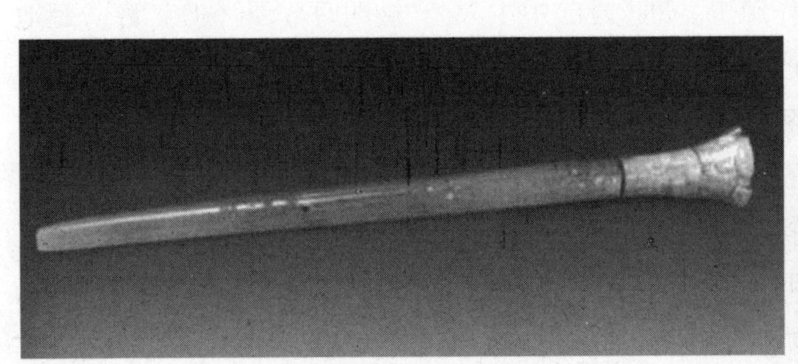

图2-8　楚人玉笄

图2-9　楚人玉梳

2.耳饰

小型的玦是古代的一种耳饰。玦一般为圆璧形，边缘有一缺口。佩玦表示决断和决心。《楚辞·九歌》中有“捐余玦于江中”一语。1983年在河南光山县宝相寺黄君孟墓出土有春秋早期龙纹玉玦一双，制作十分精美。

3.项饰

项饰是楚人佩戴最普遍的装饰品，其材质不限于玉质，如翡翠、玛瑙、水晶、玻璃等。如在随县曾侯乙墓出土有玻璃珠颈饰。其形状不限于圆珠，如半圆弧形的觽、虎、兔、鱼形的玉佩。在河南淅川下寺楚墓中出土有觽和动物类玉佩，一般用线穿系而悬挂于项。保存完好的当属发掘于河南新蔡葛陵楚墓的珠玉佩饰。该珠饰为战国后期楚国封君——平夜君成的随葬品，白水晶珠饰和紫水晶珠饰皆晶莹剔透，小巧玲珑。

4.手饰

楚人装饰手臂的器物有玉瑗、玉环、玉璧等。这三种归属一类，同为圆形，区别在于中间圆孔的大小。根据古代的分类法，很容易陷入混淆。学者夏鼐认为："把三者总称为璧环类，或简称为璧。其中器身作细条圆圈而孔径大于全器二分之一者，或可特称为环。"①在楚国出土文物中，璧和环的数量比较多，孔径较大的环当为楚人的臂饰。如江陵九店 294 号楚墓出土的玛瑙环、淅川徐家岭楚墓中的玉瑗和玉环，做工精细，花纹雅致，风格灵动，孔径都在 8 厘米以上，较适合人的手臂佩戴。楚人手指的佩饰称为扳指，扳指的前身叫做韘(音射)。《说文》曰："韘，射也。"是古人射箭时戴在右手大拇指上以助钩弦开弓的器具。先秦时期非常重视射礼，故以佩韘喻已掌握射艺。江陵望山楚墓出土有一组骨质鸟形扳指，江陵杨场楚墓曾出土一件玉质珠饰和玉石扳指连接而成的佩饰。

第三节　土家族服饰文化

土家族是我国人口较多的少数民族之一，人口有 800 多万，主要分布在重庆、湖北、湖南、贵州四省市交界的武陵山区。其中，以鄂西南土家族分布最广，宜昌市的五峰、长阳，恩施州的来凤、鹤峰、咸丰、宣恩、恩施、巴东、建始等县市都有大批土家族聚居，人口超过 200 万。土家族自称"毕兹卡"，汉语称之为"土家"。史籍中称谓较多。秦汉时，以其崇拜白虎被称为"廪君种"，或以其所用武器特征称为"板楯蛮"，或以其人所纳赋税为"賨"而称为"賨人"；属"巴郡南郡蛮"和"武陵蛮"的一种。也有将融合到土家族的某一部族代指，如南北朝时期称之以"蛮獠"、"獠"。此后，多以地域命族，被称为"酉溪蛮"、"溇中蛮"、"巴建蛮"、"信州蛮"、"酉阳蛮"等。宋代，出现了区别于武陵地区其他族别而专指土家的"土民"、"土蛮"、"土兵"等名称。以后，随着大批汉族人迁入，"土家"作为族称开始出现。土家族在长期的发展过程中，创造了绚烂多姿的文化。武陵山区和清江流域属典型的山区丘陵地带，偏僻艰险，历史的节拍要比外围其他地区缓慢，该地区就"冷冻"保存了许多古代文化的基因，灿烂多彩的土家服饰文化就是其中的奇葩。

---

① 夏鼐:《商代玉器分类、定名和用途》,《夏鼐文集》(中册),社会科学文献出版社,2000 年,第 19 页。

一、土家族服饰文化的历史考察

土家族服饰的演化经历了三个历史阶段:形成时期、发展时期、演变时期。

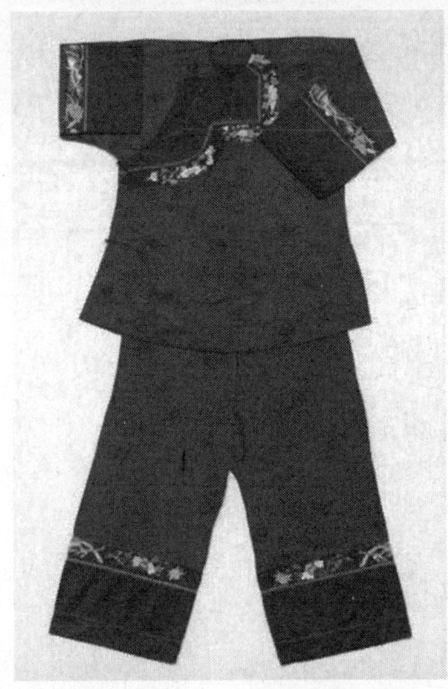
图 2-10　土家族服饰

土家族服饰(图 2-10)的形成时期为宋代以前。土家族女性擅长纺织,史籍中多有记载。先秦时期,土家族先民巴人就掌握了简单的织造技术。据《华阳国志·巴志》记载,夏代之前大禹“会诸侯于会稽,执玉帛者万国,巴蜀往焉。”西周初年,“武王即克殷,以其宗姬封于巴,爵之以子(即巴子国)”,其地“土植五谷,牲具六禽,桑蚕、麻枔……皆纳贡之”。秦汉时期,土家先民就能织成精细的“賨布”。賨布并非土家织锦,只是一种麻织物。《广韵》记有“賨,戎税也。”表明賨布是土家先民所纳赋税,足见其精美。三国时期,土家先民逐步掌握了汉族先进的染色技术,编织出五彩斑斓的“土锦”。南北朝时期,当时的纺织业已遍布土家族地区,并形成一定规模。据《周书·长孙俭传》记载:荆蛮之地,“务广耕桑”,“民安其业”。“能为细布,邑至鲜净”。土家先民织造出“兰干细布”。《后汉书·南蛮西南夷传》记载:“兰干细布,织成文如绫锦”。妇女还能在丝绸上织造精美的花纹。《先秦汉魏南北朝诗·梁诗》中《雍州曲·大堤》,萧纲记述南朝宜城妇女编织丝织物花纹为“工织素”。隋唐称土家织布为“斑布”,是当地向朝廷进贡的重要物品。《隋书》载:“故服章多以斑布为饰”,“适雅唐楚州贡孔雀布,即南斑布之类”。“兰干细布”和“斑布”就是近代土家织锦西兰卡普的前身。土家族服饰的形成时期,土家族逐步形成了以布衣为基础,由麻织物向棉织物过渡的服饰特点。

土家族服饰的发展期,为元代以后至清初的土司时期。在该时期,土家族服饰进入了相对独立发展的阶段,形成了本民族的特色。土司政权是大小土司在世袭领地里建立的相对封闭的“独立王国”,以对土民强烈的人身控制和剥削为特征,导致社会地位的差异和阶级对立。反映在服饰上,据《永顺县志》(乾隆本)记载,上层土司阶层佩戴金凤冠,或佩戴项圈、手圈、足圈以示富贵,而下层土民男女蓄发椎髻，赤脚短衣，衣饰寒酸。受封建王朝“蛮不出境，汉不入洞”的民族隔离政策和土司政权的封闭特点的影响，土家族地区的服饰发展更多地显现民族的个性。据《永顺府志》(乾隆本)记载，土家“服饰不分男女，皆为一式……衣裙尽绣花边”。服饰趋向完善，“男女蓄发椎髻，赤脚短衣，耳贯大环”，“头裹刺花帕，裙被尽绣花边”。土家织锦“西兰卡普”美轮美奂，声名远播。清朝康熙年间戏曲作家顾彩探访鄂西南土司地区，并写下游记体《容美纪游》。他称赞土家织锦：“洞被如锦，土丝所织，贵者与缎同价，龙凤金碧，堪为被褥。峒中白麻为之，轻纫如鲛绡，皆珍布也。”

土家族服饰的第三个时期为清初“改土归流”以来的阶段。该时期是社会变革最为剧烈的阶段，是促进土家族服饰变化的主要因素。自“改土归流”政策以来，受汉族传统文化伦理观念的影响，清朝官方以服饰宜分男女为由，下令禁止男性穿花衣服，从而改变了土家服饰男女一式的面貌。男子不再穿八幅罗裙，并且不再允许编发推鬓椎髻。受经济条件和习俗的影响，织布仍是大部分土家族人的首选，服饰较为简朴。据《长阳县志》(道光本)记载：“衣饰近古，贫者多以本地纺织家机布为常服。妇女荆钗布裙者十之八九。城市稍奢，然亦绸亦布相间，无整套穿绸缎者。”辛亥革命也带来了服饰上的重大变革，其主要内容之一，就是服饰标志社会等级差别的功能消失。服饰变化加速，服饰流行趋向呈现简捷化、多元化的趋势。相比经济、交通和传播较发达的地区，土家族地区的服饰变化要滞后许多。抗日战争时期，湖北省政府西迁恩施，大批汉族人士迁入。随着外来文化的输入，进一步促进了土家族服饰的演变。除偏僻的山村外，与汉族杂居的地区逐渐采用汉族服饰。1949 年以后，随着土家族地区人口流动和现代媒介的信息输入，土家族服饰演变速度较快，大部分土家族人已不再穿本民族服饰，而改穿流行服饰。当代的土家人服饰穿着，大部分局限于节日和表演等特殊场合，土家族服饰有走向消失的危险境地。

土家族服饰的历史变革，体现了文化的传承和变迁。土家族服饰文化是民族智慧的结晶，是特有的符号系统，是民族文化知识和规范的浓缩品和阐释者。通过代际间的文化接力，土家人实现了民族文化的积累和创新。可以说，没有服饰文化的代际传承，也就没有服饰文化的进步。世界上没有静止不变的文化。随着生产力的进步和人类知识的扩展，文化在人类面对外界挑战的积极应对下，相应变化。土家族服饰文化同样如此。经济、政治、社会的变革以及技术的进步,使社会节奏相对舒缓的土家族生活也悄悄发生着变化。研究表明,当代土家人对于土家族传统生活各方面,例如传统饮食、居住形式以及民族传统生产工具,都能够以相对稳固的物质形式传承,而受外界环境影响较大的民族服饰,人们往往呈现去民族传统的倾向。①

二、土家族服饰概览

民族服饰以丰富的文化底蕴和工艺美术的完美结合,构成有形有质的物质文化载体。作为民族文化艺术宝库中的经典之作,土家族服饰虽历经变革,但民族服饰的核心特质仍得以保存。

土家男子服饰。土家族男子服饰(图2-11)的特点是朴实大方,能够体现男子汉勇猛英武的气质。头巾称为"蛮头袱",以长方形的条纹布直搭于头上,后面盖齐肩,再将前面的布合拢,从右向左缠绕于头上,包成人字形。这种头饰的优点是,既能防尘护头,又可冬天抵御风寒。衣物颜色以蓝、黑色为主。上衣样式为对襟短衫,布扣五至七对,外套黑衣单褂。改土归流以前,男子也穿着八幅罗裙,后改为穿裤。裤子多为青、蓝色,上接白布裤腰,裤脚短且大。青壮年多打绑腿,将裤脚裹成人字形以绑带捆扎,行走利落。据民族学专家说,此俗保留了土司时期"兵农合一"制度的痕迹。劳动时穿草鞋,佩穿长筒白布袜。

图2-11 土家族男子服饰

图2-12 土家女子服饰

① 俞红:《湖北土家族的传统文化认同及其影响因素研究》,华中农业大学2007届硕士学位论文,第28页。

土家女子服饰。土家女子是纺织的好手,因而在自身服饰上格外讲究,更能凸显土家女子妩媚柔美、心灵手巧的特点(图2-12)。女子戴头巾,多以青丝帕或白印花头巾缠成人字形,饰以银梳、瓜子针、茉莉针、芭蕉扇等银质饰品,戴耳环、耳坠等首饰。未出嫁的女儿常着花衣,色彩明快。土家女性上衣为矮领斜襟绣花式上衣,其基本特征是在领、襟、袖等处绣花或贴各色花边。其中,领上镶嵌三条花边(俗称“三股筋”),以布扣锁襟。这种款式的上衣往往与绣花围腰相配,是土家女性日常最主要的打扮。女性下装为八幅罗裙、百褶裙、筒裙、响铃裙等。其中,八幅罗裙是土家族女性最古老的下装。“八幅罗裙”始源于为了纪念土家八个部落团结奋战的古老历史,用八部落生产的布匹制成的八幅罗裙,当时用来作为全体部落权力象征。百褶裙、筒裙、响铃裙基本上是改土归流后,在借鉴其他民族服饰的基础上逐步形成的。女性下装的裤装为宽筒绣花栏杆式长裤,是改土归流后形成的样式,腰宽、筒短,在裤脚上绣(或贴)两至三道花边。姑娘素装是外套黑布单褂,春秋季节多穿白衣。因外套黑褂,色似鸦鹊,称之为“鸦鹊衣”。脚下以布裹脚,着绣花鞋。绣花鞋是最能反映土家族姑娘心灵手巧的物品。鞋底为千层底,鞋帮绣以各种吉祥图案,通常配以各种绣花鞋垫。

土家儿童服饰。土家婴儿出生后,就是家庭的核心。家人期望儿童能健康成长,就以种种仪式和信物传达美好的情怀,而服饰即是其中之一。最具代表的当属幼儿的围嘴和肚兜。围嘴也叫涎兜,是防止幼儿口水弄脏上衣的服饰小配件。根据图案制作手法的差别,分为挑花、绣花、拼花三种。围嘴美观精巧,是土家儿童的必备生活用品,既显示出土家母亲的手艺,也体现了母亲的良好心愿。肚兜是防止孩子夏季受凉佩戴于孩子身前的小型衣饰,是幼儿防暑的服饰。肚兜构造简单,以几何形的布盖住幼儿肚脐,以上段带子系于颈项,再以中间的带子系于腰后。肚兜正面绣有精美图案,饰以花边,佩以细带,美观大方。土家儿童的有特色的服饰体现在帽子上。土家儿童佩戴的帽子种类多样,制作讲究。按季节不同,春、秋季节多戴“紫金冠”、“八卦帽”,夏季多戴“冬瓜圈帽”(图2-13)、“凉帽”,冬季戴“狗头帽”、“鱼尾帽”、“狮头帽”。这些帽子除用五色丝线挑着“喜鹊闹梅”、“凤穿牡丹”、“富贵双全”等花草图案和文字外,在帽子前面镶嵌“大八仙”、“小八仙”、“十八罗汉”等银质装饰,帽顶及帽后要用银链吊许多银牌、银铃、银鳌鱼、银虎爪等饰物。土家族人更喜欢给小孩佩戴一种菩萨帽(图2-14),亦叫"罗汉帽",帽沿钉有十八罗汉,占据整个帽子的半圈,中间还缀着一尊大菩萨。这是佛教对土家族服饰的影响,也表达了父母希求儿童能借以避凶祛邪、健康平安。

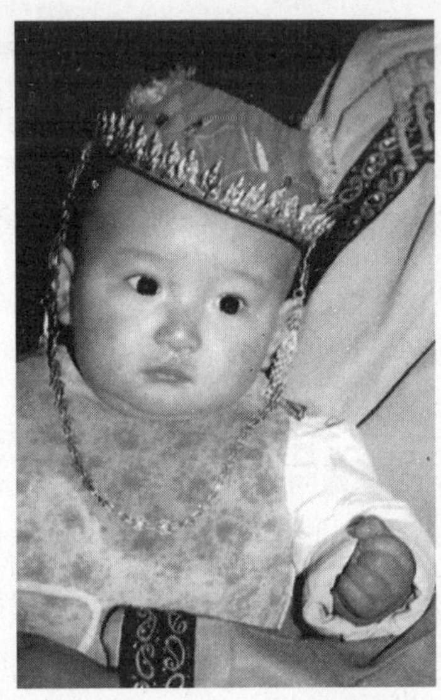
图 2-13　土家儿童冬瓜圈帽

图 2-14　土家儿童的菩萨帽

特殊场合服饰。相对于日常生活的平庸,土家人借助各种仪式调节平淡生活、强化族群的认同、表达内心的渴望。特殊场合的服饰作为仪式的重要标志物,因而得到土家族的重视。女子婚礼服饰。土家女子出嫁时要穿男家送来的"露水装",包括一套露水衣、一套露水鞋、一方露水帕、一把露水伞,色彩以红色为主以示吉祥。露水装本是土家女子去世时必须穿戴的衣物,新娘穿戴露水装,表达了人们希望新人白头偕老、长命百岁的美好愿望。[①]穿戴露水装是标志女性角色转变的重要仪式。土家女子的哭嫁歌中有《哭穿露水衣》清晰地说明了这一功能:"穿了露水衣,要到远乡去;穿了露水鞋,要踩远乡岩;搭了露水帕,变成媳妇家。改朝换代了,改名换姓了;生是人家人了,死是人家鬼了。"[②]祭祀服饰。根据日本学者石川荣吉《现代文化人类学》的观点,祭祀是消除灾祸的状态礼仪。事实上,土家族祭祀仪式中,表达了人类对自然力量和祖先的崇拜和敬仰,沟通了神圣世界和世俗世界,既娱神又娱人。比如被称为"中国舞蹈的最远源头"、"原始戏剧的活化石"的毛古斯舞。毛古斯是在土家族传统的祭祀摆手活动中表

①② 杨昌鑫:《土家族风俗志》,中央民族学院出版社,1989 年,第 89 页。

图 2-15　土家族毛古斯舞

演的艺术形式（图 2-15）。表演者装扮成毛人，他们浑身扎绑茅草树叶和稻草，头扎五条大棕叶辫子。表演的内容以反映土家先民生产、生活为主，表达了土家先民渴望在围猎、征战、生产、生育等方面得到祖先和众神的护佑。毛古斯融歌舞与念白一体，毛古斯诉求娱神、娱民、驱邪、祈福、求嗣等功能于一身，是土家族文化中的珍宝。土家的专职巫师——“梯玛”的服饰也很有特色。梯玛从事宗教活动时，头戴莲花罩法帽，上穿镶有黑边的红褂子，下着八幅罗裙，手持八宝铜铃马法刀，脚穿马蹄靸鞋，边唱边舞，所唱念歌词称为“神歌”。服饰的特色强化了人们心理的暗示，能突出巫师沟通人与神的职能，最终使人达到对威胁事件的控制感。

土家织锦。土家族织锦是民族工艺中的奇葩，是土家女性精湛手艺的见证。嘉庆《龙山县志》载：“土妇善织锦、裙、被，或经纬皆丝，或丝经棉纬，挑制花纹，斑斓五色。”土家织锦中最负盛名的当属“西兰卡普”。“西兰卡普”又称“土花铺盖”或“打花铺盖”，是土家织锦中的精品，是长期进献皇室的上乘贡品。西兰卡普在土家生活中有着实用、礼俗和审美三方面的意义。民间用它做被面、椅垫、枕巾、围裙等。编织西兰卡普是土家女儿的必修课，从少女时期开始学习织锦技艺，到出嫁时已经是编织的能手。西兰卡普是土家姑娘出嫁时的主要嫁妆，也是人们品评新娘人品和才艺的重要标准。西兰卡普是以丝、棉、麻、毛线为原料，以红、蓝、黑色棉线为经线，以各色棉、丝、毛线作纬线，使用古式木织机、挑花刀（竹、牛骨制成），采取通经断纬反面挑织的方法手工挑织而成。它色彩搭配讲究，喜用对比色,使得图案鲜明热烈。俗谚道:“黑配白,哪里得。红配绿,选不出。蓝配黄,放光芒。”西兰卡普图案新颖多样,仅传统图案就达二百多种。一般分为三种类型:一是自然风物,如风俗(图 2-16)、家具、禽兽、花草等;二是几何图案,最常见的是单八钩、双八钩、十二钩、二十四钩、四十八钩(图 2-17)等图形。三是文字图案,如米、田、十等对称字形,喜、福、寿、万等吉祥文字(图 2-18)。整体效果绚丽悦目、艳而不俗、古朴典雅、清新明快。

图 2-16 老鼠迎亲图

图 2-17 四十八钩花

图 2-18 万寿图

土家挑花。挑花也是土家族姑娘掌握的技艺。乾隆年间,土家诗人彭秋潭在其竹枝词中写道:“娇小绿窗一段春,桃花菜子可怜人。眼波眉晕聪明甚,学得挑花绣手巾。”挑花是以丝线在底布的经纬交叉圆点上,用针以“十”字连缀的方式绣出图案,故亦称“十字绣”。相比织造西兰卡普的繁复,挑花是土家女性的日常手工技艺,它做工轻巧、制作简便。其图案题材广泛,有几何图案、鸟兽鱼虫、草木花卉、自然风光、人物故事等。挑花图案寓意吉祥,富有生活情趣。图案多选择象征喜庆美满的生活图景,如喜上眉梢(图 2-19)、富贵牡丹、一路封侯(图 2-20)、年年(莲莲)有余(鱼)等。其色彩明快、纹饰多变。在构图中运用色彩变换,体现出律动感觉。挑花主要使用色彩绿、红、黄,运用换色不换形的方法使单调的纹样丰富多样、艳丽多姿。挑花物品制作手法多样,有素色挑、彩色挑、单面挑、双面挑等。土家挑花应用广泛,主要用于枕套、枕巾、桌套、门帘等生活用品和围兜、围裙、衣袖、裤脚、鞋垫等服饰配件上。挑花帕曾是土家族姑娘嫁妆的一件重要物品。运用于小件生活物品中的挑花工艺，风格古朴、典雅、清秀，显示了土家人装点生活和生命的热情与智慧。

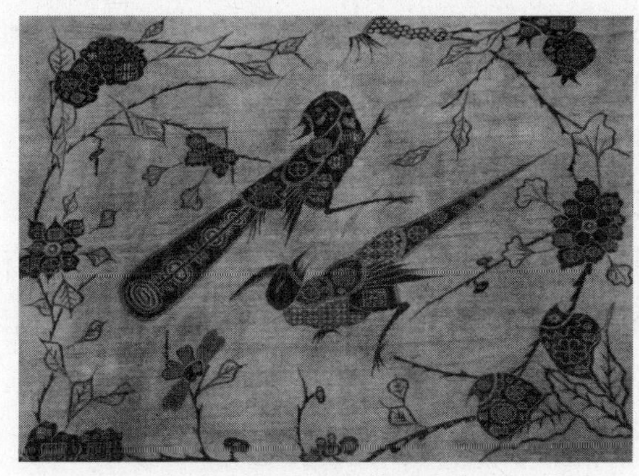

图 2-19　喜上眉梢

图 2-20　一路封侯

三、土家族服饰的文化解读

文化在《辞海》的定义为："从广义来说，指人类社会历史实践过程中所创造的物质财富和精神财富的总和。从狭义来说，指社会的意识形态，以及与之相适应的制度和组织机构。"关于文化的结构层次，中外学者有各种各样的分法，本文采纳物质、制度、行为、观念四层次的分类法。物质层面的文化，是人类物质生产方式和产品的总和，是文化系统的基石；制度层面的文化，是人类在社会实践中设立的各种社会规范、典章制度；行为层次的文化，是人类在交往过程中养成的习惯定势，以礼俗、民俗、风俗形态出现的行为模式；观念层次的文化，是人类实践和认识活动中形成的价值取向、审美情趣、思维方式，为文化的精神内核。

土家族服饰文化就凝聚了文化的所有层面，而文化的各层面从不同角度影响着土家服饰文化。土家族人民创造了灿烂的农业文明，与其相关的手工业和商业共同奠定了本民族服饰的基础。土家族服饰崇尚简朴，固然与传统观念有关，但根本原因在于经济的不发达和生活的贫困。《来凤县志》(同治本)载："男女服饰，以贫富分，贫者仅足蔽体，富者夏葛冬裘。"《巴东县志》(光绪本)载："在各里者，男妇以布巾缠头。自织大布极粗恶，不售于市，田野间制以为服，取其耐久。"物质生产方式决定了土家人的生活选择，也深刻地影响着服饰的形制。如土家传统服饰以宽衣袖、大裤脚为特点的宽松舒展的服饰，平日穿麻耳草鞋、雨天穿防滑的钉鞋，都是为了适应山区地区的生产劳动和生活。

土家族社会政治制度先后经历了中央王朝的郡县制、土司制、保甲制。相应的，土家族社会的经济、军事、文化等层面都发生相应的变化，对于服饰的规范和要求各个时期都有不同。另外，历史上朝代的更替必然带来"改正朔，易服色"。土家族虽地处偏僻，但影响也可感可知。如清朝曾强制土家人剃头，推行汉服。对于土家人服饰不分男女，清政府认为属陋俗，应加以改革。《保靖县志》(同治本)记载："服饰易分男女……分别服制。"汉族服装成为推行的范式。《永顺府志》(乾隆本)载："尔民岁时伏腊，婚丧宴会之际，照汉人服色，男子戴红帽，穿袍褂，着鞋袜。妇人穿长衣、长裙，不许赤足，岂不有礼有仪，体统观瞻倘有不遵者，即系犬羊苗棵，不得与吾民同登一道之盛矣！"

土家族在发展过程中，某些行为的固定模式化而形成独特的风俗习惯，进而成为区别其他民族的重要标志。土家族服饰面料、色彩、形制在制作过程中有其独特的方式，日常服饰与特定场合的服饰的选择有其固定的范式，因而呈现模式化的形态，是土家族人世代相传的独特技艺与生活方式。如土家族最为著名的纺织工艺织锦和挑花，都有各自不同的制作规范，是长期民俗文化沉积的结果。土家族人结婚时，新娘佩戴的"露水装"，包含一整套服装，富含深厚的民俗意蕴，是土家族女性结婚仪式中的必备品，显示了独特的民族习惯。

土家族服饰是精美的文化艺术。"所有的艺术都是在某种社会环境中产生出来的，都有与某一具体的信仰、价值观念载体有着关联。"[①]土家族服饰是体现了土家人的智慧和创造，也是传达土家民族宗教信仰和审美情趣的物质载体。虎是土家先民的图腾崇拜物，在土家族心目中具有崇高地位。土家织锦西兰卡普中就有虎的痕迹，如西兰卡普中的"台台花"中有虎头的造型，"猫脚迹"纹样有虎爪的模拟。虎图腾引申为辟邪祛灾，故土家儿童多戴虎头帽。土家古老的行为艺术"毛古斯"舞蹈奇丽神秘，所穿服饰也是诡异蛮荒，传达了土家人对远古先祖和宗教神力的膜拜。人类穿着服饰的动机，主要是装饰和美好身体。人类的着装中的审美追求，体现了人类对美的本能心理需求。土家族服饰也反映了土家人独特的审美诉求。相比苗族服饰的雍容华贵，土家族服装更亲近自然、粗犷

① [美]罗伯特·莱顿：《艺术人类学》，靳大成等译，文艺出版社，1990年，第51页。

豪放。土家男人有系围裙的习惯，一般系三幅围裙。由三层重叠的蓝布或白布构成的特殊围裙，既可以挡风保暖、保护衣服整洁，又可在抬重物时用作垫肩，或在地里劳动休息时用作坐垫。土家族中流传着一首顺口溜："三幅围裙白布腰，打得粗来进得朝。棉花织的家机布，人不求人一般高。"描绘了三幅围裙的功用和穿着者的舒适自在。

土家服饰文化还是不同民族文化交流和融合的结晶。霍默·G·巴尼特的《创新:文化变迁的基础》为学界所推崇。他认为创新为所有文化变迁的基础，而传播和借用是创新的普遍形式。[①]土家族服饰文化的变革，正是借鉴不同民族的文化要素，才形成了土家族服饰斑斓多彩的局面。土家族地处湘鄂渝黔交界地带，与汉族和众多少数民族交错散居，这种状况为土家族广泛汲取各民族的优秀文化提供了便利。如土家族女性众多裙装中，除八幅罗裙为土家本源外，凡百褶裙、筒裙、响铃裙等都是借鉴其他民族的形制而形成的。表现在"西兰卡普"图案纹饰上吉祥图案，大多是在吸收汉文化后，结合土家族审美习惯的基础上形成的。比如明代的折枝缠枝、几何纹，清代五点梅、吉祥图案，以及中原历代典型纹样，在"西兰卡普"中都有对应。可以说，土家族服饰文化，是在既保留民族特色又不断汲取各民族服饰文化精华的过程中所形成，因而具有独特的审美价值。

土家族服饰文化是重要的民族文化瑰宝，除去土家服饰广受欢迎能带来经济价值外，它保留了大量土家先民的文化信息，具有重要的历史学、民族学、人类学等方面的"活化石"价值；土家族服饰文化是民族文化的天然载体，在文化学、民俗学等方面具有"传家宝"价值；土家族服饰是民族工艺的T形台，在服饰原料、图案、造型等方面具有美学"不老泉"的价值。服饰是时代的镜像、社会的晴雨表。服饰得社会风气之先，变化最迅速、最明显。毫无例外，土家族服饰也在经历着变革。受全球化和城市化的影响，土家人也开始走出大山。在流行文化和民族文化的碰撞中，为了融入世界，大多数土家人选择"从众"，逐渐放弃本民族的服饰。今天，在文化自觉的背景下，古朴纯真的土家族服饰文化应该得到有效保护和传承。保存民族文化技艺和记忆，是当代人当前最为急迫的事情，而传承和利用经典民族文化，是今后努力的目标。惟有如此，民族优秀文化之树才能常青。

---

① 朱炳祥:《社会人类学》，武汉大学出版社，2004年，第219-220页。

第四节　荆楚近代服饰

服饰文化既包括服饰形制、服饰材质、服饰工艺生产，又包括服饰蕴含的政治、经济、社会思潮、宗教信仰、伦理道德、风俗传统、审美趣味、社会心理等内容。服饰联结自然和社会，是人类创造物质文明和精神文明的巧妙结合。服饰文化是世代锤炼和传承的文化，是历代劳动人民劳动创造的文明成果。文化的延续性，决定了中国近代服饰变革的本源来自中国传统服饰，这是本章讨论的起点。

一、中国传统服饰文化考察

中国古代服饰文化灿烂辉煌，历史传承绵延不绝。独具东方文化色彩的服饰风尚，完整地结合实用和装饰功能，是中国传统文化的结晶。

中国传统服饰色泽，明显地受到阴阳五行学说的影响。如《史记·历书》云“王者易姓受命，必慎始初，改正朔，易服色”，并认为秦灭六国，是获水德，因而色尚黑。根据五行学说，水在季节上属冬，颜色是黑色，因此秦的服饰和旌旗都尚黑色。汉朝时，认为汉承秦后，当为土德，五行学说认为土胜水，土是黄色，于是服色尚黄。方术家又把五行学说与占星术的五方观念相结合，认为土象征中央；木是青色，象征东方；火是红色，象征南方；金是白色，象征西方；水是黑色，象征北方。青、红、黑、白、黄这五种颜色被视为正色，并以黄为贵，这是天子朝服的色泽。后来又认为天子是天下统一的象征，代表了天下各方的颜色，因而要求天子服装颜色须按季节不同而变换，即孟春穿青色，孟夏穿赤色，季夏穿黄色，孟秋穿白色，孟冬穿黑色，形成礼制。除了正色以外，又按阴阳之间相生相克的信仰，调配出间色，介于五色之间，多为平民服饰采用。我国服饰的色彩，与古代五方正色的信仰相结合，构成了传统服饰的底色，代代传袭。如我国服饰冬春多穿蓝、黑两色衣服，正是这种古俗的传承。

儒家思想对服饰的影响也十分强烈，特别是宋代的程朱理学，它强调封建的伦理纲常，提倡“存天理，去人欲”。在服饰制度上，表现为十分重视恢复旧有的传统，推崇古代的礼服；在服饰色彩上，强调本色；在服饰质地上，主张不应过分豪华，而应简朴。宋代各朝皇帝还多次申饬服饰“务从简朴”，“不得奢华”。特别是对妇女服饰要求尤为严格，一改唐代服饰袒胸露背的风尚。还在宁宗嘉泰初年，将宫廷中除帝王后妃外，妇女所用的金石首饰，集中放火焚烧，以此警示天下。再由于宋代初年妇女的发式承晚唐五代遗风，以高髻为尚。这种高髻的梳成，大多掺有假发，有的直接用假发编成各种形状的假髻，用时套在头上。这就违背了理学关于服饰简朴的原则，因而《宋史·舆服志》曰：“妇人假髻并宜禁断，仍不得作高髻及高冠。”可见，在程朱理学影响下，宋人的服饰是十分拘谨和质朴的。

服饰在传统文化中超越了使用功能的局限，区分等级差别和身份尊卑变为主导功能，成为表达政治伦理的工具。《荀子·王制》载：“衣服有制，宫室有度，人徒有数，丧祭械用，皆有等宜”。就是说，社会各阶层成员，从衣食住行到穿靴戴帽，应该享用什么样的消费品，都必须受到身份品级的限定，即“贵贱有级，服位有等”、[①]“非其人不得服其服”[②]，正是体现了服饰标示社会等级和伦理的功能。历代王朝以国家政权为后盾，以礼制明教为外壳，强力推进各阶层服饰的差别，最终达到各安其分的社会治理模式。等级森严的规定，约束人的日常生活和公共生活，是封建政治强权侵入社会生活，加强对个人人身自由的控制的表现。随着社会经济的发展，尤其是商品经济的发展，日益产生着与礼制相离异的力量，促进着社会风尚的改变。平民追求奢华风尚，也最先表现在服饰的变化上，因为服饰是人们最外在而又最能表现自己财富和身份地位的标志，较之房舍车舆又更易逾制，所以更能敏感地反映礼俗的变化。

中国封建社会后期与前期相比，服饰礼俗的变化是十分快的。如《巢林笔谈》卷五记载，明末，皇帝服饰上的龙纹已成为寻常百姓的服装花纹。《万历野获编》卷十三记述，宫廷内管洒扫、烧火的太监、教坊司乐工等人的服饰，也堂而皇之地仿效士大夫，绘以具有品级标志的禽鸟，穿戴“与朝臣无异”。这些越礼逾制的现象，是对钦定礼制的反叛。在物质生活中冲击等级名分的后果，必然伴随着在观念上对传统礼教的背叛，并对社会风俗产生着极大的影响。以民间时尚的服饰色彩为例，以富贵为荣的社会心理，使人们的好恶发生变异，那些不准庶民

① 贾谊:《新书·服疑》。
② 范晔:《后汉书·舆服制》。

使用的大红、鲜黄，却在民间成为富贵色，特别受到欢迎。这种欣赏习惯的传统影响，使得我国民间尤其偏爱大红、鲜黄等对比强烈的色彩，较少用中间色。再如练鹊图案，在明朝礼律上是士大夫礼服的装饰，象征着士大夫的荣誉和地位。正因为如此，它备受庶民欢迎，被视为吉祥的象征。诸如此类，由越礼造成的习俗，或者说是礼制异化的某些形态，已经成为我国服饰文化传统的一部分。

清代的服饰是我国服装史上的一个重要转变时期。清顺治二年（1645年）颁行《严行薙发谕》："官民俱依满洲服饰，不许用汉制衣冠"。汉族传统礼服中的衣裳冠冕之制被取消，代之以在满族服饰基础上制定的各种冠服制度。1652年清廷制定《服色肩舆永例》，对各品级文武百官朝服与常服的样式、色彩、质料、纹样作了详细的规定，对各品级文武百官朝服与常服的样式、色彩、质料、纹样作了详细的规定，对士绅、兵民、商贾的服饰也作了具体的限制，要求上自皇帝、亲王、贝勒后妃，下至文武百官、士农工商，均须"依制着装"，倘有违制，以"僭越"治罪。历史上尽管服饰形制多有不同，但"衣冠王国"的持续得到传承。

纵观中国传统服饰，尽管千变万化，各具特色，但是在形制、色泽、面料、纹样等方面，还是有一定规律可循的。在形制上，有两种基本式样，即上衣下裳制和衣裳连属制，这两种式样的服装交相使用，兼容并蓄。在整个服饰流变史上，上衣下裳式的服装，妇女穿着较多，使用时期也较长。男子在隋唐以后，一般多穿上下连属的袍衫。在服饰的色彩上，则受到阴阳五行学说的影响，通常是以五种正色为主，间色为辅，富丽堂皇，古朴大方。传统服饰着力在于服饰的面料、纹样上。在服饰的原料上，主要使用麻布、棉布、毛呢、皮革、丝绸等。尤其是丝绸，相当长时间内是世界上独有的面料，其纷繁复杂的制作流程、让人眼花缭乱的品种和柔顺华美的质感，一直是中国文化重要的名片和载体。在装饰纹样上，采用最多的往往是动物纹样、植物纹样及几何形纹样。图案的表现方式，大致经历了抽象、规范和写实等几个阶段。宋元以后，服饰的纹样更多地充当了人们价值观念的符号，追求吉祥美满的纹样成为最常用的图案。

中国传统服饰较注重服饰对个人的社会角色的塑造，而漠视"自我"的心理感受，社会的大"我"的洪流淹没了个人的小"我"。传统服饰注重对人体的遮蔽，忽视人体美与个性美的展示，社会导向对人气质和精神美的追求大大超过对人体态美的诉求。对后者的追求和转变，正是近代服饰变迁的方向。

二、荆楚近代服饰变迁

文化是永远变动的过程，特别是不同文化的碰撞交融，对文化的变迁作用尤为明显。近代以来，古老的东方帝国逐渐开启了封闭的国门，西方资本主义文明开始涌入中国社会。相比西方思想文化对知识分子的思想冲击的隐蔽状态，西方日常生活用品和生活方式对大众心理的冲击更为强烈和直观，使社会风俗发生不同程度的演变。"它没有大炮那么可怕，但比大炮更有力量；它不像思想那么感染人心，却比思想更广泛地走到每一个人的生活里去。"[①]服饰文化得风气之先，变化尤其显著，其变革可谓因时而变、随地而迁，也最能见证中国历史上的"数千年未有之变局"的动荡时代。

在服饰变迁的过程中，异质文化受其所在先进文明的推动，强力植入中国传统文化中，促使中国传统服饰文化发生变化。各种思想观念的激荡，体现在服饰文化中，就是对传统"衣冠之治"的颠覆，对身体和心灵的解放。传统服饰的宽衣大袖形式被简洁、便利、新颖的形制替代，个体的个性与角色得到彰显。可以说，近代服饰的变迁既是中国近代文化变迁的缩影，也是近代文化变迁的"风向标"，是加速影响中国向现代化转变的重要因子。

湖北是华中地区对外开放较早的地区，伴随着第二次鸦片战争后汉口被开辟为通商口岸，湖北逐渐纳入资本主义的生产体系。汉口引领本地的风尚，成为紧随时尚之都上海的大都市。以汉口为中心，以近代交通工具为纽带，最新的生活方式呈放射状扩散。

对中国传统服饰冲击最大的，莫过于西式服饰的传入。然而，西方服饰在中国的传播并非一帆风顺。如同国人对近代西方文明的认识一样，对西方服饰的接纳也经历了相当漫长的过程。首先是传入曲折。西方列强凭借武力强占中国领土，逼迫清政府开放通商口岸，修建租界。最早接触西式服饰的中国人，是在通商口岸与西人打交道的洋行买办、翻译、服务生等少数人。除去亲身体验外，西方书刊的引进和近代报纸业的出现，也对推介西方生活方式起了重要的作用。后来有少量留学生和官员出国"开风气之先"，这批人较早地穿着西式服装。其次是接受困难。相当长的时间内，国人对于西方物质文明嗤之以鼻，以为"奇技

① 陈旭麓：《近代中国社会的新陈代谢》，《陈旭麓文集》（卷一），华东师范大学出版社，1996年，第371页。

淫巧”,对其服饰不屑一顾。较早“睁眼看世界”的林则徐十分欣赏西方的坚船利炮,而对其服饰颇不以为然,称“夷服太觉不类”。[①]即使洋务运动推行后,国人对于利用西式技艺“以夷制夷”则大体认同,而对于服饰等生活方面学习西方“以夷变夏”,则是坚决抵制的。驻英公使郭嵩焘由于沾染西式生活习惯,就颇受保守派的非议。驻德公使刘锡鸿列举郭嵩焘的十大罪状中,就有遮洋伞、披洋服等“生活作风”问题。不久,郭嵩焘因此而被撤去驻英公使一职。[②]

相比士大夫阶层的“夷”“夏”之辩的空谈之风,普通人对西方文明则抱着好奇与实用的态度。西方以其先进的物质生产冲击着中国人封闭单调的生活,西式服饰逐渐成为普通人试探的对象。清末道光年间,“凡物之极贵重者,皆谓之‘洋’,……衣有‘洋绉’,帽有‘洋箐’,……颜料之鲜明者亦呼‘洋红’‘洋绿’,大江南北莫不以洋为尚。”[③]对于洋装民间接受较慢,而洋布逐渐成为民间衣物的用料,其原因就在于物美价廉。十九世纪八十年代,洋布以“幅宽质细价廉而适于用,人皆便之,反弃土布而不用。”[④]洋务派看到洋布畅销,为保利权,先后兴办上海机器织布局和湖北织布局。张之洞在湖北织布局的基础上,力主建设纺纱、缫丝、制麻等纺织工厂,合称布纱丝麻四局,是当时华中地区最大的集团式纺织企业。其“所出棉纱、棉布甚合华人之用,通行各省,购取者争先恐后,以故货不停留,利源日广”。[⑤]民族资本的机器纺织业后来也纷纷建立,洋布逐渐成为城市和郊区普通民众的首选衣料。

国人穿着洋服则是近代服饰变革的重要一步,反映了国人对西方物质文明态度的转变,由原来的鄙视到逐步接纳,其中的心态颇为复杂。洋货以强大的洪流涌入普通民众的生活,这是西式服饰被接纳的前提。一份外商的报告称:“几乎没有一个中国人的家庭不用一些进口洋货,——假若不用棉织品,至少要用煤油作室内照明之用,或者欧洲制造的,迎合中国人嗜好的不胜枚举的某些小东西。”[⑥]与外国人打交道较多的人士开始逐步习惯穿西服,从国外归来的学子由于国外生活的经历,最早倡导剪去长辫、改穿西服。他们认为:“今之辫服,牵掣行

① 《林则徐集·日记》,中华书局,1962年,第351页。
② 曾永玲:《郭嵩焘大传》,辽宁人民出版社,1989年,第265-267页。
③ 陈作霖:《炳烛里谈·洋字先兆》,十竹斋1963年重印本,上卷,第10页。
④ 彭泽益:《中国近代手工业史资料》,第2卷,三联书店,1957年,第221页。
⑤ 《申报》1894年11月10日。
⑥ 姚贤镐:《中国近代对外贸易史资料》二,中华书局,1962年,第1093页。

动，妨碍操作，游历他邦，则都市腾笑。”[①]

特别是民国改元后，传统服饰更无法理上的依据，城市青年男女热衷于穿着西式服装，西式布料畅销。“不问贫家与富家，日趋侈靡任奢华。装绒局缎皆陈迹，爱着西洋异样花。”[②]当时的时尚服饰有西式鞋帽：“先从顶踵别安排，摹仿西装处处皆。记得改元初变故，革鞋毡帽遍华街。”[③]除去黑漆皮鞋外，无论时令和贫富，西服必不可少。“欲学西装本不难，最难寒热两时间。长裘短褐逍遥惯，自著番衣涕汗潸。”[④]“生拉活扯制西装，那管家中已绝粮。行向路中人尽望，却疑买办下洋行。”[⑤]作者题下注解道：“汉口本一衣冠世界，社会上只重衣冠不重人，因而一般把式人生拉活扯以制衣裳，家中无米下锅不顾也。”样式新奇的服饰也让很多人难以接受，“不男不女不华洋，愈出愈奇时样装。花露满身过土垱，一塘臭水也生香。”[⑥]“专从表面费心思，色色衣裳样入时。黑漆皮鞋声轧轧，鼻峰高架克罗司。”[⑦]（图 2-21）

图 2-21 民国时期武汉人的服饰（民国汉口中山公园明信片）

近代戊戌变法和辛亥革命的推动，使旧式服饰加速消亡，民众对新式服饰也持越来越开放的心态。女性服饰变迁的原因除了政治和社会思潮的推动外，女性自我解放的意识也是重要原因。传统服饰强调对女性身体的约束和规范，保守的服饰规范束缚着女性的身体和心理。女性解放的第一步是“始于足下”——

① 《剪辫易服说》，《湖北学术界》，第 3 期。
②③④⑦ 罗汉：《汉口竹枝词》，1915 年。
⑤ 《汉口竹枝词》，载于 1933 年《镜报》。
⑥ 宦应清：《后城马路竹枝词》第十一。

改变缠足的陋习。由于对女性“三寸金莲”畸形美的痴迷和对女性人身束缚的惯性,清末时期缠足的陋习仍是大行其道。资产阶级维新派和革命派都对缠足进行了猛烈的抨击。康有为认为缠足伤筋害骨弱国弱种,陋俗必须改革。孙中山认为缠足摧残女性身体,有害子孙繁衍。辛亥革命后,不缠足运动在全国广泛展开。尽管缠足流毒影响深远,偏僻地区仍实施缠足,但城市则广泛推广不缠足。放足运动解放了女性的双脚,使女性有机会走向社会。放足的女性多穿改良的大足绣鞋,而没有缠足的女性则偏爱美观大方的皮鞋。能够体现女性娉婷体态的皮鞋,不但受到女性的青睐,男性对此也欣赏有加。“凤头鸪嘴尽勾销,爱着皮鞋底样翘。羡煞天然双妙足,弯弯两月可怜娇。”①

越来越多的女性走出家门,或接受教育,或走向职场,经济上的独立也使她们有更多的机会追求美和展现美。传统女性经济上完全依附于男性,被视为男性的附属品。中国近代工业中有大量棉纺织业,其中的工人大多为女工。教会学校受教育的女学生毕业后,多从事教师、医生、护士等职业。有些女性的收入颇让人艳羡。“产科医士女郎中,也坐包车马路冲。接一婴儿十六块,车夫高举大包封。”②词下作者自注道:“汉市接生之女医士不少,每日坐包车在马路上横冲直撞。接一婴儿须十六元之代价,此款又必须交其包车夫之手中。医士排场甚煊赫也。”此后又有女性从事报业和工业,经济独立必然带来人格和自我意识的觉醒,对服饰的消费水平也在提高。

民国初年,全国以上海为时尚中心,荆楚地区服饰惟汉口马首是瞻。女性服饰惟洋是从,灿烂多姿。传统服饰遮挡女性体态美,宽袖博袍的服饰很快遭到抛弃,凸显女性体态风姿的西式服饰受到推崇。其中,窄小合体,突出女性玲珑身体曲线的服装最受欢迎。“时装女服不兴长,尺寸先须合体量。窄袖短衣高护领,青裙还要仿西洋。”③“楚国从前好细腰,宫中饿死太无聊。此风久被西欧去,又见中华变服妖。”④也有女性身着日式服饰。“高髻还须要直襟,当胸一结绾同心。劝君莫学侬装束,两袖清风总不禁。”⑤女性的修饰也深受西洋风气的影响。一首汉口竹枝词写道:“眉痕黛色本天然,却把并刀尽弃捐。不信新来眉样好,两条弧线额头前。”作者自注:“汉口妇女往者画眉,犹有横烟扫黛、却月远山、关于

① 蔡寄鸥:《耍货摊·耍诗·竹枝词》第一卷。
② 《汉口竹枝词》,载于1933年《镜报》。
③④⑤ 罗汉:《汉口竹枝词》,1915年。

古代眉史之古意。……自西方影片盛行，西方女明星之眉样，莫不纤细平远。……顾中国女星衣服服饰力趋欧化，即眉样亦刻意效颦，将天然之眉完全剃去，代以墨画，竟如额头写八字，或如在额上画两条弧线。此风盛行于上海，近则汉口妇女无论良家、妓女，均起而效之。”①

传统服饰中的旗袍原为满族女子所著，受西洋服饰风格的影响，经过改良后，变得收腰合体、简洁典雅。改良旗袍更能突出东方女性的风韵，是典型的中西合璧的服饰，因而受到城市女子的青睐。“汉妆毕竟太平常，欲出新奇费忖量。休怪张勋思复辟，文明女子学旗妆。”②改良旗袍打破了传统女服的上衫下裙的形制，衣裳连属、适体收腰的廓形，能较好地展现女性的曲线美，因而受到普遍欢迎，但在当时也受到一部分人的非议。和上述作者观点颇为相似的是，一位自称“乡下老太婆”的作者发表文章，认为过去满人灭明，服饰尚能做到“男从女不从”，如今女性也竞相仿效旗人服饰，足见世风日下。③

旗袍的流行与经济、政治密不可分，而上层社会的引导及宣传媒介的推动，也起到推波助澜的作用。由于洋货畅销，国人竞相仿洋，致使国货滞销。有识之士组建社团，呼吁爱用国货。“吾人生命不亡于水火刀兵与恶劣政治，而亡于红男绿女身上所衣的舶来品。”④呼吁人们穿着应该理性，不能惟洋是从。经济上的要求，最终转化成政治上的行动。孙中山也意识到尽用西服的流弊，因而力主提倡中式服装。1929 年 4 月，民国政府发布了有关服饰的条例，旗袍被定为国服。⑤政界女士均以旗袍为礼服。《宋美龄画传》中，除去童年时期，宋美龄几乎都着旗袍。当时的政界要人的夫人和名媛，在公共场合也尽着旗袍。媒介的力量则更深入人心，出版行业大量报道服饰博览会、展览会的内容，旗袍的报道铺天盖地。报纸广告和月份牌广告的女郎大都身穿旗袍。大批女作家纷纷撰文诉说个人对旗袍的情愫，而众多杂志也竞相开辟服饰专栏，讨论时尚服饰，旗袍是必不可少的内容。而颇受中产阶级女性欢迎的杂志《良友》的封面女郎，则大多以旗袍为衣着。电影业的推动，则更为旗袍的流行助力。电影明星成为旗袍的代言人。

① 《汉口竹枝词》，载于 1933 年《镜报》。
② 蔡寄鸥：《耍货摊 · 耍诗 · 竹枝词》第一卷。
③ 徐青宇：《为什么要叫做旗袍呢？》，《女子月刊》1 卷 3 期，1933 年 5 月，第 27 页。
④ 《维持国货之急切》，《申报》1912 年 6 月 5 日。
⑤ 郭斐：《从旗袍的变革看中国传统文化的走向》，《北京联合大学学报》，2001 年第 4 期。

二十世纪二十年代至四十年代，电影明星以优雅的旗袍形象出现，很快风靡全国，成为竞相仿效的对象。

近代武汉是建立在商贸流通基础上的城市，成为仅次于上海的国内第二大城市，有“东方芝加哥”的美称。以商人为主角，通商使武汉城市的文化不断创造新奇和流行。“只重衣冠不重人”的社会心态和彰显自我的个人心理，共同驱使服饰风尚的快速变换。女性服饰更是“你方唱罢我登台”。一向颇受青睐的旗袍也不断被新式服饰替代。“短衣今更换长袍，旗女新装不耐劳。剪发铺缨周领脰，懒施膏沐欲谁褒。”[①]而当时引领女性时尚潮流的是女学生。尽管该群体并非社会上层，但社会方式已经受到都市化的影响，对服饰风向的引导却作用巨大。学生是服饰变迁的领头军，青年学生富有朝气，敢于尝试。当时的女学生上穿合体的高领衫，下穿黑色长裙，后渐变成短裙，时称“文明新装”。“短裙齐胯黑油油，长袜包胫露膝头。”[②]清纯朴素的装束，使得女性纷纷仿效。也有大学女生身穿旗袍和外界女子无异，文明和优雅的服饰对乡村服饰导向明显。教会大学华中大学抗日战争期间西迁云南喜洲，大学女生的装束促使本地女性服饰发生巨大变化。据当时的见证者回忆：“喜洲妇女穿长袍大袖。华大迁喜后，女学生穿旗袍、短发，这让喜洲妇女感到新奇。有的女子剪掉了长辫，穿上旗袍。已婚女子也剪成短发，不在后脑盘髻了。当时本地人把改装后的妇女称为‘土华大’。”[③]

引领近代女性服饰潮流的当属青楼女子。近代武汉作为商业城市，流动人口众多，给娼妓业提供了广阔的市场。1949 年以前，武汉的妓院称为“乐户”，政府将其纳入市政管理的范围，依条例向其征收捐税赋税。三镇都有从业者，以汉口为盛。据汉口官方 1909 年和 1929 年的统计，汉口本地有公妓在两千至三千人之间，而暗娼更是无法统计。由于妓女从业人员众多，竞争激烈。为招揽更多的顾客，青楼女子竞相争奇斗艳，以大胆时尚示人。随着传统礼教对女性的约束越来越松动，出于爱美的天性，城市女子纷纷模仿妓女装束。竹枝词写道：“新装刻意学时髦，嫩乳酥胸衬细腰。自是璇闺金玉质，路上疑是董妖娆。”作者自注：“汉口上自名门贵女，下至小家碧玉，其装束惟妓院中人是效。故每艳妆出游，招摇过市，路上注目者无不以窑妓目之也。”[④]

---

① 陈绍竞：《丙寅汉皋即事感时悲世有作兼竹枝词》，《萸稗山房诗稿》卷一。

②④ 《汉口竹枝词》，载于 1933 年《镜报》。

③ 杨国栋：《忆华中大学迁喜后二三事》，《华中师大报》，2002 年 11 月 10 日。

相比女性服饰的千姿百态和潮流涌动,近代男性的服饰则相对单调。但由于所处时代的特殊性,男子服饰也是呈现新旧杂糅和多样化的特点。由于中国深受儒家文化的浸润,很早就形成了礼教型的服饰文化观。对男子的仪表要求是儒雅洒脱、含蓄内敛,反对花哨和另类。近代男装呈现简化和融合趋势,而男子穿着最为普遍的当属改良后的长袍马褂装束。民国元年7月参议院发布男女礼服条例,规定男子礼服有大礼服和常礼服之分,大礼服为西式服装,常礼服分两类,一类和大礼服近似,另一类即为传统的长袍马褂装。其通常打扮为头戴瓜皮帽,上穿马褂和长衫(图2-22),下穿中式裤,足蹬布鞋或棉靴。由于时代的变革,体现东方男性文雅高贵的传统服饰也进行了改良。[①]受西装的影响,长袍、马褂在衣料、颜色、款式和尺寸上都有了变化。如马褂,一般采用黑色棉麻丝毛织品,对襟窄袖,下长至腹,前襟钉纽扣五粒。长衫则用蓝色,大襟右衽,长至踝上二寸,袖与马褂齐长,左右两侧的下摆处,还开有一尺左右的长衩。纷繁的镶边和亮丽的色彩消失,衣服的款式趋向于舒适合体。这种着装模式比传统的中装简单,又比西装随便而舒适。长袍马褂能较好地体现中国男性的儒雅从容的气质,因而受到文化人和公职人员的青睐。

图2-22 身着传统服饰的工人运动领袖施洋

西服受到青年和有出国经历的人的欢迎。西装革履一般配有礼帽。礼帽为圆顶宽帽檐,材质冬夏不同,冬用黑色毛呢,夏用白色丝葛。由于礼帽典雅大方,也可以与中装搭配。重大场合,男士一般都佩戴礼帽。西装革履经过短时间的热潮外,不久就沉寂下来。除了大城市的洋行公司的办事员、政府机构和学校的"崇洋派"外,其余地方、其他阶层穿着西服的已经很少了。

西服由于较为昂贵,非普通民众可以承受,再加上穿戴西装需相应服饰搭配,讲究颇多,一般国人难以适应。从民国时期以来,长盛不衰的当属中山装。中山装是基于英式猎装而改进由孙中山授意设计并率先穿用的国产服饰样式。它融合中西服饰所长,保留了西式服饰的干练、贴身的特点,又符合中国服饰内

① 苏生文、赵爽:《"素裙革履学欧风"——中国近代服饰的变迁》,《文史知识》,2008年7月,第81页。

向、庄重的价值观。中山装凝聚了中山先生的理念和创造。首先应该穿着有民族特色的服饰,而不能盲目追求西服。他认为:“礼服又实与国体攸关,未便轻率从事。且即以现时西式服装言之,鄙意以为尚有未尽合者。”其次要求方便实用,服饰“其要点在适于卫生,便于动作,易于经济,壮于观瞻”。[①]孙中山在 1912 年初任临时大总统期间,就开始穿着这种服饰,其后衣服细节有微调。根据“四维、五权、三民主义”的治国理念,服饰上衣设四个倒山型袋盖的明袋,象征国之四维。前襟改为五颗纽扣,象征五权分立。袖口的三颗饰扣寓意为三民主义。此服取消了封建服饰等级制,蕴含社会新气象,一出现就受到政府官员(图 2-23)和学生的推崇。孙中山去世后,为纪念他,人们将此服饰定名为“中山装”。1929 年 4 月 16 日,国民政府重新颁布《民国服制条例》,中山装被选为为礼服之一,还规定:夏季用白色;春、秋、冬季用黑色。从此,中山装更加流行,中山装也被国际上视为中国男子的标准礼服。

图 2-23 身着中山装的汉口市长(1927 年— 1931 年)刘文岛

图 2-24 华中大学教授钱基博(右)与儿子钱钟书

由于时代和文化的原因,近代服饰在中西融合方面诞生了中华服饰的经典之作,体现了文化互动中的主动性和创造力。近代社会服饰变化多端,新旧并存、华洋共处(图 2-24)。但总的服饰理念追求平等、自由,服饰风格追逐简便、

① 孙中山:《复中华国货维持会函》,《孙中山全集》,中华书局 1982 年版,第 62 页。

舒适、新奇，服饰朝着多元化和个性化的方向发展。男性服饰较之女性服饰变化缓慢，审美功能较弱，个性表现力不强。女性解放意识和社会变革带给了女式服装革命性的变化，女装的灿烂多彩和潮流变换，见证了中国近代社会变迁的不寻常的轨迹。由于近代特殊的政治、经济地位，以及居中的地理条件和发达的交通，湖北地区服饰变化迅速，处于引领中西部服饰风气的地位，对于传播最新服饰风尚发挥了独特的作用。

三、光鲜之外：近代荆楚下层民众的服饰——以汉口城区和大冶矿区为例

社会生活的多姿多彩也正是其魅力所在，其中一个侧面就是由于政治经济地位的不同导致社会阶层的分化，而社会阶层的不同也决定了其生活方式的差异。近代社会生活的斑斓景象远非社会中上层所能涵盖，非精英阶层的底层民众生活的平淡，也是历史真实的存在。中下层民众尽管过着非主流的生活，但其人口众多，庞大的边缘化的人群占据着人口的主流。由知识精英构筑的社会文化体系，事实上排除了普通大众的参与。底层民众在话语权力上处于集体失语状态。即使是今天，我们仍然习惯于以精英阶层的只言片语来解读整个社会。普通民众的生存状态决定着社会的底色，被忽视的人群也应该是我们关注的对象，而从中也能探寻历史发展的动因。服饰作为标示阶层差异最直观的载体，是考量近代社会生活的鲜活史料。

近代湖北地区下层民众的服饰，由于异质文化的冲击较大，因而民众服饰很早就呈现变化的微波，相比广大中西部地区普通民众的服饰，又最早有了新气象。下层民众是根据社会财富、权力地位、社会声望以及知识才能的拥有量的差异，处于社会中下水平的一般民众。从涵盖范围上，包括城市的中下层民众和农村的绝大多数民众。

近代汉口服饰仍以传统服饰为主。冬季，成年男子多穿棉布大襟长袍，富有人家则用驼绒、缎子、哔叽等面料。头戴毡帽、风帽，脚穿称为“两块瓦”的棉鞋。大部分妇女冬季也穿着长袍，也有身穿大襟棉袄，头上用青纱头巾包头或佩戴平绒帽，脚穿带袢布鞋。夏季，男子外出穿单层长衫，而一般民众多穿短褂长裤，居家则穿肥大宽松的短衣、短裤。女性外出穿着单薄长衫，或穿大襟衫、百褶裙。

男女服饰色彩均偏暗，一般以青、蓝、棕、黑为主[①]，表明社会整体的沉闷和保守。经济状况和职业特点，决定了下层劳动者的服饰。从事体力劳动或小商贩的男子服饰宽松，便于活动。春夏季节一般穿着短衣阔裤，穿着草鞋（图 2-25）。秋冬季节常穿夹袄和棉袄，腰间系布腰带，下身穿棉裤。汉口夏季暑热难捱，人们倾向于穿着轻薄的衣衫，下层民众白天打赤膊，夜里习惯露宿街头消暑。《汉口小志》（民国四年版）载："夏季热度颇烈，轻罗薄纱，下等劳动家有终日赤膊者，亦有通宵露宿于外者。"

图 2-25　汉口街头小商贩

汉口人力车夫

近代汉口是中国著名的商业都会，各种时尚潮流接踵而至。尽管下层民众很少有机会与"奇装异服"接触，但对于衣着光鲜仍是众多民众的梦想，毕竟寒酸打扮是受人冷落和轻视的。其中的重要原因，就是穿着体面和个人的面子紧密相连。商业城市的多变和流动性，使人倾向于以貌取人，服饰成为标示个人成就的载体。"国人往往以服饰视人高下，一方面这种以穿外国货为荣，以穿国货为贱的念头，深入人民的脑海，于是一般人就以服饰的华丽、珍贵、漂亮与否，评人高下而视之，菲薄之。"[②]为了提升个人在他人心目中的地位而"显得有面子"，普通民众则辛苦追随新潮。"一般人要的面子只是心理上的关系，不一定是人格上的关系。无论贫富贵贱，皆苦苦的要面子。家里尽管没有饭吃，每到换季的时候，总要当当取当，维持场面上的衣裳。正如俗话说的，打肿面孔装胖子，垫起脚

① 冯桂林：《中国名城汉俗大观——武汉篇》，中国友谊出版公司，1993 年，第 22-26 页。
② 吴忠匡：《怎样提倡土布》，《国货月报》，第 1 卷第 8 期，1934 年 8 月 15 日。

跟做长子。因为爱面子之故,名誉可以不要,良心可以不要。”①

节日是普通百姓的狂欢时刻,也是民众展示体面的机会。普通人家无论贫富,为了赢得尊重和面子,都要购置新装。一首民国年间的汉口竹枝词写道:“试看街上好多人,都是衣裳色色新。眼镜出门齐架着,恐妨天气起灰尘。”②下层民众节日里穿戴新衣,除了“长面子”的原因外,一方面有对平日单调生活和辛勤劳作的心理补偿作用;另外,也是对各种日常外在约束和压迫的心理调节。当然,节日的喜庆气氛也需要象征性的服饰的衬托。

相比城市的流动和变化,以小农自然经济为基础的近代农村地区,则表现出超强的稳定和停滞状态。由于生产率低下,物质生产仅能够维持基本生存需要,所以农民养成了节衣缩食和甘于清贫的生活习惯,消费水平呈现模式化的稳定状态。由于生产和消费的一体化,农民过着自给自足的生活,因而与外界交往的动力不足,人际交往呈现封闭状态,人口流动处于停滞状态。农村地区封闭保守的状态决定了农民的生存状态。

大冶铁矿开办以前,本地完全出于封闭落后状态。农民辛勤劳作,只为换取温饱。由于环境闭塞和文化停滞,本地农民服饰简单粗陋,服装的实用功能被放在第一位。由于常年从事繁重的体力劳动,为了行动方便,本地农民多穿着宽松的短装,腰间常系布带。全家人的服饰,从衣料制作到服装加工,都是由家庭主妇手工完成。大冶农民服饰所用布料从原料到布匹,经过了烦琐的手工劳动,包括纺线、打线、浆染、沌线、落线、经线、刷线、作综、闯杼、掏综、吊机子、栓布、织布、了机等几十道工序。布匹染色常用烟锅灰加水煮成“铫灰色”。

服装样式男性有对襟褂子、汗衫、棉袄、单裤、短裤、棉裤等,女服有大襟褂子、棉袄、便裤、棉裤、围裙等。农民穿鞋也是就地取材,田间劳作或出门赶路,多穿用稻草编成的草鞋,逢年节或走亲戚才穿布鞋。冬季穿棉鞋,为了保护它,便在棉鞋外套上草鞋。雨天穿用“木底踏子”。鞋底为木板,木板下钉有防滑的铆钉,鞋帮用桐油浸透以防水。人们脚穿布鞋,外套“木底踏子”,既防滑又防潮。大冶农民的生活资料完全依靠与自然的交换,而不是与社会的交往,因而社会生活呈现活力不足的重复状态。

---

① 寄鸥:《苦苦的要面子》,《水晶宫》,1929 年 11 月 2 日。

② 仲濒:《汉口新年竹枝词》,《大汉报 · 楚社日刊》,1922 年 3 月 3 日。

1890年,湖广总督张之洞创办汉阳铁厂,同时在大冶开采铁矿,为运输矿石修建了湖北省内第一条铁路——大冶铁路。铁路除了运输矿石外,还能运输乘客。因此,大量外地工程人员和管理人员随之进入大冶矿区。铁矿的开设,给当地农民的生活带来了新鲜的空气,也促使大冶农民的生活发生深刻的变化。其中,最为明显的就体现在服饰上。

服饰传播中有沿交通线向两侧扩散的现象。铁路的开通,大量的人员往来城乡之间,给当地带来了外界的服饰信息。上层社会的服饰也能影响下层服饰的更新。大批矿山管理人员和技术人员属于社会的中上层,衣着在城市也属较时尚和光鲜之列,因而有较强的示范作用。铁矿开设后,大批当地农民进矿做工,大大增加了农民的收入,劳务收入为农民改善穿着提供了经济基础。大冶农民逐渐选用洋布衣料而放弃土布衣料。有钱的本地矿工开始穿着新式服装,中山装较之西装更为普遍。当地传统的雨鞋"木底踏子"逐渐被轻便、美观的球鞋和胶鞋替代。

图2-26 民国时期农民服饰

大冶铁矿的开发,促使当地一部分农民转变成工人;而工矿业的开发,也使得大量外来人口聚集本地,相应地带动了商业的发展,促进了当地的城市化进程。小农经济逐步向近代工业文明转变,也带动了生活方式的转变。但近代中国近代化和城市化的进程是相当缓慢和不平衡的,大部分农村地区仍停留在农业社会中。近代大冶地区工矿业的影响极其有限,绝大部分农民生活依旧贫困,衣饰简陋。据县志记载,1949年以前,农民所用布料多为土棉布,细布极少。男的是对襟开胸短褂、折腰裤(图2-26)。女的穿大襟短褂,也是折腰裤,农民大都破衣烂裳,赤身露体者亦有之。谚云:"家有三件宝,瘦田,丑妻,破棉袄。"①

① 湖北省大冶县地方志编纂委员会:《大冶县志》,湖北科学技术出版社,2004年,第458页。

近代荆楚地区的中下层民众服饰单调粗陋,显得与变迁时代大潮格格不入。然而,这是最真实的生活景象。他们的着装很大程度上被生活所选择。服饰是记录人类文明进程的文化符号,“包括服装系统在内的整个文化,都是一种语言”。[①]尽管这种语言是那样的乏味和暗涩,但在近代历史变革大潮中,也缓缓向着明丽和生动奔去。

① [美]乔纳森·特纳:《社会学理论的结构》,华夏出版社,2001年版,第69页。

第三章 荆楚建筑文化

建筑不只是人类生活和居住的室内场所,它除具有满足人类生存需要的物质功能外,还具有深邃的精神意蕴。建筑蕴含了人对文化的追求、心理的倾向以及审美趣味等精神内容。建筑还被称为"石头上的史书",它忠实地记录了人类的思想历程。中国传统建筑文化历史悠久、自成体系,是中华民族优秀文化中的重要组成部分。中国古代建筑以其深沉的哲学内涵、高超的营造技术和独特的审美情趣而享誉世界。众多保留下来的华夏古代优秀建筑,是连接过去、现在和未来的纽带,是不可替代的珍贵遗产,也是构成中国气度的重要历史见证物。

湖北拥有得天独厚的自然地理条件,不仅适合各种植物生长,也非常适合人类的生存与发展。根据现有的考古发现,距今 80 万年到距今 70 万年左右的郧县猿人,就开始在这片土地上活动。从此,史前先民如繁星点点散播在荆楚大地上。新石器时代,著名的大溪文化、屈家岭文化和龙山文化,记载了先民生存的足迹,先民为谋求安身之所所作的努力令人兴叹。辉煌一时的荆楚文化,对建造安居的场所进行了不懈的探索,荆楚建筑以其宏大瑰丽的风格、巧夺天工的技艺,在中华建筑文化中独领风骚。

此后的各个时期的建筑尽管大多不存,但蕴含中国建筑理念和意境的荆楚建筑,是荆楚劳动人民的智慧结晶,为后人留下了无穷的想象。近代以来,湖北在中西部地区最早接受外来影响;张之洞的湖北新政,使湖北迅速崛起,租界建筑和众多的教育建筑,见证了屈辱与自强、封闭与开放的纠结。

湖北以土家族为代表的少数民族建筑,丰富了荆楚建筑文化。以吊脚楼为代表的居住形式,具有浓郁的民俗文化美和独特的造型美,因而具有宝贵的文化价值。湖北建筑融合了西南少数民族风情和东部徽派建筑风格,汇集了江南建筑文化的清丽典雅、中原建筑文化的古朴浑厚,加上近代较早接受西方建筑文化的影响,因而形成了兼容并蓄的建筑文化。

第一节 荆楚居住源起

远古蒙荒时期,原始先民或茹毛饮血,或刀耕火种,以维持生存。根据人的生理需求,劳作之余很自然地需要休息。大自然寒暑交替、风霜雨雪变换,也需要寻觅到能遮风挡雨的处所。再加上猛兽蛇虫的出没时刻威胁着人的生命,也需要能阻隔外界侵害的安全之地。所有这些因素既表明居住问题与人类的密切关系,也直接导致远古建筑的起源。

根据考古发现和文献记载,穴居是我国北方先民最主要的居住方式。如《墨子·辞过》云:"古之民未知有宫室时,就陵阜而居,穴而处……";《礼记·礼运》说:"昔者先王,未有宫室,冬则居营窟,夏则居橧巢。"天然岩洞成了最早的中华先民的原始住所。我国现已发现的旧石器时代的文化遗址有多处。如 1978 年,在吉林布尔哈通河畔的明月沟洞穴,发现了原始安图人的栖身之地。辽宁大凌河畔的鸽子洞遗址,则比较完整地保存了原始人的生活场所,洞穴高于大凌河河床 30 多米,内有过道和洞室,洞穴里保存有原始居民用火的遗迹。

现已发现的新石器时代的穴居文化遗址则更多。穴居住宅也有很大进步,逐渐由地下走向地面。经历了从旧石器时代天然洞穴到新石器时代地穴半地穴地面筑室的历程。陕西的半坡遗址发掘了大批原始聚落,出土了可以辨别的建筑遗址 46 座。根据考定的建筑样式,半坡遗址早中晚期的建筑,很清晰地表明了新石器时代后半期建筑的发展历程。早期为半穴居建筑,即室内地面低于室外地面,建筑的下半部分在地下,上半部空间由木头为支柱架构空间。中期建筑为地面住室,即室内外地面处于同一水平线,墙体立柱和屋顶都出现在地面上。晚期建筑也是地面建筑,只是室内空间按功能分割进行分区建造。

相比北方穴居从地下到地上的居住方式演变,南方则是构木为巢从空中到地面的过程。由于我国南方降水充沛,地下水位较高。当时植被丰富,猛兽出没,所以选择在树上居住就成了合情合理的选择。如《庄子·盗跖》所言:"古者禽兽多而人少,于是民皆巢据以避之。"随着自然的变化和人类改造自然能力的提高，巢居树上的不方便，促使人类勇敢走向大地。浙江河姆渡遗址的建筑，则见证了先民巢居方式的转变和进步。距今约7000年的河姆渡建筑遗存干阑式建筑，以其宏大的架构和精湛的榫卯技术著称于世。河姆渡人先在湿地上栽桩立柱，再在其上架大小地梁，铺上木板，筑成高出地面的木构房屋。[①]

早在旧石器时代，荆楚先民已经学会利用天然洞穴当作栖身之地。在紧张的劳作之后，原始居民喜欢寻找干燥隐蔽的洞穴进行休整。与蓝田猿人大致相当的郧县猿人的遗址，坐落于郧县梅铺乡杜家沟的一个龙骨洞穴里，它高出河水面40米。与北京猿人时代相当的郧西猿人，出土于郧西安家乡白龙洞。洞底也高出当地河水面约60米。距今约19万年的长阳人，也是居住在洞穴中。1956年，考古学家在长阳赵家堰乡关老山南坡的一个石灰岩洞穴发现该遗址，它比地面高出约10米。事实上，由于当时河流分布在较高地势，湖北境内旧石器时代78%的遗址分布在海拔50～500米的地带，较高的地势既便于抵御洪水侵袭，又有靠近水源和山林之利，便于渔猎采集[②]。先民在选择“风水宝地”时的智慧，从某种程度上说开启了中国风水堪舆之术的先河。

荆楚地区真正意义上的建筑，是从新石器时代开始的。先民的智慧主要体现在三个方面，即建筑材料的选择、施工技术的进步、大型聚落的出现。

建筑材料

新石器时期，湖北地区气候温暖湿润，比较适合农业发展，水稻种植已经十分普遍。荆楚先民在定居建造房屋时，就要考虑防水防潮，掺有稻壳和稻草的红烧土，就是他们在建筑材料方面的创造。

红烧土也是最早意义上的砖块。它是用粘土掺和稻壳、草茎等原料，经过加水搅拌和匀，再塑造成一定的形状经烧烤而成。这样的红烧土能够经受一定时间的雨水浸泡冲刷，因而在房屋建造中被广泛应用。红烧土既可铺设垫层散水，也可用于墙体的修造。考古发掘中，在枝江关庙山大溪文化遗址、京山屈家岭文化遗址、通城尧家林遗址中，都有红烧土的应用。

建筑技术

湖北新石器时代，房屋建筑技艺已具有相当的水平。在枝江关庙山大溪文

① 杨鸿勋：《河姆渡遗址早期木构工艺考察》，《建筑考古学论文集》，文物出版社，1987年。

② 朱诚：《湖北旧石器至战国时期人类遗址分布与环境的关系》，《地理学报》，2007年第3期。

化遗址发掘的一处编号为F22的房屋，平面呈方形，坐东朝西。此建筑坚固耐用，墙基厚达0.27~0.36米，深达0.1~0.3米，墙体用泥土掺红烧土筑成。该房屋还具有防水防潮的功能，地面用红烧土铺垫，墙壁和居住面经火烧烤而成；另外，散水也用红烧土块铺设。1998年发现的应城门板湾房屋（图3-1），是屈家岭文化时期的遗存。红烧土墙，长约16米，宽5米。保存有4间房屋，其中3间房屋内有火塘，用来保存火种，同时能防潮去湿。房屋组合成群体建筑，显示出一定的规划设计意识。这是目前我国发现面积最大、保存最为完好的新石器时代的房屋遗址。在枣阳雕龙碑屈家岭文化遗存中，房屋的建筑技术有了进一步的发展。除了有烧烤的地面和墙壁外，还发现了有木骨泥抹墙体。房屋的大门技术更令人称奇，为推拉滑动式的屋门。

图3-1　应城门板湾房屋遗址

大型聚落

最能体现湖北新石器时代建筑文明的，应是大型聚落的出现。湖北境内属于这一时期的聚落先后有屈家岭文化聚落和石家河文化聚落。这些大型聚落不但是我国史前社会景象的实物资料宝库，也是史前建筑文明的见证。

大型聚落的代表是文化古城的出现。仅屈家岭文化时期的古城址，迄今在湖北境内已发现4座，即天门石家河古城、荆门的马家垸古城、江陵的湘阴古城和石首的走马岭古城。其中，以天门石家河古城最具典型意义。石家河古城址呈长方形，南北长1100～1200米，东西宽近1000米，面积达百万平方米。城墙为夯筑，城墙外有围壕，东有河流，西、南有围沟，具有较强的防御功能。石家河古城是我国目前已被确认的新石器时代城址中规模最大的一座，具有较高的历史文化价值。它的出现，表明先民为追求集体安全所做的努力，也开启了中国5000年城郭文化的先河。

第二节 楚国建筑文化

辉煌的楚国建筑是楚文化的重要组成部分，它汇聚了楚人对天、地、人关系的探求，它融合了楚人对时间、空间维度的关照。楚建筑独有的艺术魅力跨越时空——"道法自然"的建筑意匠、"有无相生"的构图法则、"皆无害焉"的美学旨趣、"大象无形"的造型意识、"周流乎天"的观照方式和"缤纷繁饰"的装饰手法。[①]楚建筑文化丰富了中华建筑文化，是后人汲取灵感的重要源泉。近年来随着文化自觉意识的觉醒，一批融合现代建筑理论和技术、彰显民族文化和地域特色的建筑，在我国各地悄然兴起。其中，不乏上乘之作。湖北境内就有体现楚风意蕴的精彩建筑（图3-2），使我们得以管窥楚国辉煌建筑的风采。

图3-2 新楚风建筑（湖北省博物馆）

楚建筑的风华受到古今中外的仰慕。面对楚国宫殿的残垣断壁，诗人李白发出了"楚王台榭空山丘"的慨叹。1972年，新西兰学者诺埃尔·巴纳德（Noel Barnard）撰文指出："真正的楚文化以其独创的形式从各个方面表现自己，楚国的漆器、木刻艺术、木工技艺、器具与房屋建筑等，相对于古代世界的其他地方，

① 刘玉堂：《楚建筑的余韵流风》，《长江建设》，2001年第3期。

已达到了无与伦比的地步。"[①]追寻过往，不是为了炫耀曾经的辉煌，而是希望在时空里尽可能接近古人，汲取先人的精神气度和智慧，以期能为当代和未来助力。集楚建筑之大成的当属楚国都城、宫殿和园林，它们也最能代表楚文化的风度与气韵。

一、楚国城邑

城市是人类文明进程中的重大创造，它集中了人类的智慧和创造力。作为地方军事、政治、经济和文化的中心，楚国的城市发展迅猛，城市建设达到了同时期较高的水平。从类别上分，楚国城市有都、郡、县、封君等城邑。从地域上看，根据考古实物分析，目前学界已确认的楚国城邑分布在湖北、河南、安徽、湖南等省。其中，仅楚国都城就先后有丹阳、南郢、鄢郢、陈郢、寿郢等 5 座，充当楚国别都的有 11 座城市，其余各类城市达 262 座。[②]

在楚国众多城邑中，典范之作应为楚国都城纪南城。与都城相比，低级别城市的建制与规模不可同日而语。与其余都城相比，纪南城是楚国国力最强盛的时候兴建的，其用时最久，着力最多，市貌最盛。郢都也称纪南城、南郢。根据文献记载，楚国以此地为国都长达 411 年。难能可贵的是，虽历经岁月变迁，郢都城垣遗迹仍保存完好，考古资料也较为齐全。

郢都城址的选择，体现了楚人独特的眼光。楚人之所以在此建都，与纪南城优越的地形和交通条件紧密相连。郢都东邻雨台山，西接八岭山，南濒长江，北依纪山，天然屏障，易防难攻，可谓山环水绕之地，天造地设之城。城外三条河流流经城内，既能满足城市内的给水、排水需求，又是重要的城区水上交通线，也成为城市区间的天然分隔线。优越的城址完全符合中国古代选择城市的标准。根据《管子》记载："凡立国都，非与大山之下，必于广川之上，高毋近旱而水用足，下毋近水而沟防省。"当时的交通条件以水上运输为便利，沿长江可通吴越，顺长江支流又可达楚国各地。纪南城附近的夏水通汉水，这是楚国军队北进中原的便捷通道。定都纪南城，极大地改变了楚国通往外部世界的交通条件，也为楚国铸就伟业奠定了基础。

自城市出现，就必然要面对城市防御的问题。郢都拥有完整而坚固的城防

① 湖北省社科院：《国外社会科学选译》，1981 年第 1-2 期。

② 王崇礼：《楚国土木工程研究》，湖北科学技术出版社，1995 年，第 59 页。

体系。城市外围有护城河。根据地势高低不同,河床宽度10～80米不等。城墙坚固耐久。楚城墙选择黄色和褐色的泥土一层层夯筑而成,夯筑后的泥土具有较强的稳固性和粘连性。城门的建造既考虑到防御,也巧妙借用自然环境做到不违地利。经考古发掘,城墙设8座城门,其中水城门3座,陆城门5座。城门呈不完全对称分布,每侧各设两座门,便于防御时呼应。水城门的建造为楚人首创,既满足了舟行的便利,也顺应了河道的流向,与环境浑然一体,实乃妙笔。水门上有驻军,检查过往的船只,这应该是我国海关的起点。楚人军事防御还体现在城墙拐角处的处理上。为了避免视线上的死角,楚人对城墙的东北、西北、西南3个角进行切角式处理。唯有城墙东南角呈直角(图3-3右下方),将城东南凤凰山的南脉的最高点揽入城内,这样便于瞭望城外,有利于城防安全。

图3-3　纪南城复原图

城内布局合理,分区明显,体现出比较高的城市规划和管理意识。城市格局利用河流分界线的作用进行分区。根据考古资料,城区的中南部(上图绿树环绕部分)为宫殿区,房屋形制较大,分布较密集。城区东南部围绕凤凰山的是守军和贵族的聚集区。城区的东北部为手工业作坊区,东北区临近主干道是贵族和商业区。城区的西北和西南部为居民区。其中,西南区和西区中部建有官府作坊。集宫殿、作坊和民居于一体的城市,杂而不乱有机融合在一起,使城市充满活力。郢都市井繁华,是南方著名的大都会。《太平御览》卷七七六记载:"楚之郢都,车毂击、民肩摩,市路相排突,号为朝衣新而暮衣蔽。"尽管文献中为溢美文饰之词，大都会的喧嚣与活力仍能被人感知。

楚都纪南城的建设，表现了楚人向往和谐的精神追求。楚人营建都城时遵从礼制。《考工记・匠人》所载的“营国制度”，如“方九里”、“择中立国”、“择中立宫”在纪南城都得到了体现，表明楚人对中原文化的仰慕，能较好地调和本地的土著文化与礼乐文化。选择城址时看重与周围山水的协调，达到了城市融入自然界怀抱的状态。根据河流走向，顺势安排水城门和功能分区，以水造景，因地制宜，反映了设计者的匠心独运。都城既是楚王统治楚国的政治中心，也是普通市民谋求生计的都市，统筹市区规划，兼顾各阶层的诉求，追求人与人的和谐。

二、楚国的宫殿与园林

宫殿是我国古代建筑中最高级、最奢华、建筑艺术最高的一种类型。由于是古代帝王的府邸，各代统治者都不遗余力，集中了当时最好的人力、物力资源。宫殿建筑代表了所在时代的建筑技艺的顶峰。楚国宫殿建筑以数目多、建筑体量大、装饰豪华而闻名，是列国仿效的对象。

由于楚国宫殿类别多，样式繁杂，本文仅以楚都纪南城的宫殿为例说明。楚人方向上崇尚东方，因而宫殿区就建在城市的东部，显示其尊贵。宫殿尤其重视防御。宫殿区外围有封闭的城墙拱卫，是谓城中之城。宫殿城墙外围有三条河流屏蔽，确保宫城的安全。

楚国宫殿是庞大的群体建筑，尽管各种形制的建筑已经湮灭，仍能从文献中能够检索出宫城内的各种建筑。根据《考工记》记载，宫城有“朝”和“寝”的功能。“朝”是处理朝政和行使权力的地方，“寝”是供王室居住和休息的地方。“朝”按由外至内有外朝、治朝、燕朝之分，“寝”有王寝和后寝之别。众多场所分布在宫城的中轴线和两侧。

宗庙　《周礼・小宗伯》载有“右宗庙，左社稷”，分别祭祀祖先与土神、谷神，表明了以血缘为纽带的宗法政治对疆土的控制。“国之大事，在祀与戎”。《左传》所言表明了先秦时期，统治者对于祭祀的重视。以农立国的楚国对祭祀非常重视。《左传・昭公元年》记载楚公子围因国事外出，先到父、祖之庙告别。包山楚墓出土的竹简有很多祭祀社的记录。

阙　阙又称象巍，呈左右对立形式，是公布法令的地方。本来只有周天子才能设置双阙,后来诸侯僭越礼制,各国普遍采用阙之制。楚国也不例外。《左传·宣公十四年》载,楚庄王十九年,楚庄王得知宋国杀楚使申舟,“投袂而起,屦及于窒皇”。“窒皇”就是指双阙。①《楚辞·河伯》中有“紫贝阙兮朱宫”,足见楚国宫殿有阙。阙是外朝与内朝的分割线,外朝除高官贵族能出入,一定场合下,国人也能进来。内朝则是权力中枢,严禁国人出入。

堂与寝　堂和寝是宫殿区的核心建筑,它是楚王施政和起居之所。根据礼制,堂在前而寝在后。堂也称作明堂。古人认为“明堂者,天子太庙,所以祭祀,夏后氏世室,殷人重屋,周人明堂,飨功、养老、教学、选士皆在其中”②,还认为建官、行政、制历等重大活动都在明堂进行。《楚辞·招魂》记载有“高堂邃宇、槛层轩些”,“经堂入奥,朱尘筵些”,“翡帷翠帐,饰高堂些”。当时楚国的明堂是高台建筑,而堂和寝紧密相连。堂是治朝的地方,而王寝是楚王居住和听政的处所,属燕朝之地(图 3-4)。

图 3-4　楚国贵族居室内部陈设

以上只是楚国宫殿区的主要建筑和功能区的一部分。实际上,仅从宫城内重重大门足以看出宫殿建筑众多。门是开与合、开放与阻隔的矛盾统一体,它的作用在于限制或准入某一区域和机会。中国文化历来重视门的文化,“装门面”表示对外在形象的追求;“大开方便之门”表示给予便利和照顾;而“走后门”则是对优先机会和特权的诉求。门同样是财富的表征。“豪门”之阔绰、“寒门”之局

① 张正明:《楚文化志》,湖北人民出版社,1988 年,第 143 页。
② 蔡邕:《明堂月令章句》。

促都以门的气势传达自身的气度。楚国宫殿区有库门(外门)、雉门(茅门、应门、中门)、路门(寝门)之分。通过门的调控,不同阶层出现于不同的区域,也更能显示出楚王的威仪。相比后代宫城只居住皇帝及相关人员,而皇亲国戚等宫外居住的情形,楚国宫殿区内还居住了一部分贵族。楚成王六年,《左传》记载:"楚令尹子元(楚文王之弟)欲蛊文夫人(息妫),为馆于其宫侧,而振万焉。"子元能在文王夫人宫旁"为馆",表明他就住在宫内。后来子元径直"处王宫",也表明当时王室成员可以居住在宫城区域内。另外,宫城内也有官员办公的区域。

楚国宫城内还建有储藏国家战略物资的建筑。比如藏金库。《战国策·楚四》记载,庄辛认为楚襄王"饭封禄之粟,载方府之金"。《七国考》注解:"方府,藏金之府也。"还有粮库。《淮南子·泰族》记述,吴国军队攻破郢都后,"烧高府之粟,破九龙之钟"。宫城内还设有储藏钱币的府库。《史记·越王勾践世家》记载:"楚王乃使使者封三钱之府。"裴骃《集解》认为:"钱币至重,虑人或逆知有赦,盗窃之,所以封钱府,备盗窃也。"

楚国宫殿建筑的最突出的特征是高台式建筑,即建筑基座为高层土台。楚人之所以钟爱高台基座,一方面是自然的原因,楚国郢都地处长江中游,降水丰沛,因而防潮避水成为建筑的重要内容。宫城内考古出土有屋顶防水用的板瓦和帮助排水的排水管(图 3-5),足证楚人对排泄雨水的重视。另外,高台式建筑气势恢弘,给人以壮美大气之感,能满足楚王追求新奇和威仪的心理需求。根据对纪南城宫殿区 30 号宫殿基址的发掘考察,考古学者认为原有台基要比四周高

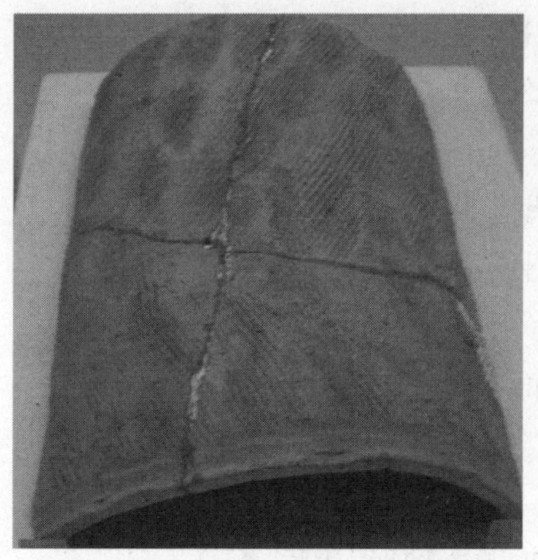

图 3-5 陶板瓦　　陶排水管

出近3米。[①]从地面登上宫殿，通常要依靠台阶。古籍中称为“阶”或“宾阶”。在潜江龙湾楚国宫殿遗址考古发掘中，就发现有阶梯，为木质骨架，内填细土。同样，在郢都宫城内应该建有通向宫殿的阶梯。

楚国宫殿不仅重视外在的壮观，还特别讲究细部的装饰。纪南城30号宫殿遗址出土有精美的错银铜门环，从中可以看出楚王宫对装饰的重视。楚人宋玉写过《楚辞·招魂》，他的目的在于使贵族的灵魂回归故里，因此详细描述了贵族故居的豪华。宋玉是以楚国宫殿为蓝本进行描绘的，从侧面我们可以看到楚国宫殿内部装饰的精雕细刻与富丽堂皇。

原文	译文
经堂入奥，	穿过层层厅堂走进内房，
朱尘筵些。	朱红色的竹席装饰顶棚。
砥室翠翘，	房间四壁磨得光洁明亮，
挂曲琼些。	翠色羽毛掸子挂玉钩上。
翡翠珠被，	绵被色如翡翠缀饰珍珠，
烂齐光些。	那一粒粒珍珠闪闪发光。
若阿拂壁，	墙壁上蒙着软软的丝绸，
罗帱张些。	大床上挂着美丽的罗帐。
纂组绮缟，	五彩的丝绸袋各种各样，
结绮璜些。	连接块块美玉挂满帐旁。
室中之观，	室中所见之物真说不完，
多珍怪些。	多么珍贵奇异非同一般。
……	……
红壁沙版，	四壁墙板涂着朱红颜色，
玄玉梁些。	顶上是漆黑如玉的房梁。
仰观刻桷，	抬头观看方椽整整齐齐，
画龙蛇些。	上面刻画着龙蛇的形象。[②]

① 郭德维:《楚都纪南城复原研究》,文物出版社,1999年,第151页。
② 黄寿祺、梅桐生:《楚辞全译》,贵州人民出版社,2008年,第165-166页。

楚国宫殿拥有合理的布局与庞大的形制，宫殿区涵盖社会、政治、经济等职能。建筑既考虑到礼制的要求，也尽显楚人的创造。尤其是高大威严的台基、纷繁绚烂的装饰，传达了楚人的精神世界。楚国宫殿是先秦时期宫殿建筑的杰作，对于研究中国城市建筑史，尤其是宫殿建筑史，有无可比拟的意义。

楚国宫殿周围通常建有园囿而成为园林式建筑。根据考古发现，纪南城宫殿区外古河道西侧建有王室的营苑，[①]园囿以水为线，除栽植有大量观赏植物外，还畜养了大批珍禽异兽。如《楚辞·大招》中就记载后宫苑中有孔雀、天鹅等鸟类动物。事实上，除去楚先祖披荆斩棘时代，春秋末期以后，随着楚国国力的增长，各代楚王均重视宫室的营建。尤其是楚灵王时期，大兴土木，修建了众多的行宫，如章华台、乾溪台等。此后，历代楚王相继修建了众多层台式建筑，以供游乐。见于史册的有：荆台、渐台、小曲台、附社台、中天台、高唐观、阳台、云梦台、兰台、豫章台等。[②]

楚国的行宫是楚王休养行乐的地方，因而以园林形式建造才是最佳选择。园林离不开建筑，而在所有的离宫建筑中，具有最高艺术价值、形制最为巨大、装饰最为精美的，当属章华台。章华台历时七年，用工无数。《国语·楚语上》记载老臣伍举劝谏灵王："今君为此台，国民罢焉，财用尽焉，年谷败焉，百官烦焉，举国留之，数年乃成。"由于建筑高大，登上高台需要休息三次方能登顶，故又名"三休台"。章华台以曲水围绕，周围附设有大型建筑，是楚国超大型王家园林。由于造型独特、体量庞大、装饰奢华，列国纷纷仿效建造。为了再现章华台的风采，1992年，东湖风景区磨山景区以章华台为蓝本建成楚天台（图3-6）。楚天台是东湖磨山楚文化游览区内的标志性建筑，按章华台之"层台累

图3-6　楚天台

① 宋公文、张君：《楚国风俗志》，湖北教育出版社，1995年，第85页。

② 张正明：《楚文化志》，湖北人民出版社，1988年，第147-149页。

榭，三休乃至”的形制而建。层阶巨殿、高台耸立、依山傍水、风姿卓越。深沉的历史氛围、浪漫神奇的风韵，堪称楚国建筑王冠上的宝石。

相比更为知名的皇家园林和江南士人园林，楚国园林思想上更追求亲近自然，而非模仿自然。也就是说，人与自然并没有隔离。美学旨趣上更突出空灵飘逸之美，充满生命的张力，绝少世俗气。在与环境的关系上，强调与外部环境的和谐，而非突兀地扰乱自然肌理。《楚辞·招魂》中描写了楚国园林的妙处：

原文	译文
高堂邃宇	高大的房屋深深的庭院
槛层轩些。	一层层厅堂有栏杆围着。
层台累榭，	那重重叠叠的楼台亭榭，
临高山些。	面临着高山一座又一座。
网户朱缀，	朱红的大门上镂刻花纹，
刻方连些。	上面又雕刻着方格网络。
冬有突厦，	冬天这里有温暖的大厦，
夏室寒些。	夏天凉爽的屋子很适合。
川谷径复，	园中的小溪流纵横曲折，
流潺湲些。	溪水清澈透明潺潺流着。
光风转蕙，	阳光下微风吹拂着蕙草，
泛崇兰些。	一丛丛兰花散发出幽香。
……	……
坐堂伏槛，	坐进厅堂内手扶栏杆上，
临曲池些。	对面是曲曲折折的池塘。
芙蓉始发，	池中荷花朵朵刚刚开放，
杂芰荷些。	菱叶和荷叶映衬在中央。①

本文所讲的是代表楚国建筑最高水平的建筑，楚王及贵族阶层豪华的生活，是以普通民众的穷苦为代价的。民众的居住情况十分简陋。如《盐铁论·散不足》记载：“（庶人）采椽不斫，茅茨不剪，无斫削之事、磨砻之功，……庶人斧成木

① 黄寿祺、梅桐生:《楚辞全译》，贵州人民出版社，2008 年，第 165-168 页。

构而已。"平民仍是蓬门荜户,没有雕琢,与周代以前的情况变化不大。

第三节 土家族民居漫谈

当我们想起任何一种重要的文明的时候,我们习惯以伟大的建筑来代表。伟大建筑以其超越时空的美学价值和营造工艺成为经典。代表土家族文化的伟大建筑,当属吊脚楼。

作为土家族文化的代表,传统民居吊脚楼是历代土家人凭借自身掌握的木构技术建造的安身立命的场所,是土家人生活探索的结果。在修建吊脚楼的过程中,土家人有意或无意把吊脚楼当作彰显文化品格、完成文化传递的标志。从这个意义上讲,吊脚楼不仅是土家族文化的结晶,也是土家人文化追求的途径。土家族文化的核心是巴楚文化的余音,又加上汉民族文化的影响,融合了地方文化传统。土家族文化是多元一体的文化,而吊脚楼无疑是这一文化特征的最佳体现。

土家族民居建筑是由原始人类石穴、巢穴建筑逐步演化而来的干栏式建筑。吊脚楼是干栏式建筑的一种,是土家居住文化最杰出的代表,广泛分布于湘、鄂、渝、黔相邻的武陵山区,有"人间仙居"之美誉。除此之外,还有坐虎式、土瓦屋式、茅茨式等干栏建筑。本文主要以鄂西土家族聚居区的吊脚楼为例,探讨土家民居文化。

土家吊脚楼的构建,一般依山就势、靠岩临水而建。建筑的前半部和两厢以立柱架起悬空,后半部落于实地,悬空部分在与后部平齐的地面搭置横木、铺架木板而形成基面,四周围以壁板,开设门窗,盖上屋顶。该结构是最基本的吊脚楼形制。其最明显的功能是:

1.适应外部环境

土家族所在的武陵地区,属亚热带山区气候。多雨、多雾的气候特点,使本地日照少、湿度大。气候特点决定了建筑房屋时必须考虑防潮去湿,而干栏式建筑的特点之一就是构造架空层,以利通风。

山区林木资源丰富。土家族地区由于气候温和,雨量充沛,比较适合林木的生长。山区不但有人工林，至今还保存有成片的原始森林。本地大量出产松、柏、杉、樟等优质木材。竹子产量也很大,主要有楠竹、水竹、白夹竹等。充足的竹木资源,为建造吊脚楼(图 3-7)提供了就地取材的便利。

图 3-7 土家吊脚楼

山区地势起伏,山多田少,建造房屋不适于再占用平坝。为了节约用地,建筑只能向山坡发展。“借天不借地,天平地不平”成为建筑的原则,为了适应山区的地形,建造吊脚楼成为最佳的选择。

2.满足生存需要

土家族聚集区是南方山区,历史上采集经济、野猎经济、农耕经济都是土家族经济生活的组成部分。由于山区林木茂盛、河流众多,渔猎经济成为重要的生活方式。唐宋以后,形成了以农耕经济为主、渔猎经济为辅的格局。多元复合的经济生活,决定了土家人建造房屋必须方便生产,因而选择靠近山坡的方位成了上佳选择。

吊脚楼的形制为立体结构,分上中下三层,下层为牲畜杂物,中层供人居住,上层用于存放谷物农具等。供土家女儿织锦的房间,一般设在厢房或吊脚楼上。多层空间较好地满足农耕生活的需求,吃穿住等日常活动都能在家庭内完成。吊脚楼完整地展示了农耕经济的生存空间。

3.促进族群交往

修建新居是土家人生活中的大事,需要众人协助才能完成。众亲友的帮工和祝贺,既是守望相助的体现,也是交流感情、协调族群关系的良机。房屋完工的时候，必然要举行庆祝仪式，主人备宴席犒赏亲友，对于日常劳作的艰辛，也是有益的调节和宣泄。

建造吊脚楼的过程，也是土家人传承文化的媒介。新居的选址要请风水先生确定，动工时间要请巫师推算，动工时以牛犁地的仪式。伐木架马的木材要请工匠选定，选定大梁后有杀鸡祭鲁班的仪式。上梁是建房的关键和高潮，中间有杀鸡驱邪的仪式。而装修完新房众人“踩门”步骤，则是亲友欢乐互动的过程。在所有步骤中，祈福纳吉的习俗得以沿袭，禁忌得以避免。穿插在仪式中的说唱文学形式，更是土家族文化传承的瑰宝，对于教化族人，规范群体行为有重要作用。

以吊脚楼为代表的干栏建筑，具有悠久的历史。从建筑形制上看，以先民巢居为滥觞，又加以适当改造而成。干栏式建筑很早就成为土家先民的选择。如《魏书·僚传》载：“僚者，盖南蛮之别种，自汉中达于邛、笮、川洞之间，所在皆有……依树积木，以居其上，名曰干阑。干阑大小，随其家口之数。”《旧唐书·南蛮西南蛮传》有：“南平僚者，东与智洲，南与渝洲，西与涪洲接。部落四千余户。土气多瘴疠，山有毒草及沙虱蝮蛇。人并楼居，登梯而上，另为干栏。”又如《新唐书·南蛮传》则称其“俗喜楼居，谓为干栏”。可见土家先民选择干栏式建筑，也是为了避免潮湿、防御毒蛇等外界侵扰。

吊脚楼依山而建，因地制宜，表现了很高的建筑艺术。其最明显的特征有：

1.灵活多样的外观

吊脚楼在长期的营建过程中，为了适应不同的地形地貌，形成了多种造型。吊脚楼的形式多种多样，按其平面形式大体分为 4 种：一字型、“L”型、“U”型和“口”型。“L”型和“U”型通常是由一正屋加一个或者两个厢房组成。厢房与正屋垂直，其正屋基本不变，主要的变化在厢房，通常做成吊脚楼形式。正屋通常为三开间、五开间、七开间。“口”型建筑受北方四合院的影响，围绕天井布置成为一个四面封闭的宅院，两边厢房楼下为宅院入口。正屋中间的一间叫“堂屋”，堂屋两边的房间叫“偏房”，以中柱为界，分为前后两间，前间中部为三尺见方的火塘，称“火屋”，后间为卧室。做成吊脚楼形式的厢房又称“楼子”。火屋及卧室比堂屋高 40cm，上架木板利于通风散热，防潮防火。

吊脚楼以独特的个性品格使人赏心悦目。土家吊脚楼形式多样，从形体看，各显其美,互相竞秀。因各幢吊脚楼内部空间处理灵活多变,即使是同一类型的吊脚楼,几乎都各有特点,风格别致。

2.独特的装饰语言

鄂西土家民居的装饰丰富多彩,其形式、内容以及技法、工艺,既秉承了中国传统装饰艺术的精髓,又具有鲜明的地域和民族特色。吊脚楼装饰主要在屋脊、山墙、檐口(图3-8)、挑柱、栏杆、门窗等部位。装饰手法多样,有精美的木雕、石雕和砖雕,也有古朴的彩绘和陶件等。

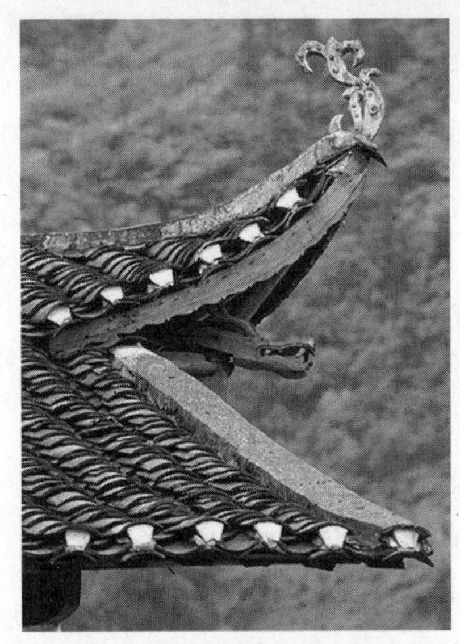

图3-8 吊脚楼飞檐

装饰的题材内容,多取自本民族的历史、神话传说以及图腾纹样,在布局上强调整体与局部的统一,在风格上讲究简洁与精细的协调。土家民居的主要装饰:①栏杆。栏杆是吊脚楼重要的构件,其图案装饰有固定的章法,栏杆上通常雕饰"回"字格、"喜"字格、"亚"字格、"d"字格以及凹字纹等图型。②挑柱。挑柱不仅是房屋的重要构件,其装饰也是吊脚楼的一大亮点。土家工匠通常把柱头雕刻成精美的"金瓜"状和"旋扭"形,柱身则多饰以龙凤纹或云回纹。灵动的悬空挑柱配上精美的纹饰,使吊脚楼更显得轻盈飘逸、秀婉古朴。③门窗。门窗是土家民居装饰的重点部件。门窗的雕饰题材内容多是花卉植物、龙凤虎豹、万字福字、吉祥如意等纹样,手法朴实而精细。此外,还有檐口、屋脊、家具等装饰,也颇具特色。

土家吊脚楼的装饰,巧妙融合楚文化的浪漫神奇与巴文化的古朴稚拙,形成了土家人特有的装饰语言:古朴却又灵秀,粗犷亦显神韵。不仅生动地反映了土家人趋利避害、祈福消灾的美好愿望,也充分展示了土家人创造美的才能。

3.高超的构造技术

土家族的吊脚楼是一种纯木结构的建筑,博采我国木构建筑井干式、穿斗式、抬梁式的优点,集美观、坚固、实用于一体,全楼不用一钉一铆,无论梁、柱、枋、板、椽、檩、榫,均用木材加工而成。

土家吊脚楼从设计到完成,没有图纸,其形式及众多瓜柱梁仿的体量与长度和开卯作榫的部位,以及复杂的数据,工匠皆成竹在胸。正如《礼记·少仪》所载:“工:依于法,游于说。”表现出土家匠师们精湛的建筑技艺和娴熟的艺术实践,实现了技术性能与审美性能的有效统一。

建筑即文化的外化和物化。土家吊脚楼是土家民族文化的有形载体,它的建造过程、结构功能、外观造型、室内空间营建,都直接或间接地表达出一定的文化观念,或者说受到一定文化观念的影响。土家吊脚楼的文化价值取向,体现了本民族独特的文化精神,是土家族社会生活与民族文化的直接反映。土家吊脚楼的建造过程与空间营建观念,向人们展示了一个民族生活的精神风貌,它体现了土家族“时空合一”和“天人合一”的宇宙自然观。“宅”字的含义在古代汉语中通“择”,就是选择吉利之地而居。所以,在建筑与环境的关系上对自然相度的审视,就十分注重“务全其自然之势,以期无违于环护之妙。”强调“宅以形势为身体,以泉水为血脉,以土地为皮肉,以草本为毛发,以舍屋为衣服,以门户为冠带”。在建造房屋时,避免“以人之意逆山水之意,以人之情逆山水之情”。追求住宅建筑与自然环境的和谐与统一(图 3-9)。

图 3-9 土家人居环境

土家族人建房时,都要先请风水先生来看“风水”,挑选方位,找好向山和靠山。宅基一般要求依山傍水。向山要选择“二龙抢宝”、“双龙戏珠”、“狮子滚绣球”、“万马归槽”、“寿星高照”等山势。靠山要靠“卧狮共卫”、“青龙环护”、“贵人坐椅”等山势。建造房屋前,必须请风水先生根据全家人的生辰八字推算“动土吉日”、“驾马吉日”、“立房吉日”、“上梁吉日”、“请火吉日”、“入宅吉日”等等,以后按此时间严格遵循，不得提前，也不得靠后。这种行为都是土家族追求时间与空间的统一，人与自然的和谐意象在建筑上的反映。

土家吊脚楼表现了“法天敬祖”的宗教礼仪思想。吊脚楼的堂屋在土家人心目中有重要地位，它的主要功能是集敬天祭祖、迎宾待客、商议大事以及祝寿婚嫁于一体。堂屋是敬天礼法的功能区，是体现等级秩序的空间。土家人的堂屋，无论主人贫富，均在进门的正面墙板上设立“天地君亲师”牌位，是中国传统宗教礼仪思想的延续，表现出了一种法天敬祖的文化观念，体现出对代际传递深邃的精神追求。

“建筑，这是最高的艺术，它达到了柏拉图式的崇高、数学的规律、哲学的思想、由动情的协调产生的和谐之感。这才是建筑的目的。”①二十世纪最重要的建筑师之一的勒·柯布西耶应该是中国土家族吊脚楼的知音，吊脚楼无疑超越了大师的标准。他在1926年提出著名的“新建筑五点”，其一即是底层架空，与吊脚楼的形制惊人的相似。当然，我们不需要依据外国人的言论建立民族自豪感和自信心，民族建筑艺术魅力仍需要我们去努力探索。

第四节　武汉近代城市建筑

城市是人类文明发展到一定阶段的产物，每个城市都因其独特的文化而各具魅力。而武汉作为一个有着深厚文化底蕴的城市，其方方面面都展示着自身独有的特色与风采，尤其突出表现在城市建筑上。

一部城市建筑演变的历史，就是一部城市兴衰发展的历史。武汉的建城史自盘龙城发端，距今约3500年，即是商代前期。位于汉口北郊府周边的商代盘龙城遗址，至今依然保存有较好的城垣、城壕遗址，并且发现了大型宫殿遗址。其后，东周至汉代，武汉地区相继出现城池，经考古发现的有黄陂区的作京城、磨元城和江夏区的五谷城。汉代以后，武汉显赫的战略地位和优越的地理条件，使她结束了城市中断、迁徙的历史，此后一直是地方行政治所所在地。这种稳定的社会环境，也为武汉建筑的发展提供了良好的条件。明清以来，不仅一般的房屋

① [法]勒柯布西耶：《走向新建筑》，陈志华译，陕西师范大学出版社，2004年，第94-95页。

建筑得到了进一步的发展，市政设施在这一时期也得以徐徐展开，道路的修建朝着网络化、现代化的方向不断迈进。修建园林之风骤起。近代更是由于外国列强的入侵，使武汉拥有了异于中国传统建筑风格的租界建筑。

大量保存完好的优秀城市建筑，是武汉弥足珍贵的历史遗产。一方面，这些建筑构成了武汉特有的文脉和独特气质，保留了历史时期的信息，成为联系城市记忆的纽带。可以说，建筑是既从制度和文化层面，又从器物和形象层面强化着人们对于城市的归属感。另一方面，大批历史建筑已经融入城市的肌理，和周围环境和谐共处。尤其是历史建筑集中的街道，是城市风貌不可或缺的重要部分，它们就是城市的珍珠项链。此外，大批超过百年的老建筑至今仍在为社会利用，拥有顽强的生命力，可谓老建筑青春不老。

一、汉口租界建筑的历史与现状

汉口的租界从 1861 年英租界设立，到 1945 年抗日战争胜利，日、法租界被正式收回，整整历时 84 年。在漫长的 84 年时间里，汉口经历着由传统封建城邑向近代大都市的历史转型，无论是在城市面貌还是在文明形态上，都发生了翻天覆地的变化。租界建筑作为这一时期异军突起的建筑风格，无疑是这种转型的最典型代表。毋庸质疑，租界建筑是半殖民地半封建社会的产物，它本身隐含着一段民族屈辱的历史。但是，从另一个角度讲，它也是特殊历史时期的见证，见证了汉口现代化的发端，见证了在那个特定的历史时期汉口的成长与发展(图 3-10)。

图 3-10　汉口近代租界建筑江汉关

第一次鸦片战争后，东南沿海五口通商，当时英国等向中国抛售大量洋货，但销路受阻，价格跌落。英国人归咎于中国市场开放得不够彻底，而解决的方案是扩大通商口岸，商品向内陆地区推进。因此，第二次鸦片战争结束后，汉口通商被正式提上议程。

清咸丰十一年(公元1861年),根据中英《天津条约》有关条款,英国官员来汉洽谈通商事宜,并在汉口租赁栈房。随后,清政府在英国炮舰外交的胁迫下,同意其在汉口划定租界。同年十月,英国驻上海领事署宣布:"汉口、九江辟为商埠,设置领事。"继英国之后,帝国主义列强相继通过不平等条约在汉口设租界。至最后一个日本租界区的划定,汉口被众列强"租借"的局面完全形成。

汉口租界区位于沿江大道中段,即江汉路以北,麻阳街下码头以南,摈长江西北一带,沿江岸线共长3600米。按地理位置由西南向东北顺序,先后有英、俄、法、德、日5国租界,共计面积为2804.45亩。[①]租界的中心贯穿今胜利街,并穿插一系列横街。租界的中侧则与华界商业中心区——中山大道江汉路和三元里相比邻,但是用围墙和铁栅栏隔开。

租界地理位置的划定并非随意而定,而是列强们事先精心勘察的结果。汉口旧市区是长江与汉水交汇处,街道狭小拥挤,不符合列强所需。而租界区人烟稀少,地势开阔。更为重要的是它濒临长江,可以依靠长江的黄金水道发展航运和商贸。除去这些优点之外,这个地区也有一个致命的弱点,那就是容易受到洪水的威胁。因此英租界建立后,马上花费20万两白银修建了一道沿江堤防,并于1895年竣工。可以说正是这道堤防的修建,真正拉开了租界建筑的序幕。"租界建筑十分严谨,1865年耗资200000海关银两的堤防工程完工,建筑精美的住宅和洋行大楼不断涌现。"[②]随后各国纷纷效仿,修建沿江堤防,租界其他方面的建设才得以慢慢展开。这样,在汉口今江汉路以下滨江荒芜旷野地带,形成了一个有着西方文明的带状现代市区。

租界区内的市政规划、管理与建筑物,均沿各宗主国例。这也使得租界内的建筑物风格多种多样,异彩纷呈。既有古罗马式、拜占庭式、哥特式的风格,又有意大利文艺复兴时期和法国古典主义的建筑特色。

按照租界的历史发展状况来分,汉口租界的建筑史大致可以分为三个时期,1861年—1900年是萌芽期;1900—1928年是兴盛期;1928年—1949年为衰落期。

(一)萌芽时期

① 皮明庥:《武汉通史——晚清卷上》,武汉出版社,2006年,第109页。

② 李策泽:《海关十年报告》(1882—1931年,汉口),香港天马图书公司,1993年,第31页。

1861年英国租界建立后，就动手修建相关建筑物以满足工作和生活的需要。英国领事馆的修筑可以说是租界建筑的开端。这一时期的建筑风格，是西方中世纪折衷主义建筑风格的简化模仿，而结构多是以西方传入的砖木结构为主。由于这一时期是租界的初创时期，因此建筑物主要为满足工作需求的领事馆、工部局、巡捕房、教堂和洋行。

1. 领事馆建筑

领事馆的修建是各国租界划定后的首要任务，这一时期的领事馆建设已经初具规模。不同风格的领事馆反映了每个国家不同的文化背景。

（1）英国领事馆（图3-11）

图3-11　英国驻汉领事馆官邸

该馆于1861年在英租界宝顺街（今天津路）与吉祥路（今合作路）之间建造，又称为“英国工部长官”官舍。此建筑为武汉兴建的第一栋具有近代建筑特点的房屋，引领武汉近代的潮流。这座领事馆包括了领事官邸及其他办公用房。现存建筑为二层西式砖木结构，四周皆有露台式券廊，建筑风格简朴典雅，是典型的西式庭园住宅建筑。现为武汉市参事室。

（2）法国总领事馆

《天津条约》签订后，法国政府也取得了在汉口设立租界和领事署的特殊权利。房舍的选址为法租界吕钦使街（今洞庭街41号），是一栋两层的青瓦砖木结构的建筑，1891年被大水冲毁，1892年重建。重建后的领事馆是一栋红瓦屋面两层砖木结构的西式庭园建筑。该馆现为武汉市老干部住宅。

(3)德国总领事馆(图 3-12)

图 3-12 德国驻汉领事馆旧址

《马关条约》签订后,德国在汉口划定租界范围,并开始兴建领事馆。地址在德租界鄂哈街(今洞庭小路)与飞腾街(今沿江大道)之间。馆舍于 1900 年修建,是两层的砖木结构。两层均是圆拱内廊,左侧圆拱大于中部,左侧有塔楼。主楼周边采用双层券廊,外观层次丰富,外墙黄色拉皮,红瓦坡顶,色彩绚目,入口处理及屋顶塔楼反映出德国特色。现为武汉市政府办公楼。

(4)美国领事馆

该馆位于沿江大道车站路口,是武汉少有的"巴洛克"式建筑。它突破了文艺复兴和古典手法的常规,对建筑形象较为造作,装饰比较繁冗,以曲线的墙面,流畅的线条,使建筑物现出运动感。主入口在中间为凸出半圆形门楼到顶,两侧是八方圆形角塔。其另一特色是整栋建筑用红砖清水勾缝。顶部有两个角塔,有欧洲中世纪城堡之风。

2. 教堂建筑

1840 年鸦片战争后,天主教在武汉得以发展,教堂建筑也相应的零星出现在武汉。

汉口被辟为通商口岸后,外国人入汉经商、居住。为了适应宗教生活的需要,大大小小的教堂建筑在租界内拔地而起。

(1)圣约瑟天主教堂(图 3-13)

位于英租界怡和街(今上海路 16 号),又称上海路天主教堂。始建于清光绪

图 3-13 圣约瑟天主教堂旧址

元年(公元 1875 年),一年后建成,是典型的巴洛克风格的建筑物。该教堂以古罗马的耶稣教堂为蓝本,采用拉丁十字马西利卡式长方形大厅,后侧左右各有圆形塔式钟楼一座。大厅长 40 米,宽 26 米,被几排柱子分为几个长条空间,最大的空间是中间正殿,宽约为 14 米。整个教堂的总面积 1024 平方米,可容纳 4000 人,是租界教堂之最。

(2)俄国东正教堂(图 3-14)

图 3-14 俄国东正教堂旧址

在英租界鄱阳街 83 号(今汉口天津路)。1891 年,俄国皇太子尼古拉游历中国,曾来汉口参加顺泰砖茶厂 25 周年庆典,并捐赠一座东正教堂给俄国侨民。该教堂是典型的俄罗斯建筑,是流行东正教的东欧教堂的基本形制。底层砖墙面由多向透视拱券组成,外墙采用壁柱、拱券和有雕刻的线角作装饰,上下周围用大小拱券支撑,各面窗口上端均砌成尖拱。教堂的整个外观近乎简单的六面体,比例轻盈挺秀。屋面铺铁皮,涂浅绿色,顶部有大十字架。

(3)法租界天主堂

在今汉口车站路,建于清末。这座教堂系一砖木结构的平房。房子体形虽然矮小,但是立面处理很别致,采用了尖卷窗面、铁瓦顶屋面以及呈三角棱形的小尖塔。它属于哥特式的建筑风格,突出体现在其外表有向上的动势和轻灵的垂直线条。目前,该教堂前面加建了一排平房,遮掩了正面入口,影响了这座独具特色的教堂建筑的整体效果。

(二)兴盛时期

二十世纪初的这一段时间,是租界的扩展时期。汉口租界的数量和面积都在帝国主义的压力下迅速增加起来。而且这一时期五个主要租界的范围已基本划分完毕。各国都明确了自己的势力范围,同时也默认了他国的势力范围。在这种情况下,租界区内出现了暂时的"和平共处"的局面,租界的建设也进入了一个新的高潮,不仅有经济发展所需要的各种金融机构、工厂、海关等,还有满足人们生活需要的休闲娱乐场所以及学校和医院。除宗主国外,相继有美、葡、荷、比、意、丹、瑞、挪、墨、芬等国在租界内修建领事署、洋行、医院和教堂、学校。

这一时期的租界建筑深受古典复兴风格的影响。18 世纪下半叶,西欧掀起了一股古典复兴建筑的潮流。它的主要表现是使用了希腊式的多尼克和爱奥尼柱。这种柱式的特点是柱形柔和修长,比例协调,秀丽端庄。由于受到结构的制约,这类建筑物的形制比例都趋向于高而窄,并运用超高的尺度显示其宏伟壮观。在建筑空间结构上,主要街道两端都有高大的建筑物做对景。这些建筑大都采用了先进的钢筋混凝土结构,楼层高度为 3—6 层,体量宏大,造型优美。

1. 银行建筑(表 3-1)

表 3-1 近代外国银行驻汉一览表

行名	国籍	总行地址	汉口分行地址	设立年代
麦加利	英	伦敦	英租界	1863 年
汇丰	英	香港	英租界	1866 年
德华	德	上海	德租界	1895 年
华俄道胜	华、俄合资	彼得堡	俄租界	1896 年
东方汇理	法	巴黎	法租界	1902 年
正金	日	横滨	英租界	1906 年
住友	日	大阪	歆生路	1908 年
义品放款	法、比合资	布鲁塞尔	英租界	1911 年
花旗	美	纽约	英租界	1910 年

资料来源:《湖北省金融志》上卷 158-159 页。

从表上可知,外国在汉银行大规模建设是在1895年以后。

(1)汇丰银行(图3-15)

总行于1864年设立香港，1865在上海设分行,又称香港上海银行,简称香上银行。1865年,英国汇丰银行在汉口设立分行。1913年在英租界河街(今沿江大道)与华昌街(今青岛路)的转角处动土修建汇丰银行大楼,该大楼为3—4层钢筋混凝土结构，由主、附两栋楼组成。该楼的修建历时漫长，曾因第一次世界大战而一度停修,最终于1920年竣工。汇丰银行大楼的建筑风格属于典型的西洋古典建筑风格。主楼外墙由麻石砌到顶,正面十根大柱为麻石拼接,显得坚固威严,具有西班牙古典风格。其造型平稳,比例严谨。立面的空柱廊采用了爱奥尼克柱式,柱柔和修长,秀丽端庄,丰富了建筑物的形态,使建筑物在视觉和空间上与周围的自然景色有机的融合成一体。该银行于1955年5月,结束在汉营业。1999年由光大银行出资对其进行全面修整,达到了整体如旧的效果。

图3-15 汇丰银行旧址

(2)美国花旗银行(图3-16)

图3-16 花旗银行旧址

原名国际银行，1812年成立，总行设在纽约，1910年在汉口设立分行。1922年在英租界华昌街(今青岛路1号)兴建五层的钢筋混凝土大楼，是略带现代风格的古典主义建筑。其立面结构是三段构图式：第一段中间四根门柱凸出门斗，有三个半圆门入口。第二段三层中间有八根廊柱；第三段檐口上有一层，顶部为坪台，装饰精美。1940年结束在汉营业。

(3)上海储蓄银行

1921年在英租界歆生路(今江汉路60号)兴建四层钢筋混凝土结构的银行大楼。它在建筑风格上更偏重于现代风格，并未采用空廊柱，也未用夸大本身建筑尺度的方式来进行构建。但是在整体结构上又不失古典主义风格的特色，在入口处突出了三个大圆拱门，在两侧凸出的楼台部分作成券柱式壁柱，显得典雅大方。

(4)交通银行

1908年交通银行在汉口设立分行。1920年在英租界湖南街（今胜利街2号)兴建五层(包括一层地下室)的钢筋混凝土大楼，为现代风格的古典主义建筑。大楼平面呈长方形，通道明确便捷，风格庄重。大楼首层中部为营业大厅，设三个采光井，两侧为业务用房，二、三层为办公用房。地下室为储存之用。整栋大楼采用三段式古典手法，作对称处理，底部的基座、中部高大的廊柱和顶部厚重的檐口及大尺度构件，突出了庞大体重和内部的空敞感。

2.洋行建筑

(1)日信洋行

日信洋行是大阪日本棉花株式会社汉口支行的中国名称，设立于1910年。1916建成五层钢筋混凝土结构大楼，为三段构图。临街外墙麻石砌筑。三至四层中部圆柱顶挑阳台，檐口有女儿墙，整个里面庄重得体。

(2)景明洋行

1921年在英租界今鄱阳街53号建成六层钢筋混凝土结构的大楼。该建筑在设计上颇费匠心，在一块三角形的地段上起楼，底层稍高，先以花岗岩石砌至窗台线作为基座，然后收分，再砌至二层楼高，并作挑出腰线。二层以上全部由柱、梁、大玻璃窗作立面，三层开始从两侧挑出多边形阳台。至六楼又变成方形。中间第三层有长阳台，第六层有短阳台。整栋大楼布局灵巧，内部平面布置紧凑合理,花费不大而给人以华丽之感。更充分利用了玻璃的效果,注重使用功能,净化立面处理的手法已渗入新建筑运动的思想。

(3)卜内门洋行

该洋行主要经营化学肥料。1921—1924年在英租界湖南街(今胜利街87号)修建了三层半钢筋混凝土结构的办公楼一栋,花岗石勒脚,清水外墙,另用水泥粉刷檐口线及腰线,与基座色相呼应,并在门窗周边略作粉刷花饰,使整座建筑清淡雅致,呈现出秀气。

(4)亚细亚洋行汉口分公司

公司地址在英租界河街与宝顺街的转角处(今天津路1号)。楼身是一栋五层钢筋混凝土结构大楼,占地107平方丈。设计紧密结合地形,平面铺洒自由,功能合理,简洁实用,是汉口早期现代建筑中的代表作。其立面水平划分,运用分段既有变化又统一。

3.海关建筑——江汉关钟楼

江汉关建立之时,办公地点在今客运港候船室上首的一个小仓库内。自武汉通商以来,汉口港的进出口贸易急剧发展,仅次于上海,位居全国第二,旧有海关机构用房已偏于狭窄陈旧,不能适应办公室需求,新的办公大楼急需建造。1922年11月4日,举行了江汉关大厦的奠基典礼。1924年1月21日,大厦落成。

当时的江汉关大厦是汉口的标志。因为其无论是在外观还是在建筑质量上,都堪称武汉建筑之最。大厦外部造型采取希腊古典式和欧洲文艺复兴时期样式相结合的风格。其立面设立运用三段构图手法,利用钟楼突出中心入口,表现古典主义风格;正面及侧面的圆柱保持着古典科林斯严谨比例;入口处的半圆形拱门则表现出了文艺复兴时期的风格。大楼共四层,一层为工作人员休息室、实验室、仓库、贮藏室等,二层是大办公室,三楼也是办公室用房,四楼则是税务司的住所,其顶部的钟楼是英国特有的形式,典雅壮观。

4.居民住宅

随着租界区的相对稳定和快速发展,越来越多来汉经商和工作的人到租界区定居。“1905年(光绪十三年),在汉日、英、美、德、法、比等国侨民共2142人,到1915年,汉口的外国侨民中,仅欧美居民有1495人。”[①]1880年前后,最先是

① 菲尔德维克,姚伟钧译:《汉口》,《武汉城市发展轨迹》,天津社会科学出版社,1990年,第437页。

从德租界开始，其后其他租界也渐渐放宽限制，中国人开始获准在租界居住和经营。另一方面1911年辛亥革命前后，武汉三镇，几乎都陷入战火之中，城市遭到了极大的破坏。而租界区由于在战场之外，没有受到任何影响。这种对比使华界区饱受战乱之苦的人们将目光投向了租界。大量华界人口流向租界区。人口的急剧增多，迅速刺激了住房需求，居民住宅建设进入了高峰期。“这就需要把租界背后的沼泽地辟为居住区，尽管建筑业十分活跃，租金仍扶摇直上。这种畸形发展相当普遍，住宅供不应求。外国人居住区拥挤不堪，尤其是英租界期内。大量资金投放在租界区内，举建仓库、工厂、外国人居住区。”①

图 3-17 俄国巴公房子旧址

（1）巴公房子（图 3-17）

在俄租界鄂哈街（今洞庭街中段）、中国街（今鄱阳街东端）与列尔宾街（今兰陵路）之间，俄商巴诺夫兄弟1910年兴建三层砖木结构的大、小“巴公房子”各一座，紧靠在一起，平面呈锐角三角形。中部为三角形天井，相当于一个内院。平面单元式布局，各单元分别设置出入口，单元分户明确。户内外皆有卧室、起居室、阳台、卫生间、厨房，布局紧凑，是供外国人居住的高等公寓建筑。②

（2）怡和房子

在俄租界列尔宾街（今兰陵路）与夷玛街（今黎黄陂路）之间的珞珈碑路（今珞珈山路）。于1919年英商怡和洋行兴建，共27栋高级住宅。每栋住宅均为三层混合结构。底层设有汽车库、佣人房等，侧面有露天台阶通向二层；第二层为门厅、客厅、餐厅；第三层为卧室、书房等。室内卫生设施齐全。房屋平面及三面墙身部规则，窗户大小不一，上下错落，清水红砖外墙，红瓦屋顶，略带西班牙建筑艺术风格。

① 李策泽：《海关十年报告》（1882—1931年，汉口），香港天马图书公司，1993年，第136页。
② 武汉地方志办公室：《汉口租界志》，武汉出版社，2003年，第200页。

(3)怡和村

1920年,英商怡和洋行在渣甸路建成怡和村(今解放公园路53号),是一个典型的花园别墅区。十多栋别墅在平面设计、立面造型以及材料的用法上无一雷同。别墅多为二至三层砖木结构,部分有底层车库,四周绿树环抱,总体布局自由。内部更多考虑到功能分室,按使用要求确定各房间的面积大小,以提高住宅平面利用率。内部装修豪华。

5. 休闲娱乐场所

定居人口的增多,带来了休闲娱乐业的发展,一时间,休闲娱乐场所的修建便渐渐热闹起来。

(1)西商跑马场

原名六国洋商赛马会,在渣甸路(今解放公园一带),建于1905年,占地800亩。其管理权、警卫权均由外国人管辖,赛马期间由英国公部局派巡捕维持秩序。跑马场大门设在今中山大道六合路上首(今解放公园路),进门沿途柏杨夹道,有约500米长、一丈高的钢筋混凝土围墙。跑马场内建有巨型看台,占地2000平方米,分上下两层,下层为台阶式,上层为平台,可容纳观众万人。内有公证亭、酒吧间、俱乐部、游泳池、马房等。

(2)德明饭店(图3-18)

图3-18 原德明饭店今貌

1919年由法商投资建造。地址在法租界德托美领事街(今胜利街245号)。三层砖木结构,采用覆斗形屋面,坡度很大,屋顶内有夹层,向外开气屋,铁皮瓦面，上贴沥青油毡呈黑色，是一座典型的法式建筑。内部装修颇为讲究，护墙板和地板均为柳桉木，舞池地板具有弹性，落地长窗直通花园。大门为折叠式旋转门。德明饭店是当时汉口租界区内最豪华、最高级的饭店。现为江汉饭店。

（三）衰落期

辛亥革命以后，特别是第一次世界大战期间，各国银行无暇东顾，中国银行趁机发展。从而形成中外银行在汉鼎立争雄之势。这一时期，外国银行的数量虽有所增长，但是中国银行的数目和规模却成倍地增长。20世纪20年代末，武汉地区形势发生剧变。武汉人民反帝斗争不断高涨，汉口民众掀起了收回租界的高潮。在这种动荡的政局之中，汉口租界区的建设几乎陷入瘫痪。外商兴办的工业企业寥寥无几，众多的民族资本家经营破产，外商银行不断受到抵制和挫败。这一时期的建筑很少，以银行建筑为代表，但是它们与兴盛时期的银行建筑有着很大的不同。兴盛时期的银行建筑多为外商银行，而自从德、俄、英三国租界被收回后，外商银行在租界区已不多见。这个阶段全国性的有影响力的银行主要是北方财阀控制的“北四行”（中南银行、金城银行、大陆银行、盐业银行）和江南财阀控制的“南三行”（上海银行、浙江实业银行、兴业银行）。租界内设立的银行与这两大财阀有着千丝万缕的联系。

1. 四明银行

1919年，四明银行在汉口设立分行。1936年在特三区（原英租界）江汉路45号兴建五层（中间七层）钢筋混凝土结构大楼，占地1182平方米，建筑面积4882平方米。大楼主入口临江汉路，平面呈梯形，中央为营业大厅，大厅前后有办公室、楼梯间等附属用房。底层是麻石砌筑，以上为水刷石子粉面，竖直线条通顶，外观简洁明快，开汉口建筑之新风，是典型的早期现代主义之作。

2. 中国实业银行

1922年中国实业银行在汉口设立分行，1936年在特三区（原英租界）今江汉路与洞庭街转角处（江汉路24号）兴建六层（中转角处九层）钢筋混凝土结构大楼。大楼临街立面底层为黑色大理石磨光，上部刷粉红色砂浆到顶，中间玻璃钢窗展现现代建筑形式。是当时武汉最高的建筑。

3. 大孚银行

1935年，大孚商业储蓄银行在汉口开业，1936年在特三区湖北街与伟雄路口(今中山大道934号)兴建的四层(转角处五层)的钢筋混凝土大楼,占地面积506平方米。建筑面积1668平方米。大楼为现代建筑形式,每层之间用两块长方形几何图形代替了复杂的古典装饰,使建筑更加洒脱大方。顶部也以简练的几何图形代替古典塔楼,使整座建筑物充满了典型的艺术装饰主义的情调,当时称之为摩登大楼。

二、武汉的园林

园林是城市建筑中不可或缺的一部分,恰似那万花丛中的一点绿,将整个城市的面貌点缀得生动无比。武汉地区气候温和,雨量充沛,市区中龟蛇二山对峙,市郊山峦重叠。这种得天独厚的自然条件和气候环境,在一定程度上为武汉地区丰富的园林资源准备了良好的客观条件。武汉的园林建筑经历了从明清私家花园到近代花园的演变历程。

(一)明清园林

武汉历史悠久,其建城史可以追溯到盘龙城时期,距今约3500年,即是商代前期。但是汉代以前,武汉地区一直处于中断、迁徙的历史之中。直至东汉末年三国时期,武汉才以其重要的战略地位和优越的地理条件,成为军事重镇。至隋唐初期,中国封建社会进入发展的高峰阶段。武汉的发展既体现了传统中原地区重要交通枢纽军事要冲的地位,又在社会发展的新形势下形成了独具特色的封建镇邑文化。由于横跨长江的特殊地理位置,武汉商业日渐繁荣,逐渐成为中原地区最大的贸易集散地。大量富商大贾开始积聚于长江两岸。陆游在《入蜀记》中这样描述武汉:“市邑雄富,列市繁错,城外南市亦数里,虽钱塘、建康不能过,隐然一大都会也。”商业虽然繁茂,但是“瓦居竹楼千万户”,真正的庄园别墅还十分少见。

明清时期私家造园之风兴盛。这一时期的园林建筑主要分为知识分子(士大夫阶层)修筑的私家园林,同乡会的会馆园林以及富商大贾们修建的园林别院。明清时期中国的封建专制统治达到了空前集中的地步,政治黑暗,士大夫阶层没有任何言论自由。许多人的抱负得不到施展,只能“解甲归田”,寄情山水以自慰,园林成为他们情感的重要寄托。富商大贾们所修建的园林别院,一方面是明清时期武汉地区商业繁荣的例证,因为有了一定的资本积累之后,才能有多余的资金来满足自身的需求和娱乐，另一方面也反映了当时社会上崇尚清雅的园林修筑热潮。他们跟随士大夫的脚步，修建园林，标榜自身的“知识”。同乡会的会馆花园则又与前面二者有所不同，它是外地来汉的同乡组成的联合会所建造，是供公众集会、团体办公和消遣娱乐的地方，一定程度上也带有些同乡商业行会的性质。还有一种最为传统的园林形式，那就是官署花园。

尽管这些私家园林多为城市宅园，且面积不大，可是就在这一方小小的天地里，营造出了无限的境界。它们的共同特点在于选址得当，以山水为构架，穿插亭台楼阁，花草树木，风格朴实自然，充满了诗情画意。这小小的一方天地不仅是园主的生活场所，也是他们的梦想的寄托。

1. 官署园林

(1)楚王朱桢府

明朝初年，朱元璋封六子朱桢为楚王，驻武昌。楚王世系共历八代九王，共262年之久，与整个明朝始终。在这两百多年的时间里，武汉地区享有了一定的和平与稳定，这一时期也就成为武汉发展的一个重要契机。今天武昌城的许许多多的街道、名胜以及大量的古代建筑都留下了楚王府的痕迹。而朱桢的府邸楚王府也就成为武汉地区有史可寻的最早的园林建筑了。

王府在武昌城的中心地带，蛇山中峰高观山南麓，坐北朝南。它的建造规模是严格按照洪武四年对亲王府制定的规定，有四门城楼，前后殿及廊房、堂库等附属建筑物共800多间，还有山川、社稷、宗庙，规模庞大，富丽堂皇。楚王府虽然不是真正的皇家园林，但是它作为一位亲王的府邸，大致也拥有一些皇家园林的特点，不仅景观多而全，功能内容和活动内容也十分盛大和丰富，生活用地一应俱全，甚至还做了细微的分类，如有专门供王妃梳妆用的梳妆台。此外与祈福、祭祀和宗教有关的建筑物也数量众多。

(2)乃园

清湖北按察使司署的后花园，依武昌蛇山而建。清末由一刘姓按察使主持修建，因其号有“乃”字，又因园中建筑布局呈“乃”字形，故命名为乃园。

乃园的面积大约有数十亩。“四宗寺”和“学律寺”是乃园的主体建筑。前者是为祭祀在太平天国三克武昌城战役中为清廷殉职的按察使所建，后者是教授地方官员学习律令的地方。此外，园中还有“七曲廊”、“见江亭”、“梅鹤堂”、“高观堂”等建筑，植有各种花木。池塘内种有白荷。乃园着眼于田园风光，园中建筑，多不加以修饰，崇尚自然清雅。民国时期，乃园为湖北财政厅的后花园。1924年时，乃园被划入首义公园，围墙亦被拆除。1953年修建长江大桥时，首义公园的亭、台、楼、阁均拆迁，乃园也随之消失。

(3)憩园

清湖北布政使署修建的官署花园(原为南宋鄂王岳飞府第的后花园)，位于武昌司门口，今武昌区政府所在。该园建于光绪二十二年(公元1896年)，面积十亩。据史料记载，建园时还存有数百年前遗留的山丘、水池、古树等。憩园的雏形即是在此基础上加建“待月榭”和“枕江阁”并绕以长廊而成。光绪二十八年，憩园重建，不仅修复已有的长廊，更新建“听秋声馆”，广植花卉，修筑假山池塘。可惜的是该园今亦无遗迹可寻。

2. 士大夫所建园林

士大夫的私家园林也是受到皇家园林的启发，希望造山理水以配天地来寄托自己的政治抱负。明清时期社会的动荡和政治的腐败，总让文人士大夫们失望，但是知识分子与生俱来的社会责任感和良知又让他们不忍彻底“出世”。园林的出现，恰好解救了他们的这种尴尬境地。于是文人士大夫阶层便小隐于园林之中，一旦明君出现，他们立即就可以“复出”。由于文人士大夫本身一般都具有较高的文学艺术修养，因此他们的园林大多都透露着书卷气，显得清雅质朴。

(1)熊园

熊园位于武昌起义门内(当时的武昌府南门内梅亭山下)，系明万历四十一年(公元1613年)原兵部尚书熊廷弼被罢职江夏(即武昌)闲居时所建，故名“熊园”。园林的面积较大，宛如一幽静的乡落，其内有九曲小溪，每曲建一亭，沿溪两岸遍植花草树木。清乾隆五十八年(公元1793年)废。

(2)霭园

又名刘园，是刘居士隐居之处，建于清乾隆癸丑年(公元1793年)。坐落在武昌崇福山东麓，右傍凤凰山，是在明崇阳王府的故基上依山修建而成，面积大约10亩。园中各色建筑齐全，多种多样的植物点缀其间，周围绕以鹿眼篱和虎皮色围墙，景色幽致。园内设有三门：第一门内主景祀花神之祠，高台曲池，并有供游人小憩的茶社;第二门内主要是一些亭台楼阁,可以欣赏江山风光;第三门是园主的居室。该园坐落在青山碧水之中,异常幽静,是当时有名的私家园林。学使吴白华为之题名“霭园”,并刻石额于园门。咸丰初年,因兵灾被毁。

(3)寸园

位于武昌城东,今胭脂路72号院内。这座园林是清朝同治年间尚书张月卿告老还乡,利用住宅南部的一小块空地修建的。用剑南诗意“得寸则寸,而不欲得寸进尺”,定名“寸园”。园内布置淡雅朴素,小园周围绕以矮墙,中间垒拳石造假山,名“巷玉堆”,假山周围还有树木和四季花草。该园现已淹没。

3. 会馆园林

(1)豫成园

位于汉口长江畔药王庙之东,是覃怀同乡寓汉别墅。兴建于清康熙年间,占地10亩。馆旁建有花园,设楼、亭、池,并置以山石花木,玲珑幽致,别有洞天。

(2)怡神园

山陕会馆的花园。山陕会馆又称西关帝庙,是山西、陕西两省商人议事的处所。位于汉口循礼坊夹街。据清光绪二十二年(公元1896年)编纂的《汉口山陕会馆志》记载:“(会馆)创始于康熙癸亥年(公元1863年),被毁于咸丰甲寅年(1854年),复兴于同治庚午(1870年),工讫于光绪乙未年(公元1895年)。”[①]该馆建筑宏大,是当时较大的会馆之一。馆内修有大殿,供奉关羽神像。

怡神园坐西朝东,有正殿、拜楼、鼓楼、春秋楼等建筑,遍植竹。院内建有花园,周围绕以围廊,装饰雕栏。园内有亭,曰“怡神园”。除此之外,还有玲珑的假山。正殿是摆放关羽神像的地方,威武神圣。大殿的前面两侧是一人多高的钟楼和鼓楼;后两侧是客厅和住房。房间里陈设华丽,都挂有字画,长期住着主持会馆事的人。清末民初,每天到这里的山陕商人和朝拜关帝的普通百姓络绎不绝。逢年过节香火更旺。该园现已废。

4. 富商大贾所建园林

明清时期,武汉地区的商业发展迅速。到了清末,许许多多的富商大贾更是已经聚集起了雄厚的资本。一方面在经济条件许可的情况下,另一方面在当时造园风靡的社会之风的影响下,一座座风格各异的园林便拔地而起。但其中很

① 《汉口山陕会馆志》 光绪二十二年。

多都已无迹可考。买办刘歆生的刘园是其中较为著名的一座。

刘园建于清光绪年间，坐落在汉口循礼门车站旁、京汉铁路外，也就是现在的中国船舶工业公司所在地。面积约为1.6公顷。该园布局以池塘为中心，周围造景。靠江汉路和铁路地势较高的地方堆山，低处挖池，沿池设亭，亭与亭之间有小桥相连，半岛上建有“浮碧亭”，这座亭子也是刘园的中心所在。沿池畔装有电灯。其南面有饲豹房。周围堆山叠石，栽植树木。北面还有花房，里面养有各种奇花异草，供园内自用。在中山公园尚未兴建的前30余年时间里，它曾是汉口的最佳现代园林。

该园于1911年辛亥革命时遭清军冯国璋军所部破坏，园内半毁。1913年建华公司租赁后开始对外开放营业，改为群众休憩场所。1918—1945年之间，5次被军队征用，加修办公楼，使得该园旧貌全毁。

（二）民国时期的园林

这一时期的园林渐渐成为花园。在造园风格上，打破了中国传统园林的模式，吸收了西式园林的特点，带有一种中西合璧的风格。这些园林多为军阀、著名工商业者或买办所建。

1.琴园

兴建于1917年春，位于武昌原武胜路门外约5里，黄鹤楼之北、沙湖之西沟口地方，即今徐家棚以东一带。面积为2.25公顷。园主任桐，字琴父，取其名之一字而命名琴园。该园景色宜人，富有民族特色。进大门分左右两条路，其间穿插点缀着池沼、石叠、假山。小溪上设有架桥，整个园子的架桥共计七八座。大厅中尤以陈设乐器用的“乐乐”大厅和供演奏用的“镜花台”最为有名，还有文人雅士齐聚一堂吟诗作画的“诗窟”也颇具盛名。

该园具有四季不同的景色，以山、水、石和花木为主。春有杏花、桃花为景；夏有翠竹、梧桐灼灼生机；秋日桂花飘香，芙蓉争艳；冬日则有腊梅傲雪怒放。

琴园曾经对外开放过，并收取一定的门票费用。1922年，武昌商埠局为了从徐家棚到琴园游览方便，专门修建了一条由粤汉铁路边通往琴园的马路，名之曰“琴园路”。其后该园不断修理扩建。1931年武汉发生了洪水灾害，园内的一些建筑物被冲毁。1938年，武汉沦陷，琴园为日军所占，园内所存建筑物再次被毁。解放后，该园也没能得到很好的修复，反而在园址上修建了很多的工厂住宅。该园现已湮没,仅剩一口小井和零星的湖塘痕迹。

2. 种因别墅

又称曹家花园,位于武昌珞珈山以南,占地 6 公顷。该园是武汉民族工商业家曹琴萱的私家花园。1932 年筹建,1935 年竣工。园名“种因别墅”是为了纪念创业起家之曲折不易。花园四周建有围墙,与外界隔绝。园中有人工挖成的湖塘,湖中央修筑了一座清雅别致的小方亭。墙南的西式楼房是园主的住所。依墙堆山,山后有松、竹、花草等植物。此外,园内还有供休闲娱乐的场地。1945 年抗日战争胜利后,该园得到了扩建,并重点建花室,聘花工,大量生产做香料用的茉莉、白兰等。1951 年,曹家后人将此园出售给中南军区后勤部,后改为武汉军区第四招待所。

3. 万松园

位于今汉口万松园路两侧,原为西商跑马场部分旧址。占地 6 公顷。该园由官僚、巨商和封建把头合资兴建,1918 年动工,1926 年竣工。万松园与新市场(今民众乐园)是同时期的建筑,是为了与新市场竞争而建立的,所以性质和新市场是一样的,但建筑规模比新市场大。大门前立牌楼一座,刻有“万松园”三字;园内有人工挖成的小河,上有架桥。各种风景点和娱乐休闲场,如戏院、茶社、餐馆、商店等均对游人开放。

园内景色优美。风景秀丽,吸引了大批的游客,生意兴隆。1927 年,北伐军占领武汉后,此园开始衰落。1931 年大水,全园被冲毁。

4. 杨森花园

民国年间,许多军阀、官僚将自己多年收刮所得在市区内大量购买房产,修建私园。四川军阀杨森就是其中一个。

杨森花园坐落在汉口惠济二路口,原中共武汉市委印刷厂所在地,是杨森公馆的侧园。花园于 1928 年开始修建,面积 5.6 公顷。全园四周绕以垣墙,内有假山荷池、亭台楼阁、名花异草。该园亦于 1931 年被大水冲毁。

(三)租界园林

租界花园是这个特定历史时期的特定产物。它们与传统的中国园林有着很大的区别,与中国园林的小而别致的风格相比,租界花园大多追求一种简单大方的美。

1. 日本公园

在原日本租界的日本兵营内，位于永清马路范家墩西面。1925年为日本人所建，面积约5公顷。园内有喷水池，有绿茵如毡的草坪，还有足球场、网球场、棒球场等运动场所。树木花草甚多，还有日本本国最为有名的樱花。园内没有亭台楼阁，布局简单自然。曾为武汉军区后勤部驻址。今还遗留有建园时栽种的少量树木，这些树木因年代久远，已经生长得十分茂盛。

2. 海关公园

在汉口英租界内，位于今洞庭街、鄱阳街、天津路、合作路之间。1875年为英国人所建。该园的面积不大，园内也并无太多的亭阁建筑，只是多植以常绿树和落叶树，是供海关人员居住休息的场所。1951年武汉市人民政府将其改为文化俱乐部。

（四）近代公园

武汉地区的公园建设始于1923年辛亥首义人士夏道南筹建的首义公园，继之为1928年的中山公园。

1. 首义公园

该园是民国十三年（公元1924年）政府体恤首义伤军所拨的地皮，位于武昌蛇山西端南麓，东起文庙，西至陆水巷，北抵陈友谅墓，南止大成路乃园遗址附近。首义公园是一座主题十分明确的纪念性公园，但是当时的总统黎元洪将它作为伤兵的谋生场所，任由伤兵在园内搭建一些建筑物，招揽游客，并收取一定的费用。由于当时首义公园是城区内唯一的一座公园，所以游人相当的多。据汉口《民国日报》1927年7月26日的“社会新闻”报道：“武昌首义公园，与黄鹤楼毗邻，山水花木引人入胜，虽其内汉班剧社不甚佳，而一夜之间，清风徐来，黄鹤楼所不及也，所以日来游人甚多。”

2. 中山公园（图3-19）

中山公园位于汉口解放大道中段，地处闹市中心。总面积达34.3公顷，其中水的面积就占去了6公顷。

1927年，汉口特别市政府没收湖北将军团成员李华堂的西园，在此园的基础上，兴建中山公园。它是武汉市第一座综合性的公园。该公园不仅有传统中国园林所具有的亭台楼阁，奇花异草，更是迎合时代的发展需要建有现代化的足球场、篮球场、高尔夫球场、游泳池、溜冰场和儿童游乐场。此外,还有民众教育馆和总理(孙中山)纪念堂。公园里也有一些私人营业的茶馆、照相馆等休息娱乐场所。当时的内政部长蒋作宾曾夸奖中山公园"是亚洲第一所综合性的公园"。

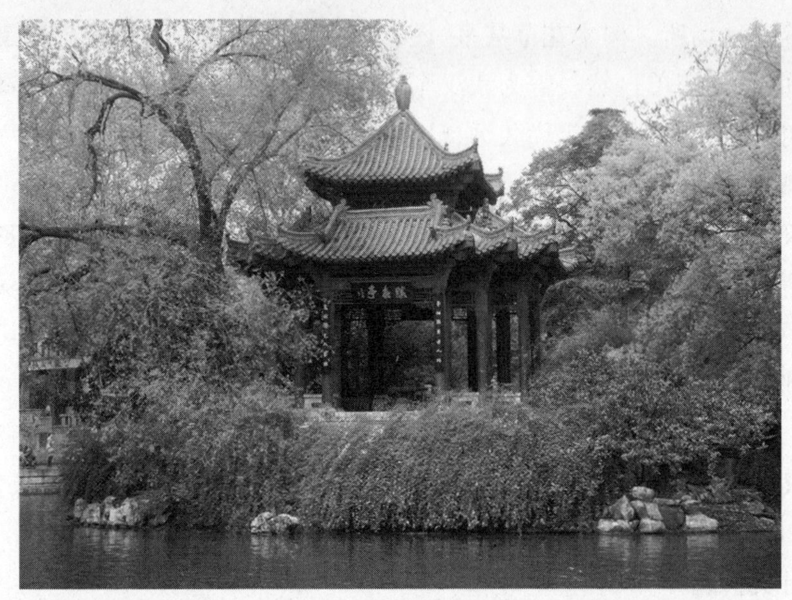

图 3-19　中山公园今貌

1931 年的大洪水冲毁了中山公园,只存有很少的景点。1932 年重新修缮,直至 1934 才大规模的陆续修复原有设施,并再次对外开放。1937 年,抗日战争爆发,各界抗日人士曾在该园体育馆举行万人大合唱,以激发人们的抗日热情。武汉沦陷后,该园的设施遭到严重毁坏。解放后,于 1951 年进行了全面的翻修并进一步扩建。新修了动物园和苗圃,整个公园的面貌焕然一新。该园的树木繁多,花卉生产以菊花为主。1956 年,该园举办了"武汉市第一届菊花展览",受到广大人民群众的喜爱,以后几乎每年都会举办菊展。

中山公园随着时代的发展,不断更新着自身的设施。1982 年以后,陆续增设了智能游艺、碰碰车、各式电瓶车、空中飞车等一系列电动游艺设备。每逢节假日,游人如织,成为"汉口第一公园"。

3. 解放公园

该园位于汉口解放大道下段,面积 38 公顷,其中水的面积有 7.5 公顷。是在原汉口西商跑马场外场的基础上建成的。

1953年开始修建公园，1955年免费对外开放，两年后才收取门票。全园分为柳林区和规律区两大景区。柳林区的景点较为传统，是典型的中式园林模式，亭台楼阁点缀其间，再辅以花草树木，清幽雅致。规律区是于1955年才开始兴建的，它大量汲取了西式园林的建筑风格，强调空间的独立性，四周以水道环绕，大部分景点以放射形道路构成对称的几何图形。后来还陆续在规律区内修建了展览馆和露天剧场等。

20世纪70年代后，该园的布局逐渐转向自然式。在园林造景方面，开挖了露华台周围水系，形成了一个面积约1公顷的中心小岛。在游乐设施及服务设施方面，先后扩建了露天剧场，还将展览馆改建为了室内电影院。80年代后期，解放公园引进了碰碰车、电瓶车等现代化的游乐设施。值得一提的是，80年代初对该园进行了重新规划，将全园重新划分为文娱活动区和安静游憩区。这种规划，一方面突出体现了园内各个景区的特点，另一方面也能方便游客的游玩，满足他们的不同需求。重新规划后的公园建筑风格偏向新园林。

第五节 荆楚近代教育建筑拾零

教育乃兴国之本，荆楚地区历来崇尚诗书传家。到了近代，湖北教育发生了一系列的变化。汉口开埠，外国教会带来了西式教育，对传统教育体系产生了一定的影响。特别是张之洞督鄂期间，大力推行新式教育，使武汉地区成为重要的人才集中地，也间接推动了中国近代历史变革的进程。

武昌自元代以来，一直是湖广地区的首府，经济文化等事业较发达。其中，教育事业尤为繁盛，传统教育、近代教育和现代教育都留下了不同时代的印记。教育一方面为各个时代培育了人才，另一方面因教育而兴建的建筑则保存了特定历史时期的文化信息。难能可贵的是，武汉地区至今仍保存了不同时期的优秀教育建筑，为研究历史社会面貌提供了绝佳的载体，同时也为当代建筑设计提供重要的参考物。尤其是大量近代教育建筑仍在发挥作用，是延续武汉历史文脉的传家宝。

一、本土教育建筑

传统教育的主要形式是私塾。私塾大多以民居为授课场所，所以建筑形式不具有独立的特征，分布也较为零散。武汉地区的官学有学宫、贡院、府学。学宫有祭祀先圣孔子和为国家培养人才的双重功能。全国的学宫建筑式样有固定模式，各地根据地方特点稍有不同。每座学宫均坐北朝南，在中轴线上，一般自南向北依次为照壁、棂星门、泮池、大城门(又称戟门)、东西廊庑、大成殿、崇圣门、明伦堂、尊经阁等建筑，大都附有乡贤祠、名宦祠、魁星阁、文昌阁、光霁堂、礅一亭等建筑。汉阳共勉街牌坊(图3-20)保存有弥足珍贵的明代建筑，为中式古典建筑，风格挺拔朴实。当年，共勉街是县学所在地，是明清时期乡试会试的考场，也称贡院。该牌坊是通往县学的标志物，称为"贡院坊"，寓有荣耀之地的意境。它通体采用了青石材料，单排立柱加额枋，四柱三门，仿木结构。从其打荒、做糙、錾斧、扁光、对缝安砌、叫号磨砻等诸多工序中，表现了我国古代工匠的高超技艺。

图3-20 汉阳共勉街牌坊

书院的出现也是武汉地区教育发展的重要标志之一。书院最早出现于唐代，为朝廷藏书、修书之所。北宋以后，书院发展成为讲经传道的机构。书院大多修建于山水形胜和清幽典雅之地，为儒生提供切磋学问、修身养性的场所。后来逐渐与科举制度联系，成为个人谋求晋身之计的预备学堂。早在宋代，武汉地区即有东山书院创制，至明清

图3-21 问津书院

两代本地共创建书院21所，屡有兴废，为延续本地的文化香火作出了贡献。宋末元初创办的问津书院（图3-21）为湖北保存最久的古代书院建筑。书院位于新洲区旧街镇孔子山下，整个建筑依山傍水、幽静典雅。兴盛时期占地数十亩，殿、堂、楼、阁、祠、馆、斋、亭、台等兼备，气势恢弘。现存建筑重修于1912年，虽经历史风雨侵蚀洗礼，风韵犹存。

清末武汉地区的教育和全国一样，出现千年未有之变局。一方面，西方列强的侵略，东西方文化碰撞交锋，愈发显现出封建传统教育的弊端。有识之士开始逐渐改造传统教育形式，催生了中国近代教育。另一方面，自1861年汉口开埠后，西方教会纷纷流入。为培养教徒，各教会相继开办教会学校，引进了西方教育模式，打破了武汉地区教育的传统格局。反映到建筑上，也出现了两条发展的线索。国人创办的学校，逐渐接受西方建筑的风格和技术，出现中西合璧的趋势。而外国教会学校由开始的移植西方建筑风格，到接受中国建筑的影响而呈现本土化的趋势。中西建筑互相影响，最终走向平衡杂糅的态势。

在汉口开埠后的相当长的时期内，武汉地区教育仍是传统书院教育大行其道。直到张之洞任湖北学正和湖广总督时，他认为“中国不贫于财而贫于才”，遂大兴教育，尤其是书院教育。后期逐渐成为创办新式学堂的积极实践者，使武汉成为中国近代教育的重镇。他经手的旧式书院有1869年设于三道街文昌阁的经心书院，1890年创设两湖书院于武昌都司府，还有1867年张之洞扩建的江汉书院，并称为清末武汉三大书院。清末三大书院建筑布局体现儒家思想，建筑群

图3-22 两湖书院旧址

从每个殿堂厅房所居的位置、装饰到总体格局，都遵循纲常礼教的严谨秩序，使书院师生置身于一种浓厚的政治伦常的观念和秩序之中。外形朴素，平面设计主次分明，依中轴线布置空间序列。布局通常为一进或多进的合院式组成，四周建有围墙以隔市井喧嚣，气氛雅静深邃。书院学宫式建筑多简洁朴素，宅舍灰瓦白墙，清新自然（图 3-22）。学宫式建筑多为一层，白墙或青砖墙，灰瓦坡屋顶，宽宽的檐下是大红的木柱，木柱立在一个石墩上。建筑简洁，极少装饰，却有一种古朴、雅致的建筑美感。

张之洞督鄂后期，为适应洋务运动的需要，除将传统的学宫式建筑逐渐改造成学堂外，还大力兴办新式学堂。改造的学堂仍然延续着传统建筑的格局和形式，而新式学堂则受到西方建筑的影响，在规划布局上已经有了功能区域的划分，并且出现了操场。张之洞所建的北路高等小学堂即后来的农民运动讲习所，为学宫式建筑，遵循学宫坐南朝北轴线布局特点，但总体布局上已具有了西方学校的特征，出现了大操场，并以操场为中心，教室和辅助用房前后左右分置。后来建设的武昌高师附小，则是典型的中西杂糅型建筑。外面为西式建筑风格大门（图 3-23），立面三段式，中为门楼，两侧为西式臂柱，顶部为巴洛克式花朵。入口为半圆形拱券门，门头有精美雕刻。从校园内部（图 3-24）看，则完全是中国传统建筑风格，白墙红柱，清水砖墙，灰色坡屋面，朴实大方。

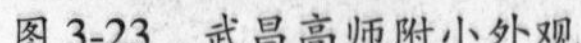

图 3-23 武昌高师附小外观

图 3-24 武昌高师附小内部

民国时期，近代教育系统趋于完善。学堂改为学校，私立学校兴起。学校的运作与世界发达国家接轨，学校建筑风格出现多样化，中西融合的建筑风格得到进一步发展。学校建筑功能区分更加明确。其中于1912年创办的私立中华学校（1915年改为中华大学），由于经费和条件所限，建筑的校舍（图3-25）大都简洁明快，强调实用功能。

图3-25 中华大学教学楼

这一时期，武汉地区最重要的学校建设当为国立武汉大学的创建。二十世纪三十年代中期，各大城市的报纸上刊登了一则消息，消息写的是胡适会见外国朋友的谈话内容。胡适说："你们要问中国有没有进步？去看看武汉大学就知道了。"[①]武汉大学的前身为创办于1893年的自强学堂，后改为武昌高师、武昌师范大学、武昌大学、武昌中山大学，校址原在武昌东厂口。鉴于原址地狭局促，决定迁址重建。

1928年，南京国民政府决定设立国立武汉大学。时任南京国民政府大学院院长的蔡元培指派刘树杞、李四光、王星拱、叶雅各等八人为武汉大学新校舍筹备委员会，李四光为委员长。地质学家李四光和农业学家叶雅各二人承担新校址的选择工作。二人发现东湖之滨落驾山一带，依山傍水，为不可多得的宝地，遂决定以落驾山（时任武汉大学文学院院长的闻一多将其改为珞珈山）为新校园建设地。1929年3月，王世杰被国民政府教育部任命为武汉大学校长，负责新校园的建设。王世杰破除种种障碍和干扰，四方奔走筹集款项，使新校舍于1930年1月开始动工兴建。美国建筑师凯尔斯担任总设计师。他对中国传统建筑颇有造诣，将中西建筑文化巧妙结合，设计出了既有中国宫殿式建筑特色又融合西

① 池莉：《老武汉：永远的浪漫》，江苏美术出版社，2001年，第163页。

方歌特式建筑和罗马文化特色的一系列建筑物。凯尔斯根据珞珈山的地貌特征，巧妙利用。校舍依山就势，形成组团建筑。每组建筑物中轴对称，协调平衡，中央突出。校园以北京故宫为建设蓝本，强调民族风格，同时兼容近代西方建筑优点。

图3-26　1932年武汉大学校园建筑

1932年5月26日，武汉大学隆重举行新校舍落成典礼（图3-26）。南京国民政府行政院和教育部分别委派蔡元培和李四光为代表莅临祝贺。蔡元培发表讲话，盛赞武汉大学珞珈山新校舍为国内最漂亮的大学建筑。曾经在此居住过的郭沫若在《洪波曲》里写到："我平生寄籍过的地方不少，总要以为这儿最为理想了……太平时分，在这里读书，尤其是教书的人，是有福了。"

武汉大学被称为中国最美丽的校园，其原因不仅在于校园怀抱珞珈山、濒临东湖的优越地理条件，还在于众多中西合璧的优秀建筑有秩序的散落地校园内，与环境巧妙融入。校园布局合理，围绕两大轴心构造学校的两大组团建筑。一是围绕图书馆建在狮子山南坡的建筑群，图书馆东为文学院，西为法学院，南为老斋舍，图书馆雄踞山顶，有众星捧月之势。二是以运动场为中心构筑的校园对称建筑群。沿运动场南北中轴，工学院、理学院南北相望；以运动场东西中轴，大礼堂与体育馆遥相呼应。校园分区合理，教学、生活和运动区分割明显，而又相距不远，能较好地满足学生的需求。众多建筑远看如仙山琼阁，近看似楼台宫殿。另外一个显著特点，是完美地传承了中国传统建筑文化，又恰当地融入了西方建筑手法。中式的歇山顶、斗拱飞檐、琉璃构件、重檐单檐、鸱吻屋脊、云纹装饰，和西式的立柱、罗马券拱门、拜占庭穹窿顶等完美结合，堪称中西合璧的典范之作。

代表性建筑：

1. 武汉大学图书馆

图书馆处于狮子山顶中央，位置突出醒目，是武汉大学的标志建筑。背对东湖、面对珞珈山。图书馆外观为中国传统殿堂式，外部装饰极具中国传统特色，顶部塔楼是等边八角重檐，呈单檐双歇山式，塔尖的七环紫铜宝顶高耸顶端。屋顶上有采暖烟囱，屋顶南面两角立有云纹照壁，其间护栏以左右的勾栏和中央的双龙吻脊，造成围脊的效果。两栋楼东西对称呈工字型，屋脊与大阅览室相连，为“歇山连脊”式，现存古建筑中较为少见（图 3-27）。图书馆内外装饰较为精美。屋脊、环廊、檐部等处都有蟠龙、云纹、斗拱和仙人走兽的精美装饰（图 3-28）。正面上方镶嵌有图书馆祖师——老子的镂空铁画像。

图 3-27 图书馆外观

图 3-28 图书馆斗拱、墙饰与云纹匾

2. 武汉大学老斋舍

男生寄宿舍俗称老斋舍，位于图书馆前的狮子山南坡，男生寄宿舍建筑主体以花岗岩的灰色为主基调，质朴大方、厚重沉稳。设计巧妙，四栋宿舍一字形排列，由三座罗马券拱门联为一体。建筑平面采用不同层次的组合，巧妙地依狮子山南坡顺山势抱坡而建，使宿舍可争取良好的日照。每栋宿舍由两个大天井将宿舍分隔为前、中、后三排，各排则依山势高低分为前面 3 至 4 层，后面 1 层。共有 4 个单元，计 300 多间房。宿舍设 16 个出入口。楼层命名取自《千字文》，从东边一栋由下至上形成天、地、玄、黄、宇、宙、洪、荒、日、月、盈、昃、晨、宿、列、张十六个斋舍。每两单元宿舍设有 95 级阶梯，作为自校前路通往图书馆教学区的径道，又是宿舍的主要楼梯。斋舍建在不同的高度，沿着高线建成不同层次的房屋，各排房屋底层地面在不同的高度上，而顶层则在同一平面上，称为“天平地不平”。平屋顶与图书馆前区连成一片，宽阔的屋顶平台有效的拓展了图书馆附近区域的活动空间。顶部亭楼突出宿舍顶，呈单檐歇山式。宿舍屋前檐眉与这组建筑均盖绿色琉璃瓦。入口处修建多层阶梯，外观统一、气势磅礴。为突出其导向性，又在其基础上将拱门上部垫起一层，形成顶部单檐歇山式亭楼（图 3-29）。中间的亭楼与图书馆位于一轴线上，借助多层台阶的连接，亦能突出图书馆的主体地位（图 3-30）。

图 3-29　老斋舍亭楼

图 3-30　老斋舍与图书馆

3. 武汉大学工学院

工学院坐落于珞珈山北麓的火石山之间，大楼正面接体育场与理学院相望，背靠珞珈山。工学院融欧式风格与中国传统建筑特色于一体，四偶相对，雍容华贵，典雅大方。主楼为五层高的内回廊式方形建筑，外墙带有明显的侧角，四角重檐攒尖大屋顶，外围的四座歇山顶附楼和正前方的两座罗马式附楼相配合，形成了典型的“中西合璧”式建筑。有低洼处的体育场的映衬，更显建筑巍峨挺拔，气度不凡（图 3-31）。主楼内部回廊里面是通高五层的“共享空间”，采用钢梁屋架、透光玻璃做屋顶，形成明亮的“玻璃中庭”。在大型建筑中，采用“共享空间”、“玻璃中庭（图 3-32）”的设计艺术，在国外建筑界则是 20 世纪 60 年代后才逐渐流行。

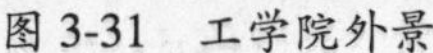

图 3-31 工学院外景

图 3-32 工学院玻璃中庭

二、教会学校建筑

伴随西方列强进入汉口的进程，西方传教士势力也纷至沓来，开始对中国文化的渗透。为适应传教的需要，教会纷纷创办学校。教会学校早期宗教色彩较为浓厚，但它对中国近现代社会文化的发展、科学文明的传播作出了重要贡献。尤其是辛亥革命后，教会学校的教育功能逐渐占据优势，成为重要的科学文化传播基地。

1871 年 10 月，美国基督教圣公会在武昌昙华林创办文华学院，标志着本地教会教育的成型。此后，各国教会相继兴办教会学校。武汉地区的教会学校拥有了从学前教育、初等教育、中等教育和高等教育的完整教育层次（表 3-2），和本土教育共同构成近代教育体系。其中的女子教育首开先例，为中国的教育事业的发展发挥了重要作用。据统计，武汉自开埠以来到 1949 年，外国教会在武汉开办各类学校达 77 所，其中大学 2 所，中等学校 30 所，职业学校 6 所。

发展初期，教会学校没有专用的校舍，传教士大多利用教堂或在教堂附近设校舍。后来，校舍局促不能满足学生人数的增加，教会学校或利用中国民房作为校舍，也开始设计建造新校舍。新校舍大部分为砖木结构的单层建筑或双层楼房。后期，随着学生人数的增加，开始有了校园规划。相比本土的校园布局，教会学校更多地引入西方的校园规划风格。比如重视学生活动空间的设计，校园多设置有运动场、体育馆等公共设施。学校按照功能的不同进行分区，各区域比较重视校园绿地的营造等。

教会学校不但带来了西方的科技和文化，也带来了新的建筑类型和样式。与中国传统建筑重视“数”的增加不同，西方建筑多重视“量”的扩大，将更多内容

表3-2 武汉近代中等以上教会学校

学校名		所属教会	创办时间	备 注
高等学校	华中大学	美国圣公会	1909年	前身为文华大学，1924年同雅礼、湖滨学院合并为华中大学。解放后与中原大学教育学院合并为公立大学，即现在的华中师范大学。
	文华图书馆学专科学校	美国圣公会	1920年	1930 年从华中大学独立出来，现为武汉大学图书馆学系
中等学校	文华中学	美国圣公会	1871年	原名为文华书院，即今天的三十三中所在地
	圣保罗学校	美国圣公会	1872年	抗战时期停办
	圣希理达中学	美国圣公会	1876年	原名布伦女校，即今天的二十五中所在地
	博文中学	英国循道会	1877年	原名博文书院，即今天的十五中
	伦敦中学堂	伦教会	1889年	
	训女中学	英国循道会	1896年	原名为训女书院，即现在的二十三中
	文学书院	天主教	1896年	并于省一中，现为十四中
	懿训女中	伦教会	1897年	原名懿训书院，即现在的二十一中
	法汉中学	天主教	1898年	今武汉市雷锋中学

续表 3-2

学校名		所属教会	创办时间	备　注
中等学校	歆颂中学	圣公会	1898 年	1914 年并入圣保罗中学
	博学中学	伦教会	1899 年	原名为博学书院即现在的四中
	伦教会女学校	伦教会	1899 年	前身为芦汉学堂，现为市美术职业学校
	益智中学	圣公会	1907 年	1927 年停办
	圣罗以中学	圣公会	1919 年	原名圣菲比女校，即今天的二十中
	圣若瑟女中	天主教	1912 年	今天的十九中
	圣约翰中学	圣公会	1913 年	抗日战争时期停办
	三育中学	安息日会	1918 年	
	圣约瑟中学	圣公会	1919 年后	1927 年停办
	路德中学	路德会	1919 年前	1927 年停办
	三一中学	圣公会	1926 年前	1927 年停办
	求是中学	青年会	1927 年	
	协和女子学校	伦教会、循道会、圣公会合办	1928 年	1929 年停办
	汉光女中	汉口基督教青年会	1931 年	
	育贤女中	圣公会	1931 年	
	心勉女中	圣公会	1932 年	
	上智中学	天主教	1934 年	现为武汉市六中
	汉口三育女中	安息日会	1942 年	
	辅仁中学	中华基督教	1947 年	

续表 3-2

<table>
<tr><th colspan="2">学校名</th><th>所属教会</th><th>创办时间</th><th>备　注</th></tr>
<tr><td rowspan="3">专门学校</td><td>训育书院</td><td>循道会</td><td>1888 年</td><td></td></tr>
<tr><td>私立武昌替目女校</td><td></td><td>1919 年</td><td></td></tr>
<tr><td>私立武昌端英聋哑学校</td><td></td><td>1932 年</td><td></td></tr>
<tr><td rowspan="3">职业学校</td><td>大同医学院</td><td>伦教会、循道会、浸礼会</td><td>1902 年</td><td>后并入齐鲁大学医学院</td></tr>
<tr><td>汉口中德工校</td><td></td><td>1907 年</td><td></td></tr>
<tr><td>华中协和师范学校</td><td>圣公会、循道会、伦敦会</td><td>1911 年</td><td>1927 年停办</td></tr>
<tr><td rowspan="3">职业学校</td><td>私立汉口博医卫生技术专门学校</td><td>中华医学会传教部</td><td>1924 年</td><td></td></tr>
<tr><td>汉口普仁高级护士职业学校</td><td></td><td>1928 年</td><td></td></tr>
<tr><td>汉口青年会商校</td><td>汉口青年会</td><td>1919 年前后</td><td>1927 年停办</td></tr>
</table>

（引自李珠、皮明庥《武汉教育史》古近代）

叠加到一个建筑单体内，因而单一建筑体量较大，建筑样式变化多端。教会学校建筑也在不断吸收中国建筑的精华。武汉地区夏季炎热多雨，冬季阴冷潮湿。本地建筑大量采用天井和院落的形式以适应本地的气候，西式建筑就吸取了这一建筑样式，运用在武汉多处建筑中。

教会学校建筑样式经历了逐渐演变的过程，从最初的移植西方建筑样式到后来有意采用中国建筑样式，走向中西融合的道路。最早移入中国的西方建筑样式为外廊式，其特征是：简单的方形平面，楼层不高，房屋外端至少有一面为宽大的外廊。武昌圣·希里达女子中学外籍教师住宅楼(图 3-33)为变异的外廊式建筑,两层砖木结构,四坡屋面,入口前有宽敞的门廊,门廊开拱形门。

图 3-33 圣·希里达女子中学外籍教师住宅楼

武汉地区教育建筑的样式更多的为西方古典主义的校园建筑。根据各国建筑风格的不同,又可分为英国古典主义、德国古典主义、意大利文艺复兴等。英国古典主义建筑多为维多利亚女王时代样式,博学书院小教堂(图 3-34)即为典型的英国哥特式风格的建筑。教堂平面布局灵活,造型自由活泼,正面入口处有砖砌二层塔楼,墙面开设有哥特式尖拱门窗,坡屋顶上覆盖红瓦。德国古典主义建筑外形整齐统一,讲究比例与条理,中间突出,两边对称。德华学堂的教学大楼(图 3-35)具有典型的文艺复兴风格的建筑,建筑轮廓整齐对称,清水外墙红

图 3-34 博文书院礼拜堂

图 3-35 原德华学堂教学楼

砖砌筑,坡屋顶覆盖红瓦。若瑟女子中学教学主楼(图 3-36)为意大利文艺复兴风格建筑,为武汉地区近代教会学校中单体最大的教学楼。建筑三段构成,墙面为红砖清水墙,窗上下为白色,屋顶为红瓦铺面,显得色彩夺目。两侧对称的建筑风格活泼,各层通过设置不同样式的窗户,使立面巧于变化。

图 3-36 原若瑟女子中学教学主楼今貌

近代武汉教会学校作为外来文化,在发展过程中不可能不受中国传统建筑的影响。西方建筑师在设计过程中,借鉴中国古典建筑的造型和装饰风格,形成了中西合璧的杂糅风格。武昌圣·希里达女子中学礼拜堂(图 3-37)即是典型的中西杂糅式建筑,砖木结构,青砖红瓦,中国式重檐,长十字形平面布局,人字形屋顶为西式木架承重。清水外墙砖砌筑,哥特式拱券窗。

图 3-37 圣·希里达女子中学礼拜堂(今二十五中图书馆)

二十世纪三十年代以后，武汉地区出现了现代主义风格的建筑。建筑的特点是建筑造型简洁新颖、使用功能与外在形式较好地结合、装饰较为简单、造价经济合理。建于1936年的汉阳训女中学教学楼（图3-38）即为现代风格的建筑，清水红墙，方形平窗，屋顶为红色平屋顶，廊柱没有装饰，建筑简洁明快。

图3-38 原汉阳训女中学教学楼

武汉近代教会学校建筑中集大成之作的当为文华大学校舍。文华大学的前身为1871年美国基督教圣公会驻鄂主教韦廉臣在武昌城昙华林建的“文华书院”，是武汉开办最早的一所教会学校。书院首先从事为中学教育，后来在翟雅各任院长期间，在校址西南购买大片土地，扩大校址，兴建校舍。1903年设立大学部，1909年申请美国立案后，更名为文华大学。1920年创办文华大学图书馆科，为中国近代图书馆学的发源地。1924年，文华大学同雅礼、湖滨学院、博文书院大学部、博学书院大学部合并为华中大学。后该校图书馆专业脱离大学独立，建制为武昌文华图书馆专科学校。1951年以华中大学为主体，合并私立中华大学、中原大学教育学院，组建公立华中大学，后改为华中师范大学。

文华大学的历史悠久，从建立大学开始到现在的华中师范大学，时间已达一百多年。文华大学的发展历程能清晰地反映近代教会大学在中国的历史，经历从书院到大学，从初等教育到高等教育，从外国教会大学到公立师范大学的历程，能够比较全面地见证中国近代教育的发展史。难能可贵的是，文华大学的校舍保存完整，包括教学楼、体育馆、礼拜堂、宿舍。由于昙华林用地所限，1953年之后，华中师范学院陆续迁至武昌桂子山，而原有昙华林校区变为1959年成立的湖北中医学院的校区，至今保存有大批优秀建筑。

代表性建筑：

1. 文华书院圣诞堂，现为湖北中医学院小礼堂

图3-39　文华书院圣诞堂

原为文华大学礼拜堂(图3-39)，因落成于1870年圣诞节，故称圣诞堂。为湖北省学校中兴建最早和使用时间最长的礼拜堂。建筑砖木结构，造型典雅大方，有希腊神庙韵味。正面入口有门斗，建筑外部设柱廊，开圆券窗。底层抬高，设通风孔以防潮、防蛀、防火。礼堂上空木架承重。廊柱为仿希腊神庙风格，在教堂立面上沿柱廊做了铁瓦披檐，整栋建筑具有了中国传统建筑的重檐效果。此建筑较好地融合东西文化，为湖北省孤例。

2. 翟雅各健身所(图3-40)，现为湖北中医学院体育馆

图3-40　翟雅各健身所

该建筑为纪念文华大学第一任校长翟雅各而建，于 1920 年左右完竣。双层结构，底层稳固坚实，上层为九开间廊柱结构，通透活泼。中式屋面，西式屋身，典型的中西合璧式建筑风格。红砖清水墙砖木结构，大型单檐庑殿顶满铺琉璃瓦，正立面建有抱厦与勾栏。民间有人形容它是一座“头戴瓜皮帽而身穿西装”的大房子。在柱廊的明间与次间的处理，栏杆、窗棂的做法都是采用中国传统建筑做法。二层柱廊上部也做了琉璃披檐，与屋顶构成重檐效果。结构布局为全省孤例，是武汉近代优秀历史建筑中的精品。

3. 文华大学文学院（图 3-41），现为湖北中医学院离退休工作处办公楼

内天井回廊式砖木结构二层楼房，中西合璧建筑，平面呈曲尺型，一层东西两侧回廊立木栏杆，二三层回廊及封闭墙板皆为木构。基础加透空层，西立面外墙皆为廊庑，外墙及内墙门窗皆采用券顶。内天井下沉，天井台明为红砂石。北面入口耸立四根陶力克柱，显得气度不凡。南侧（图 3-42）入口处有三角木架门斗，红瓦覆面，下以两根木柱支撑。建筑外观端庄内敛，而建筑内侧别有洞天。1920 年 2 月 4 日，陈独秀来武汉传播马列主义时曾经在此演讲和住宿。

图 3-41　文学院天井

图 3-42　文学院外侧

正如建筑大师贝聿铭所言：“没有人能永远风光，但建筑是悠久的，最要紧的是看你的工作如何，工作能否存在，50 年以后、100 年以后……任何名分都会随时间流逝，真正留下来的只是建筑本身。”正是大批设计师的智慧和创造，武汉地区才拥有宝贵的历史建筑。正是校园相对沉静的气度，才得以保存有大批优秀校园建筑。也正是优秀的教育建筑，见证了武汉近代城市发展的变迁，沉淀了各个时期的校园文化，记载了学校的传统和文脉，收藏了莘莘学子的梦想。

第四章　荆楚交通文化

众所周知,衣食住行是人类赖以生存必不可少的四大环节,其中的行就是指交通。交通是指人类或人类借助外在运载手段,通过运动转移的方式,实现人或物的空间位置移动的社会活动的过程。

交通行为和人类的产生相伴,直立行走是人类产生的标志之一,也是人类为了生存而进行的最早的交通行为。关于史前的交通,由于缺乏准确的文字记录,现代人是通过考古资料的发掘和民族资料的映射来获取的。我们也可以从中华民族五彩斑斓的神话和传说中获得启发。无论夸父追日的悲壮激烈,还是精卫填海的矢志不渝和愚公移山的感天动地,都表达了人类对开拓交通事业英雄的崇拜和赞颂,也从侧面说明了人类在强大的自然面前开始显现能动性。

第一节　荆楚交通起源

人类真正的交通起始于旧石器时代的直立行走。为了生存和哺育后代,先民或采集野外食物度日,或通过集体狩猎野兽为生。因此,原始人类获取食物所走过的路径也就成为最早的交通通道。随着人类改造自然的能力的提高,人类的脚步不可能仅局限于居住地附近。当然,早期人类的交通行为也受原始人类的组织形式和婚姻制度的影响。原始人群旧石器时代早期的乱婚状况,在旧石器时代中期就进入了血缘群婚阶段,到了后期母系氏族社会时期,则摒弃了乱婚和直系父母兄弟姐妹的婚配关系,而实行族外婚。这样,不仅大大提高了人类的优化繁殖,也在不同程度上促进了氏族间的交流和沟通,间接地也推动了人类的交通的发展。

距今约1万年左右，人类陆续进入新石器时代。由于生产工具的改进和人的经验积累，除去部分适合狩猎和游牧经济的地区外，该时期的显著特点就是原始种植农业和家庭畜牧业的出现，并逐渐地占据主导地位，而原始狩猎和采集经济退居辅助的地位。人类已经开始驯化牲畜，畜力成为重要的动力。相比旧石器时代的人的肩扛手提，可以称得上是一次重要的跨越。随着农业的发展，不同氏族之间的经济交流更加频繁，因而各个聚落间的交通网络也得到巩固和扩展。根据考古发现，该时期的聚落分布密度不断增大，聚落间的距离在逐渐缩小。相邻区域间的文化遗存显示出共同的文化特征，这也表明氏族部落的交流和整合力度在不断增强。

原始社会交通的发展，和资源的开发利用息息相关。沈阳新乐遗址位于沈阳北郊新石器中期的文化遗址。在该遗址的一处半地穴式的大房子中，发现有煤精制品和玛瑙及玉等物品。根据科学鉴定表明，煤精制品来自约50公里之外的抚顺煤田西部[①]，玛瑙源自40公里之外的沈阳南郊苏家屯的康家山，而玉的产地则来自200公里之外的岫岩宽甸一带。可以推测出，由简单的易货贸易而引起的交通行为，在不断扩展着原始的交通网。

原始社会的交通方式也在不断得到改善。最早的陆路交通方式是以徒步行走为主，运输形式也主要借助人力搬运。后来随着家庭畜牧业的出现，马牛驴等家畜逐渐成为畜力和代步工具。最早的水上交通方式是利用漂浮的树木泅渡江河。后来木筏竹筏等筏类工具成为主要浮载工具。独木舟的出现，则标志着人类水上交通的重大突破。浙江杭州萧山跨湖桥遗址发掘出土的独木舟，表明距今约8000年左右，原始先民在水上活动的范围在不断拓展[②]。

车的出现和使用，是人类交通史上的重要突破，它极大地提高了人类运输的能力。古籍中记载夏代早期的奚仲发明了车，如《吕氏春秋·君守篇》："奚仲作车。"《左传·定公元年》："薛之皇祖奚仲居薛，以为夏车正。"《左传·襄公九年》："奚仲居薛，以为夏车正。"另外，也有传说是黄帝首先制车，如《太平御览》卷七十二引《释名》说："黄帝造车，故号轩辕氏。"《汉书·地理志》云："昔在黄帝，作舟车

① 辽宁省煤田地质勘探公司科学技术研究所：《沈阳市新乐遗址煤制品产地探讨》，《考古》1979年第1期。
② 蒋乐平：《跨湖桥遗址发现中国最早的独木舟》，《中国文物报》2003年3月21日第1版。

以济不通。"《古史考》则说:"黄帝造车,引重致远。少昊时略加牛,禹时奚仲加马。"《古今图书集成·考工典》亦云:"黄帝有熊氏始见转篷而制车。考古发掘证明古籍记载并非空穴来风。目前考古发掘最早车子的实证是 2004 年在河南偃师二里头遗址宫殿区发现的夏代车辙[①]。现场车辙长 5 米多,车辙间距约 1 米,这是我国迄今发现最早的车辙痕迹。它的发现,将我国双轮车出现的时间上推至二里头文化早期,将我国使用车辆的时间推至距今 3700 年前。根据夏代社会发展状况和当时的技术条件,至迟在夏代中期黄河流域中游的华夏先民已经开始创制车辆。[②]

荆楚大地是华夏文明重要的发祥地。依据现有考古发现,自从距今约 80 万年的郧县猿人开始,荆楚先民薪火相传绵延不绝。在生产实践和社会交往中,交通行为自然产生;同时,交通行为作为社会交往的媒介,既在某种程度上反映了人类改造自然利用环境的能力,也鲜活地展示了不同阶段的社会生活场景。

原始社会的荆楚先民为了维持生活,开始在自己生活的居住地附近获取猎物或采集植物,从食源地到栖居地之间踩踏出来的路径,也就是荆楚地区最早开拓的原始交通路线。从距今约 80 万年的郧县猿人一直到距今约 1.35 万年的房县樟脑洞遗址早期人类,湖北境内不同时期的先民运输方式变化不大。他们靠自身负重,或手提或肩扛或头顶。对于大型的猎物,主要通过集体拖抬搬运。由于先民散落分布在不同地区,最初的荆楚交通网是孤立的和散乱的。不过,随着人类社会的发展,由不同氏族之间的通婚和对资源的需求,荆楚先民逐步摆脱孤立的状态,横向的社会交往逐步增加,也同时扩展了交通的范围。

从距今约 8000—7000 年的湖北宜都城背溪文化开始,标志着荆楚地区跨入了新石器时代。农牧业逐渐成为主要的经济基础,牛马被驯化而成为重要的助力方式,而人的负担大大减轻。先民的视野也更开阔,荆楚地区交通得到进一步发展。在湖北洪湖乌林矶龙山文化遗址出土了长 2.4 厘米的海贝[③]。海贝显然不是本地所产,应该来自海边。可以看出原始贸易对交通的推动力。

当时的道路不仅仅向海边延伸,荆楚先民还与北方的黄河流域的早期人类进行交流。20 世纪 50 年代到 60 年代,在汉江上游湖北境内发现了多处新石器

① 桂娟:《夏代车辙惊现"二里头" 我国用车历史改写》,《北京日报》2004 年 7 月 23 日第一版。
② 衡云花、黄富成:《技术发展与先秦古车起源蠡探》,《中原文物》2007 年第 6 期,第 53 页。
③ 洪湖博物馆文物组:《湖北洪湖乌林矶新石器时代遗址》,《考古》1987 年第 5 期,第 403-409 页。

时代的文化遗存，比如郧县大寺下层、青龙泉下层以及丹江口朱家台、乱石滩等遗址。这些遗址出土的房屋和陶器，与河南各地的仰韶文化遗址的器物形制接近，表明长江流域与黄河流域之间的文明对话从那时已经开始[①]，荆楚先民的脚步也越走越远。此时，荆楚地区已经包括水陆两种交通形制，并且已经出现舟船。湖北众多的江河湖泊，众多水域最初是阻挡先民脚步的天然障碍，后来成为他们生活中不可缺少的部分。水不仅是生命之源，也给原始居民提供了丰富的食物，尤其是在舟船出现后。湖北至今尚未出土有舟船类的遗物，但我们从传说和相关器物中得到启示：新石器时代湖北地区舟船的使用已经相当普遍。古文献中记载有湖北西南部清江流域早期巴人使用土船的传说，土船即独木舟，而在湖北宜都红花套新石器遗址中出土有陶制的舟形器物。

《世本卷七下·氏姓篇下·姓无考诸氏》载："廪君之先，故出巫蜒巴郡南郡蛮，本有五姓。……又令各乘土船，雕文画之，而浮水中。约能浮者，当以为君。余姓悉沉，惟务相独浮，因共立之，是为廪君。乃乘土船从夷水至盐阳……。"[②]

廪君是巴人推崇的祖先，而夷水即鄂西清江。《后汉书·南蛮西南夷列传》也记载，廪君带领巴人西行，与盐水女神挥戈联姻、建立联盟。后来，他射杀盐水女神，乘土船下盐阳。盐池当地百姓至今流传着盐水神女德济娘娘与老祖公向王天子成婚的民间故事，表明盐阳位于夷城之上。而根据史书记载和对地貌特征的实地考察并结合民间传说，长阳盐池温泉一带应该是当年廪君西迁中的盐阳所在。而《世本》所记载的廪君的内容为先秦以前的上古时期，而与盐水女神交战的情境又有母系氏族社会的痕迹。这说明在原始社会时期，清江流域已经开始使用舟船。而在清江与长江交汇处的宜都地区发现的舟形器，则从侧面证明了该地区舟船使用的情况。

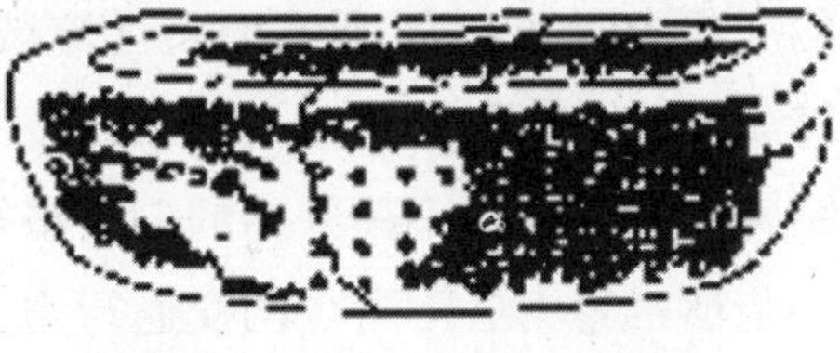

1973年，在宜都红花套遗址出土了一件陶舟形器。经考古人员复原后，器物方头方尾形如矩槽，两端略向上翘起，船底呈弧形。该遗址据考证为距今约5800年的新石器时代遗址[③]。此陶舟应是当时独木舟的映像（图4-1）。

图4-1 宜都红花套出土的陶舟

① 湖北公路史志编审委员会：《湖北公路史》第一册，人民交通出版社，1990年5月，第3页。

② 宋衷注、秦嘉谟等辑补：《世本八种》，商务印书馆，1957年12月，第333-335页。

③ 王冠倬：《中国古船图谱》，生活·读书·新知三联书店，2002年4月，第14页。

荆楚地方湿润潮湿，河流湖泊纵横。车在湖北地区出现应该远远落后于舟船的出现。根据文献记载，应该是在大禹治水时期。《史记·夏本纪》载，禹在治水时，奔走九州，“陆行乘车，水行乘船”，以“开九州，通九道，陂九泽，度九山”。当时可能已经有了样式简单的车子。九州之一的荆州包含着鄂东南的大部分地区，而大禹经过的“九山”之一的荆山在湖北西部、武当山东南。如果说大禹治水是否到达长江流域还存在争议的话，对于禹征三苗讨伐叛乱则无异议，而三苗腹地就在广阔的江汉地区。公元前21世纪早期，禹率领众多方国部落征伐三苗，三苗溃败，三苗之地因而纳入夏王朝的控制范围①。从此，江汉地区与较发达的中原地区的交往逐渐增多。商朝时期，湖北与中原的商王朝联系更紧密。

黄陂盘龙城是当时商王朝南方一个方国的治所。盘龙城遗址出土的大量青铜器，与郑州商城遗址青铜器形制风格完全一样。这表明，当时湖北地区与中原地区的交往已比较密切。商朝后期，武丁曾征讨荆襄，战车已经在江汉地区留下了深深的烙印。据《史记》记载：商朝末年，周武王联合湖北地区的众多方国讨伐纣王，统领“戎车三百乘，虎贲三千人，甲士四万五千人，以东伐纣”，“诸侯兵会者四千乘，陈师牧野（今河南淇县西南）”。表明当时从湖北已经有道路通行兵车，可直达中原。

第二节　楚国交通文化

楚文化是楚人、楚国创造而长期沉淀的文化实体和形态。楚文化具有独特的文化内涵和魅力，是当时长江流域文化的代表。楚文化具有超越时空的精神特质，具体表现为：筚路蓝缕、自强不息的进取精神；博采众长、海纳百川的开放精神；追新逐奇、不断开拓的创新精神；崇武爱乡、取义成仁的爱国精神。作为社会生活过程中必不可少的交通行为，则鲜明地体现了楚文化的精神内核。

一、鸿商大贾行天下

司马迁在《史记·货殖列传》中说道：“天下熙熙，皆为利来；天下攘攘，皆为

① 张正明、刘玉堂：《湖北通史》先秦卷，华中师范大学出版社，1999年6月，第543页。

利往。”其中,商人的活动体现得最为明显。商业活动包括最早的易货贸易、近地商业交换和远地商业贸易。而商人跋山涉水旅途奔波,不但能促进社会经济的发展,而且商人充当了文化使者的角色,加强了不同地区的文化交流。在古代社会交通设施极度落后的情况下,商人的长途运输也间接巩固和拓展着道路。

从一个“蕞尔小邦”到“千乘之国”,楚国是在周天子和众多强邻觊觎的情况下生存的,因而发展壮大的愿望非常强烈。楚国地处南方蛮荒之地,环境较为宽松,因而能较自由地创造。楚国在治国方面有很多不同于中原诸国之处,比如最早的实行县治,严格实施法制,重视商业。相比宋代以后兴起的徽商和晋商,楚国商人早在春秋战国时期就周流天下,广开贸易。

楚人重商,与楚国的发展史有内在的相通之处。商代,楚先民在中原逐渐被殷人所不容,最后被迫迁徙到现在的豫西南、鄂西北地区,与三苗后裔融合成南蛮楚人。殷人依然征伐不止,后来他们又从荆山丛林中迁到地广人稀的江汉平原,定都郢(今江陵纪南城)。楚人在郢期间成就霸业,威望盛极一时。战国时期后期,楚国国势衰微,以致国都失守,被迫迁都陈(今河南淮阳),后又迁都寿春(今安徽寿县)。可以说,楚人的历史就是在不断流动和迁徙的过程。在不断变化的生活中,楚人形成了开放兼容的气度,也更乐于同外界交流。在变动成为常态,商业就成了重要的生存之计。商业的交换和流动极大地丰富了楚国的文化,同时也把楚文化的影响辐射出去。

楚国重商也与楚国得天独厚的资源有关。楚国所在的江汉平原土地肥沃,是富饶的鱼米之乡。《史记·货殖列传》载:“楚越之地,地广人稀,饭稻羹鱼,……地势饶食,无饥馑之患。”《墨子·公输篇》载:“荆有云梦,犀兕麋鹿满之,江汉之鱼鳖鼋鼍为天下之富,……荆有长松、文梓、楩、楠、豫章。”楚国还具有丰富的矿产资源,尤其是金和铜的储量令列国艳羡。湖北大冶铜绿山和湖南麻阳九曲湾两处古铜矿遗址的发现,表明战国时期楚国铜冶炼的重要地位。《史记·楚世家》载楚庄王观兵周郊询问九鼎重量,然后说“楚国折钩之喙,足以为九鼎”。至于黄金,楚国是当时唯一的产区,也是最早制造金币的国家。《管子·轻重》记载管子的感慨:“楚有汝汉之黄金”,“使夷吾得居楚之黄金,吾能令农勿耕而食,女勿织而衣”。大量金币投入市场,极大地促进了远地商业贸易。

根据文献记载和考古发现,楚国的商业发达,人们的商业观念较强。楚国商业发展的水平和规模都领先于同时代的列国。《左传》定公记载，吴人如郢，楚昭王出逃。第二年，昭王重归郢都，奖赏随从有功人员。除了奖赏九名大臣之外，还准备奖励跟随经商的屠羊说，商人辞赏。《韩诗外传》卷八屠羊说透露了与楚王关系密切的原因："楚国之法，商人欲见于君者，必有大献重质而后得见。"既然是法，必是约定俗成由来已久。楚王重商旨在获取贡赋，商人借此谋求王室的特权保护，以获得更高利润。

楚人经商之路促进了中原和南方的联系。《荀子·王制》载："南海则有羽翮、齿革、曾青、丹干焉，然而中国得而财之。"依据当时的情况，楚商无疑成了重要的中间传递者。《竹书纪年》记载，周厉王元年，"楚人来献龟、贝。"而楚地不产贝类，说明贝类是经楚商从南海转运而来。方国瑜在《滇史论丛·论中国历史的整体性》中认为，楚国商人开辟了一条经楚国到天竺(身毒)的"丝绸之路"。这条商路由楚至巴(重庆)，出夜郎(安顺)，到蜀地，再从僰(宜宾)至邛(西昌)。再经叶瑜(大理)、嶲唐(保山)、滇越(腾冲)、敦忍乙(缅甸太公城)而至曼尼坡入身毒(印度)。楚国商人借助这条路，以丝绸和铁器为主要出口商品换取西南各地的土特产。

楚商与中原各国的贸易主要以本地的土特产换取手工业品。楚国的食盐主要从齐国进口，而楚地的水产品则远销中原各国。除了满足日用品的需求，奢侈品也是重要的进口物品，这主要用来满足贵族的需求。楚辞中多有记载。如《招魂》、《大招》、《国殇》中描述的"秦篝齐缕，郑绵络些"，"郑卫妖玩，来杂陈些"，"晋制犀比，费白日些"，"讴和扬阿，赵箫倡只"，拥有这些产于中原诸国的器物，成为当时贵族追逐的时尚。楚地与北方相通的陆路要道主要有两条，一条是连接中原的"南襄隘道"，由今荆州经襄樊至南阳，过南阳后汇入中原交通。另一条是西北通秦国的古道，大致经由襄樊至河南淅川，经陕西丹凤和蓝田到达陕西咸阳。

除了文献记载外，鄂君启节的发现，则提供了珍贵的先秦时期交通实物例证。鄂君启节是楚怀王颁发给鄂君启进行长途贸易的免税通行证，共出土5件，其中舟节2件、车节3件。各节均为青铜制造，节正面阴刻错金铭文，每5节合为一圆筒状(图4-2)。根据铭文所载，营运范围以鄂州为中心，东达安徽宣城，西至江陵，南到广西全州，北抵河南南阳以北。[①]表明楚国当时不仅境内城邑数

① 谭其骧:《鄂君启节铭文释地》,《中华文史论丛》,1962年第2期。

量众多，而且经济交往频繁。鄂君启的车船队是一支管理严密、规模庞大、路线繁杂的交通编组队伍，其贸易水陆联运通道是世界上最早有明文记载的的系统水陆通道。

图 4-2 1957 年出土于安徽寿县的鄂君启节

鄂君启的船队相比车队的行程更为方便快捷，其覆盖的范围更为广远。船队所经河流几乎涵盖了中南地区的所有重要河流，其中包括长江、汉水、湘江、资水、沅水、澧水和淮水、邗沟等河流，总里程超过五千公里，舟船经过税关 20 余处，重要城邑 11 处[①]。以舟节为例，根据谭其骧先生考证，鄂君启的商船主要有四条水路：一，西北路从鄂城出发，经过今鄂州、武昌之间的吴塘梁子牛山汤逊等湖，自鲇鱼口穿过长江，溯汉水北上，经唐白河到达南阳盆地；二，东路从鄂城出发，顺江而下，可抵安徽枞阳，通过青弋江，可达安徽宣城。三，西南路自长江入湘江，可到达今广西全州。四，西路自长江西行，溯荆江可达郢都。所囊括的地域包括鄂、湘、皖、豫、赣、苏、桂等七省。通过湘江和沅水等水道，可连接岭南及东南亚诸国。鄂君启船队的营运活动，达到了我国古代交通运输的第一个高峰。

二、雄楚将士拓疆土

中国古代军事思想家孙武在《孙子·作战篇》写道：“兵者，国之大事，死生之地，存亡之道”，清晰地指出了战争的价值与重要性。以战争为主要形式的军事行动是实现某一团体利益的重要手段。春秋战国时期战火纷飞，各诸侯国纷纷登上政治舞台以争霸天下。孟子曰：“春秋无义战”，则表明了“礼乐崩坏”带给世人心灵的冲击。争霸战争以其巨大的暴力破坏性涤荡着旧秩序，同时对于促进民族融合、加快区域整合有重要意义。此外，军事行为还是交通变革最重要的推动力量。军事行动往往是大规模的有组织的交通行动，对于道路开拓和运输工具的改进都具有先导意义。

---

① 黄盛璋：《关于鄂君启节地理考证与交通路线复原问题》，《历史地理论集》，人民出版社 1982 年。

楚国参与战争既有和中原诸国争霸的原因，也有自身独特的原因。从楚国的族属源流考察，可知其祖先最早活动于黄河流域的中原地区。即今天的河南郑州、新郑一带；在豫北的濮阳、滑县等地也留下了他们的足迹。[①]后来在夏商的征伐逼迫下，楚先祖才逐渐向南方迁徙。楚人有怀旧、念祖、爱国、忠君的传统，虽迁居南方，然而回到原乡的梦想一直十分强烈。楚国国力强盛后积极北进，为了争夺中原腹地而不惜与晋国进行长达百年的战争。

从楚国所处的地理环境考察，它必须积极进取，否则便有被奴役的危险。楚国资源丰富，有北方不具备的矿山资源，尤其是铜与金的储量更是为北方所垂涎。如果楚国积贫积弱，北方诸国就会吞并荆楚。楚国地处南方，与众多少数民族部落相邻，受群蛮、百濮包围，经常受到侵扰。楚为华夏族的一部，当时夷狄与华夏族斗争激烈。《左传》多处记载蛮夷攻打楚国的事件。如公元前611年，楚庄王即位不到两年，国内发生饥荒。《左传》文公十六年记载："戎伐其西南，至于阜山（今湖北房县南），师于大林（今湖北荆门西北），又伐其东南，至于阳丘，以侵訾枝（在今湖北枝江）。庸人率群蛮以叛楚，麇人率百濮聚于选（今湖北枝江境），将伐楚。"与同处南方的吴国的战争，则多了世仇恩怨的色彩。相比吴国，楚国崛起较早，竞争不可避免。楚国大臣伍子胥因父兄被楚王所杀而投奔吴国，助吴强盛。《淮南子·泰族训》载吴师入郢后，"烧高府之粟，破九友之钟，鞭平王之墓。"由此两国结下世仇。

楚国从"地不过同"的小国发展到极盛时期"半天下"的大国，经历了漫长的过程，它先后吞并和灭亡六七十个方国和部族。开疆拓土无疑成了历代楚国上下图强振兴的最好形式，长期征战也塑造了楚人刚烈勇猛的性格和坚忍不拔的精神，也以此显示了楚文化奋进开拓的特征。战国中期，楚国疆域达到鼎盛。据《淮南子·兵略训》所记载，"南卷沅湘，北绕颖泗，西包巴蜀，东裹郯邳；颍汝以为洫，江汉以为池；垣之以邓林，绵之以方城……楚国之强，大地计众，中分天下"。其疆域包括今重庆、湖北全部、湖南东北部、河南中南部以及江西、安徽、江苏3省的北部和四川、陕西、浙江、广西的部分地区，可以说是当时列国中最大的国家。楚国以强大的武力为后盾，边境不断向外延伸。《战国策》卷十四苏秦游说楚威王，"地方五千里，带甲百万，车千乘，骑万匹，粟支十年，此霸王之资也。"足

① 马世之：《楚文化探源》，《楚文化研究论文集》，中州书画社，1983年，第79页。

以见楚国武力之盛。

楚军远征最值得称道的是出兵云南。为与秦国抗衡，楚威王派庄跻率兵南征以开疆辟地。据《史记·西南夷列传》记载："始楚威王时，使将军庄跻将兵循江上，略巴、黔中以西。庄跻者，故楚庄王苗裔也。跻至滇池，地方三百里，旁平地，肥饶数千里，以兵威定滇属楚。欲归报，会秦击夺楚巴、黔中郡，道塞不通，因还，以其众王滇，变服，从其俗，以长之。"在当时背景下，楚军讨伐云南无疑是历经千辛万苦的军事冒险，同时也是一次传播华夏先进文明的文化长征，为中华民族融合作出了巨大贡献。庄跻行军路线为溯沅江而上到达柯国境的清水江，又由其支流重安江舟楫黄平重安镇，由西至福泉，完成了他们的水路行程。再由夜郎及旁小邑陆路直奔滇池。[①]水陆用兵长途奔袭，也显示了楚军机动作战的能力。

战车由于速度快、威力大，春秋时期车战最为盛行。战国时尽管列国拥有步兵骑兵水师等多兵种，但战车仍为各国大规模陆地作战首选。楚军最早使用车兵始于楚武王末年。《左传·庄公四年》记载："（武王）四年春……令尹斗祁、莫敖屈重除道梁溠，营军临随。"楚军攻打随国是楚国拥有车兵的确证。后来楚军征服方国，乃至楚庄王时问鼎中原成为霸主，依靠的主要是强大的车兵（图4-3）。楚军拥有种类齐全的战车。攻击用的战车，文献中也称"戎车"、"广车"、"驰车"、"冲车"等；替补车阵战斗中损坏的阙车；侦查瞭望的楼车和巢车；战时防守的守车，也称作"苹车"和"轴车"；运输军需物品的辎重车，也称作重车。

图4-3 楚军车战图（据枣阳九连墩战国车马坑出土文物复原）

① 张定福：《楚庄跻伐滇的历史真相》，《贵州文史丛刊》，2007年第3期，第67页。

楚军作战还充分利用当时的邮驿体系。楚国的邮传网络覆盖荆楚，众多邮舍驿站点缀在国道上。《楚辞·远游》载："绝氛埃而淑邮兮"。邮即驿传休憩之所，备有饮食、马匹和车辆。楚国驿车称为"驲"，轻便快捷，所以也成为楚军征战的有力工具。《左传·文公十六年》："楚子乘驲，会师与临品，……以伐庸。秦人、巴人从楚师，群蛮从楚子盟，遂灭庸。"临品在今丹江口市汉江南，庸国都城在今竹山县境内，二者均处于鄂西北多山地带，可见楚国邮驿不限于平原，亦能翻山越岭。《左传·昭公五年》曰："冬十月，楚子以诸侯及东夷伐吴，……吴人败诸鹊岸。楚子以驲至于罗汭。" 鹊岸及罗汭位于巢湖西南安徽肥西和庐江二县境内，证明楚国邮驿触角延伸到江淮大地。

楚国经略边疆，仅靠单一兵种还不足以成功，因此还组建了一支强大的水军。荆楚境内河湖众多，正如楚国哲人庄子所说："水行莫若用舟"。舟船是必备的交通工具。与楚同处南方的部落大都是善于弄舟的民族，比如吴越之人"以船为车，以楫为马"。楚国治理南方，不可避免会与吴越进行水战。楚国地处长江上游，国力雄厚，素以武器精良著称，拥有强大的"舟师"，因而与吴楚两国水上交战，楚国获胜较多。中国目前有记录可查的最早的水战就是发生在吴楚两国之间。《左传·襄公三年》（公元前 570 年）载："三年春，楚子重伐吴，为简之师，克鸠兹。"清人顾栋高在其编纂的《春秋大事年表》中写道："子重之克鸠兹也，为今太平之芜湖。此用水也。"两军水战不断，文献中多有记述。比如《左传·襄公二十四年》（公元前 549 年）载："楚子为舟师以伐吴。"《左传·昭公二十四年》（公元前 518 年）："楚子为舟师以略吴疆。"

楚军水师形制完备，作战时能协同作战。楚国战船主要有大翼、小翼、突冒、楼船、桥船等。楚人伍子胥逃到吴国，受到重用。在吴王阖闾问计水师如何建制时，伍子胥建议按照车战的形式编制。他所依据的无疑是楚军的模式。据《太平御览》卷三一五载："船名大翼、小翼、突冒、楼船、桥船。令船军之教比陵（陆）军之法，乃可用之。大翼者当陵军之重车，小翼者当陵军之轻车，突冒者当陵军之冲车，楼船者当陵军之楼车，桥船者当陵军之轻足骠骑也。"大翼小翼属于常规战船，而大翼又可运载辎重。突冒为冲锋撞击敌军的战船，此类舟船也称为"艨冲"。《释名》载："外狭而长曰艨冲，以冲突敌船也。"楼船是大型兵船，适合在长江和海上航行。楼船上建有多层楼台，远可瞭望警戒，近可以礌石击敌。桥船是轻盈机动的舢板，水战中适于快攻和突袭。

楚国水军能够纵横江河，除了楚军战术得当、勇猛善战外，还与兵士拥有精良的水战工具有关。《墨子·鲁问》载："公输子（鲁班）自鲁南游楚焉，始为舟战之具，作为勾强之备，退者钩之，进者强（拒）之，量其钩强之长而制兵。"钩强在水战中使楚军进退自如，占尽先机。楚军由开始与吴军舟战中"无功而还"，到后来"吴楚交兵数百战，从水则楚常胜"，先进的武器装备起了很大作用。

三、荆楚行者亦有道

楚先民最早生活在中原，商代时期受到逼迫辗转迁徙到江汉地区，与三苗后裔杂处而成了荆楚南蛮。楚人亦能坦然面对来自中原诸国的歧视，历经各代发愤图强，西周中后期楚君熊渠融合蛮夷开疆拓土，为楚国走向振兴打下基础。熊渠更是公然挑战周王朝的权威。《史记·楚世家》记载："熊渠曰：'我蛮夷也，不与中国之号谥。'"建立了一套与周王室分庭抗礼的王爵制度，将自己的三个儿子分封为王。实际上，楚人融合华夏与蛮夷，建立了独具特色的楚文化，交通文化也不例外。

图 4-4　楚国的马车（枣阳九连墩出土）

从楚车（图 4-4）的物质形态来看，楚车的行动、曳引、承载、驾驭等系统既和中原车制保持高度统一，又有鲜明的地域特色。比如车行动系统中的车轮，已发现的楚车车轮牙截面有两种，一种是着地面与插辐面基本等宽的长方形，与中原文化中的形制相同；另一种是着地面较宽、截面呈正梯形的轮牙，此种车唯独出现于楚地。宜城罗岗战国中期车马坑 M1CH 四号车即是此类。[①]而中原车制中常见的着地面较窄的倒梯形车牙，楚地至今尚未有实物出土。楚车轮的特色应与楚地的地理环境有关，江汉地区降雨充沛，土质松软，因而着地面窄的车轮易陷入土中影响交通，而轮牙较宽的车轮则较好地适应了楚

① 湖北省文物考古研究所等：《湖北宜城罗岗车马坑》，《文物》1993 年第 12 期。

地的环境，为楚人所创制。楚地多丘陵，行车受力较大，因此曳引系统中的车辕要求较粗壮。根据已公布的楚车辕形态来看，楚车直径或边宽大多为十余厘米，明显比同时期的中原车辕粗壮。楚车在吸收中原造车技术的基础上，也融入了自身的工艺传统和审美情趣。比如楚车精巧的舆栏结构与制造工艺、具有古典色彩的绳带纹铜衔、具有浓郁地方风情的束腰鼓腹形车器等。

从礼制的车马制度来讲，楚国车马虽沿用周制，但不受其约束。根据已出土有车马坑陪葬的楚墓来看，楚国的车马制度有相应形制。楚国的陪葬车的数量与墓主的身份相对应，即上卿为7车的配置，上大夫为5车的配置，大夫以下为3车或2车的配置。而《周礼·春官·典命》载："上公九命为伯，其国家、宫室、车旗、衣服、礼仪皆以九为节；侯伯七命，其国家、宫室、车旗、衣服、礼仪皆以七为节；子男五命，其国家、宫室、车旗、衣服、礼仪皆以五为节。王之三公八命，其卿六命，其大夫五命，及其出封，皆加一等，其国家、宫室、车旗、衣服、礼仪亦如之。"很明显，楚国车马制度与周礼不同。根据周礼的规定，楚国为子男之国，楚王的等级应以五为命，楚国的大小贵族更不可能越过此限。这是因为春秋以后，随着周王朝的衰弱，礼制也随之崩溃，诸侯国纷纷冲破礼制，楚国也不例外。而从目前的考古材料看，所谓僭礼，也就是把周王朝的礼制挪用到诸侯国内部来而已。即诸侯国国君用周王之礼，国之卿行王之卿之礼，以下类推。而实际上，诸侯国内部对于各个等级仍有严格限定，不可逾越。

楚地行车有严格的礼制。车中的乘者按照尊卑有序在相应的位置乘坐。楚车一般限乘三人，尊者在左，御者居中，骖乘在右。出行用的轺车和战争用的兵车均遵循此制。1987年湖北江陵包山大冢二号墓出土的一幅战国中期楚漆画——《聘礼行迎图》(图4-5)，是年代最早并代表先秦绘画最高水平的珍品。画中每辆轺车均为乘客三人，依尊卑站立，给我们提供了当时贵族阶层鲜活的生活

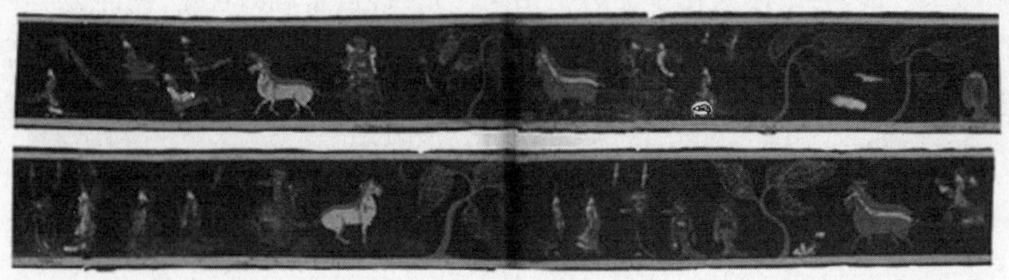

图4-5 包山2号楚墓漆画《聘礼行迎图》中的楚车

场景。战车中的位置要求更为严格，车左为一车之首，通常是手持弓矢射杀敌军。如果主将乘车，一般位于车左，以指挥战斗。御者居中，便于掌握战车的方向，如果国君乘车，则国君居中，御者偏在他左侧，而车右和车左的位置依旧，分别站在右外侧和左外侧。车右则为乘员中最勇猛有力的兵士，手中执长柄武器与敌方格斗，在车遇障碍时需下车排除故障。

除了乘车之外，步行是楚人最主要的出行方式。当时对步行礼仪有详细而严格的规定，其中"趋"是表示虔敬的礼仪之一。所谓"趋"，即是遇见尊者，快步向前走。当然，也规定有不施"趋"礼的情况。如《礼记·曲礼上》载："帷薄之外不趋，堂上不趋，执玉不趋。"楚人很看重"趋"礼。《左传·成公十六年》记载晋楚鄢陵之战时，晋国将军郤至向楚共王行"趋"礼的经过。两国战事正酣之时，"郤至三遇楚子之卒，见楚子，必下，免胄而趋风。"楚王大为称赞，不仅派人送上一张弓问候，并赞誉郤至明礼、有君子之风。《论语·微子》记载楚狂接舆高歌从孔子车前经过，"孔子下，欲与言之，趋而避之，不得与之言。"接舆本为楚国隐士，在当时社会条件下，他竟然知道孔子的行程，而因孔子而现身，足以显示对孔子的推崇和尊敬。楚狂"趋而避之"则既表达自己对贤者的尊敬，又能合乎个人狂狷的本色。

楚道上设有供来往行者休憩的场所。《楚辞·天问》中有"女歧缝裳，而馆同爰止"，其中的"馆"即是道路中所设的客舍或驿站。这与先秦诸国的制度相同。《周礼·地官·遗人》载："凡宾客、会同、师役，掌其道路之委积。凡国野之道，十里有庐，庐有饮食；三十里有宿，宿有路室，路室有委；五十里有市，市有候馆，候馆有积。"所谓的"委"、"积"，指的是刍薪草料，以备旅途之需。

当时规定在道路上行走公事必须持有符节，客舍接待使者以符节为凭，不得收留无凭证者。《周礼·地官·大司徒》："令无节者不行于天下。"《周礼·秋官·掌节》载："凡通达于天下者必有节，以传辅之。无节者，有几则不达。"楚国的鄂君启节即是通过关塞时交验的符节。其中的舟节记载优待鄂君启的船队的情况，"见其金节则母（毋）政（征）"，"不见金节则政（征），女（如）载马牛羊以出内（入）关，则政（征）于大府，母（毋）政（征）于关"。即除了牲畜外，所运输的其他物品可以免税。车节的内容和舟节类似，规定除了武器外，其他货物可以免征关税。按照当时的规定，根据等级差别使用不同形制的符节。鄂君启节为铜质，诸侯符节为玉节,卿大夫使用角节,平民使用竹节。

四、江汉巨波脉相牵

“江汉纳千河”,荆楚地区依靠江汉二水沟通四方。楚国也积极利用两条天然交通大动脉。汉江是楚人通行的重要水道。《左传·文公十年》(公元前617年)记载,楚穆王“使子西为商公,沿汉溯江,将入郢,王在诸宫,下见之”。司马迁称从汉江上游支流巴水到长江,乘船只须用四日。《史记·苏秦列传》记载:“乘船出于巴(水),乘夏(水),而下汉(江),四日而至五渚。”,“五渚”为楚地以武昌为治所的行政区域。长江更是楚国的黄金通道。前文讲过鄂君启的船队即是以长江为中心而从事长途贩运。屈原两次遭放逐,《楚辞·哀郢》记载他从郢都出发放舟长江,“运舟而下浮”,“上洞庭而下江”,“背夏浦而西思”,一直到达今武汉一带。楚国不但利用江汉二水的天然通道,还开创了沟通长江和汉水的运河——江汉运河。此河为我国有史记载的第一条运河。

公元前700年,楚武王自丹阳迁都郢,即今江陵纪南城,此举拉开了楚国走向强盛的序幕。郢都优越的交通条件对于楚国有重要意义。郢都四面环水,其中城南望长江,郢都东北望汉江,长江支流漳水在汇合沮水后自西向东流经江陵汇入长江,汉水支流扬水位于江陵西部。选择漳水、扬水两河的最近距离处开挖人工河道,将大大缩短长江与汉水之间的距离,并进一步提升郢都的交通枢纽地位。楚庄王时期,名相孙叔敖主持运河工程。《史记·循吏列传·集解》记载:“孙叔敖激沮水作云梦大泽之池也。”

江汉运河开建势在必行。江汉平原河湖密布,但长江和汉水之间并无水道沟通,因而汉水和郢都之间的往来并不顺畅,须先沿汉水东下,再经长江西上绕行很长距离。江汉运河的兴建,改善了郢都的交通条件,便于对楚地边疆的管理。江汉运河与楚国当时的国势也紧密相连。楚国经过几代人的努力,到了楚穆王时期,国力已趋强盛,中原蔡、陈、郑、宋诸国都与楚建立联盟。公元前614年楚穆王病逝,晋国趁楚庄王初立未稳之时离间楚与中原各国的关系。楚国处于政治孤立、军事受迫的境地。楚庄王励精图治,积蓄力量,开始大规模地北进中原。为了加强郢都与前线的联系及军事物资的运输,运河的开创也迫在眉睫。楚庄王正是利用运河之利,加快了问鼎中原的进程,以致倒戈的中原各国重新与楚结盟。

楚国的“开先河”之作，为我国人工运河的开凿积累了经验，也开创了王室人员借运河游乐的先例。楚灵王时期，派人对江汉运河河道进行疏浚，并在运河边修建章华台以供游乐。据《水经·沔水注》记载，郢都附近的扬水，发源于郢都的西北，经郢都之南，东流入汉水。扬水南侧有一大湖——离湖，与扬水相通。而章华台就在离湖的侧畔。不过尽享运河之利的楚国也曾被对手利用运河，险遭亡国之灾。《左传·定公四年》记载，楚昭王十年（公元前 506 年），吴楚两国“二师陈于柏举……，楚师乱，吴师大败之”。后又经过五次战斗，吴军攻入郢都。在攻打郢都时，吴军就利用这条运河运输军需。由于吴军主将为伍子胥，郦道元认为此水道为吴军所开。《水经·沔水注》载：“纪南城……西南有赤坂岗，冈下有水，东北流入城，名曰子胥渎，盖吴师入郢所开也。”依当时的时间和条件所限，此河断不能为吴师所凿。当年的十一月十八日，两军在柏举（今湖北麻城境内）开战，到十一月二十八日吴军攻入郢都，短短十日，开辟一条运河是根本不可能的。

第三节　江汉——历史长河

长江为我国第一大河，也是湖北的第一大河流，在湖北省境内长达 1061 公里。自巴东入境，浩荡东流至黄梅出境。汉江是湖北的第二大河流，省境内长 878 公里。汉江自郧西入境，由西北向东南流至汉口汇入长江。这两条大河滋润着荆楚大地，孕育了肥沃的江汉平原。江汉不仅是湖北航运的天然通道，以航运为依托，而且还是真正的历史长河，正所谓长江后浪推前浪。无数历史情景剧在这里“你方唱罢我登台”。长江古名江，又名大江。汉水古称沔水。自远古至战国的情况，前文已有论述，故本节时间仅限于秦汉至明清。

一、水上战争

荆楚位居华夏之中，为兵家必争之地。汉水和长江不只是阻隔陆路的屏障，还是沟通上下游之间的交通大动脉，因而成为各国争相控扼的焦点。战争不可避免在江汉两条大河上频频发生。

历史上两位皇帝巡游长江，并非率师督战长江，却又和战争密不可分。秦始皇两次巡游江南，除了乘车驰道外，舟行也是重要的出行方式。《史记·秦始皇本纪》记载嬴政两次南巡情况记载如下："二十八年（公元前219年），始皇东行郡县，……过彭城，……乃西南渡淮水，之衡山、南郡。浮江，至湘山祠……。上自南郡由武关归。""三十七年（公元前210年）十月癸丑，始皇出游。十一月，行至云梦，望祀虞舜于九嶷山。浮江下，观籍柯，渡海渚。过丹阳，至钱唐。"两次行舟长江，秦始皇用心良苦。第一次赴南方巡视和当时南征不利有关。公元前221年，秦军开始远征岭南，不料却进展缓慢。一方面，岭南山脉阻隔交通，致使运输困难，另一方面，遭到岭南西瓯部族的顽强抵抗。秦始皇视察前线后，决定由史禄开凿灵渠。灵渠沟通长江水系与珠江水系，极大地改善了秦军的军事补给，推动了战事的进展，最终岭南纳入秦国版图。秦始皇第二次巡游长江，按照司马迁的说法，是由于"东南有天子气"，"于是因东游以厌之"。事实上，当时大批六国贵族后代隐匿江南积蓄力量，对刚刚统一不久的秦国构成威胁。因此，此次南巡目的在于加强对该地区的控制。汉武帝于元封五年（公元前106年）从湖北黄梅出发巡游长江中下游，庞大的船队守卫左右。水师楼船军为汉武帝平定东南地区发挥了重大作用。如公元前135年攻打闽越，公元前112年平定南越叛乱，水师都功不可没。因此，巡视的重点是设在庐江郡的楼船基地。此次巡游长江，目的在于安境靖边。

历史上最为著名大规模的长江水战，当属赤壁之战。东汉末年，各地方割据力量相互攻伐。建安十三年（公元208年），曹操攻占荆州后，率领二十多万水陆大军顺江而下，矛头直指孙权。危急时刻，孙权与刘备结成联盟，以五万水陆兵力联合抗曹。当年十月，水战在今湖北赤壁展开。孙刘联军利用有利天气条件，以火攻全歼曹操水军。除去曹军当时士兵多染疾病战斗力低下外，还与北方士兵不习水战有关。《三国志·吴书·周瑜传》记述周瑜力主抗曹。他认为曹操"能与我较胜负于舟楫乎？……且舍鞍马，仗舟楫与吴越争衡，本非中国所长"。表明当时长江流域航行技术远远超过北方。

为统一南方，西晋与吴国在长江上进行多次交锋。公元272年，西晋从水陆两路进军攻打吴国的西陵，却大败而归。西晋为改变自身水军力量薄弱的状况，任命巴郡太守王浚为益州刺史督造战船，为攻占吴国积蓄力量。公元280年，王浚率领水师数万人乘战舰千艘，出三峡沿江攻打吴国。晋军以庞大的竹木水筏为先锋，排除江中拦江铁链等障碍，接连攻克秭归、江陵、夏口（今武汉）、武昌（今鄂州）等地，大军不久就攻占吴国首都建业，从而结束前后达90年的三国鼎立局面，西晋实现了短暂的统一。唐人刘禹锡为此赋诗《西塞山怀古》："王浚楼船下益州，金陵王气黯然收。千寻铁锁沉江底，一片降幡出石头。"

东晋十六国和南北朝时期，中国进入空前的的大分裂和大动乱时期。长江和汉水的水上战斗接连不断。襄阳位于汉水中游，自东汉末年刘表迁徙该地后，襄阳就成为水军基地。晋室南渡后，襄阳北临北方政权边境，是东晋的北伐基地。咸和五年（330年），后赵大将郭敬攻占襄阳。咸和七年（332年），东晋陶侃率领水师夺回襄阳。永和十年（354年），东晋将军桓温北伐前秦，率领步兵四万从江陵出发，水军自襄阳沿汉水西北向关中进发。南北朝时期，襄阳仍是军事重镇，各朝均以重臣镇守。南朝宋泰始二年（466年），晋安王刘子勋在寻阳称帝，宋皇室展开了一场争夺帝位的战争。宋明帝刘彧一方面派水军从建康溯江而上，另外调集襄阳水军两万顺流而下，两方面形成夹击之势，最终平定内乱。北齐朝末年，雍州刺史萧衍起兵襄阳，率领水军顺汉水而下直逼建康，于502年废帝自立，史称南朝梁。长江水军基地江陵也是兵家必争之地。东晋隆安三年（399年）王室内讧之时，权臣桓温之子桓玄率水军攻打江陵。在打败守军杨佺期的水军后，顺江而下攻打建康。一直到404年，桓玄的舟师才被刘裕的水军击败，退回江陵。南朝宋时，谢晦在江陵起兵反宋，两万水军列战船于江津（今荆州市沙市区）。宋军派大将檀道济率水师三万，击败谢晦水军。

隋唐时期南北统一，江汉大规模水战基本消失。唐天宝十五年（756年），驻守江陵的永王李璘起兵谋求皇位，水军在充足的后勤保障下从江陵出发，初期势头猛劲。至德二年（757年），在大批唐军的围击下，李璘兵败。唐朝后期藩镇割据，极大地破坏了各地的交通。长江也不例外，唐军水师不得不守卫长江以确保漕运畅通。德宗建中三年（782年），淮西节度使李希烈反叛，阻断了江汉漕运，致使朝廷粮饷运输困难。李皋以江西节度使挥师讨伐，大败叛军，从而恢复了水路运输。《新唐书》记载："凡战大小三十二，取州、县二十"，"皋转战数千里，饷路遂通"，"江汉赖皋为固"。

南宋与金、蒙古对峙时期，江汉的地位更加重要。江汉水军成为守卫南宋的第一屏障；尤其是汉水流域，更是边防重地。汉江中游的均州、襄阳与长江中游的公安、石首、武昌等地均为水防要塞，驻有大量水军。襄阳是南宋的边境屏藩，也是重要的北伐基地，驻有大量水兵。时任湖广宣抚使的李纲力主抗金，上书皇帝驻守襄邓以利北伐。他在《建炎时政记》中写道："夫襄、邓，西邻关、陕可以召兵，北近京畿可以遣援，南通巴蜀可取货财，东达江淮可运谷粟，山川险固，民物淳厚，此诚天设以待临幸，愿为今冬驻跸之计。"李纲还招募水军，建造战船，积极备战。绍兴六年（1136 年），岳飞率水陆大军从襄阳出发北上抗金，一路沿唐白河上溯攻打唐州、蔡州，一路溯汉水支流丹江进攻伊洛。继岳飞之后，宋朝又有李曾伯、孟宗政等将领驻守襄阳。1267 年蒙古军南征，根据计划首先攻占长江的门户—襄阳和樊城。在两地遭到宋军猛烈抵抗。蒙古军增强水军力量，做好长期苦战准备。宋军则调遣别处水师增援，还发明了三船相连、中间承载、两边空底的战舰，以引诱蒙军战斗中跃入舰船而击毙。蒙古军队直到 1273 年才攻占襄阳，第二年顺汉水东南下，在夏口又遭到顽强抵抗。

元末各地农民军纷纷起义，其中起兵黄冈的徐寿辉于 1352 年占领武昌，并相继攻取长江中游各地。1360 年，部将陈友谅取代徐寿辉自立为王，掌控江南。朱元璋在统一南方的过程中与陈友谅展开争夺。1363 年七月，朱元璋统水军二十万与陈友谅水军六十万与在鄱阳湖展开水战。这次战役前后三十七天，陈友谅中箭身亡，其部下几乎全军覆没，只有陈友谅之子陈理带着少数将士突出重围，狂奔至武昌。朱元璋获得鄱阳湖水战胜利后，率水军乘胜攻打武昌，陈理兵败投降。这次决战为朱元璋统一江南、进而建立明王朝奠定了基础。

清朝后期，太平天国运动席卷半个中国。由于湖北航运中心的地位，清军和太平军在湖北的水战尤其激烈。1852 年 12 月，太平军由湘入鄂。太平军 12 月 23 日攻占汉阳，12 月 29 日攻占汉口。占领两地后，太平军缴获大批船只充实到水营。在攻打武昌的战役中，太平军水营发挥了不可替代的作用。冬季水枯江中现沙洲，水营将领唐正财决定跨江修建浮桥以渡将士。浮桥横跨汉阳晴川阁到武昌汉阳门之间的江面，当时场面十分壮观。清咸丰年间，文人陈徽言在《武昌纪事》中写道："自对岸晴川阁至汉阳门左岸，以巨缆缚大木，上覆板障，人马往来，履如坦途。"浮桥修成后，太平军于 1853 年 1 月 12 日顺利攻下武昌。太平军在武汉三镇停留不久，毁掉浮桥挥师东下，接连攻克沿江城池，当年 3 月 19 日占领南京。为了保卫天京和争取战略主动，定都天京后的太平军多次派遣水师溯江而上。1853 年 10 月，太平军水营赢得西征水战的第一场胜利——田家镇水战。田家镇位于鄂东武穴，位置十分险要，素有“楚江锁钥”之称。1854 年 10 月，曾国藩率湘军三路反扑田家镇，太平军与湘军血战十四天，太平军大败，被击毁船只三千艘。从此，太平军失去了湖北境内的长江控制权。尽管西征多次占领武汉三镇和沿江其他城镇，太平军在与湘军水师的拉锯战中逐渐丧失优势，也失去了长江的控制权，进而太平军水营和整个太平天国运动走向衰败。

水上战争对于航行的影响复杂多样。历代水战的目的大多在于控制江汉的航行权，因而对打通上下游水上航线有积极意义。战争对于技术发明有巨大的推进力，战争中使用的交通工具必然是当时最先进的，因此水战对于船舶的技术进步和航行技术都有正面影响。同样，水战的消极影响也不可忽视。其一，为对船只的直接破坏。战争中损毁的战船不计其数，被征调的民船也在劫难逃。其二是对航线的破坏。水战各方控制不同港口，江河封锁，致使航线切断，商旅萧条。

二、江汉水运

漕运是封建社会朝廷通过水道向京城或边境地区大规模转运官粮等物资的一种形式。在古代陆路交通极端落后的情况下，从事大规模、长距离的运输，水运具有其他运输方式不可比拟的优势。全国性的漕运活动，既满足了低成本集中战略资源完成财政收入的需要，又加强了对全国各区域的战略控制。从秦朝以来的历代王朝都非常重视漕运，以其为国之“要政”。《明史·食货志》言：“转输者，国之大计”。荆楚地区位于古代中国的主要经济区的中部，是重要的鱼米之乡。江汉水运发达，为人们提供了良好的运输条件，因而是历代漕运的重要地区。

封建社会商品经济的发展，很大程度上与水道、漕运制度密切相关。商业发达的城镇多分布在河流沿线上，并且常常随着漕运线路的变化而改变。漕运活动对商业城镇的兴起，具有重要的带动作用。大批漕运人员和商贾往来和货物云集，使河流沿线很多市镇成为重要的商品集散地。尤其是河道沿线水陆交汇和交通便利之地，逐渐成为发达的商业城镇。楚地自先秦时期即有经水路经商传统，秦汉以后货物和人员往来更加频繁，因此商业航运和旅客航运都有长足发展。位于水陆交通要冲的江陵、襄阳、夏口等地，成为江汉地区重要的商业都会。

江汉水运在秦朝发挥了重要作用。秦军统一南方的军事行动,与江汉水运息息相关。秦将王翦攻打楚国时率兵60万,每日口粮多达66667石。若以每车运载25石计,需超过2600辆车才能满足需要。[①]依据当时的条件,仅依靠陆运很难满足战场需求,江汉水运发挥了不可替代的作用。后来,秦军攻占岭南时,便开凿灵渠以解决粮食运输难题。灵渠沟通了长江与珠江,来自中原和巴蜀的粮食经过江汉水系的运输,经过灵渠转运岭南各地。

汉代江汉水运繁荣,沿线的城市因水而兴。江陵和襄阳水运发达,商贾云集,是南方重要的商业都会。在政府漕运业中,两地均为重地。汉武帝元鼎年间(公元前116—公元前111年),长江和黄河中下游发生洪涝灾害。为赈济灾民,朝廷调集大批四川粮食经江汉水系运达灾区。《汉书》载:"方下巴蜀之粟至之江陵","使者冠盖相数于道,下巴蜀之粟以赈焉。"其中运往北方的粮食,由江陵溯汉水经襄阳转至北方以救济"山东"灾民。东汉定都洛阳,江汉漕运更加重要,可谓是"洛阳缺粮,指望襄阳"。从东汉永初元年(107年)至七年,各种自然灾害接连不断,受灾地区涉及40余县,甚至一度出现"京师大饥,人相食"的情况。江汉水运在赈灾中发挥重要作用,调集的长江中下游的粮食迅速通过江汉水道转运至灾区。本地区商业航运与漕运并驾齐驱。江陵是长江上最早兴起的商业航运中心,出现了依靠舟船贩运货物的商船联合团体。江陵凤凰山汉墓出土了大批竹木简牍,记载了当时江陵商业航运繁荣的景象。东至云梦,西通巴蜀,南达潇湘,北到宛邓,都是江陵商船活动的区域。襄阳是汉江流域商业水运的中心。东汉蔡邕《汉津赋》记载了襄阳城商业航运的水陆要冲的地位,"(汉水)遇万山以左回兮,旋襄阳而南萦,切大别之东山兮,与江湘乎通灵。……于是游目骋观,南援三州,北集京都,上控陇坻,下接江湖,导财运货,懋迁有无。"

三国鼎立时期,南北方向的长途漕运受局势影响,荆楚境内的江汉漕运则以短途运输为主。由于南北对峙与东西阻隔,孙吴定都武昌时漕粮运输则来自长江下游,而溯江而上运输又颇费劳力。后来,孙吴决定东迁建业。为了解决漕粮运输困难,魏晋时期在江汉地区大兴屯田,因而长途漕运大大减少。荆楚界内的商船运输同时期也很兴盛,魏蜀吴三国的商业贸易大多在江汉间展开。蜀国的织锦很受世人欢迎,因而贸易频繁。蜀国的商船顺江而下至江陵,然后或北上汉

① 王子今:《秦汉交通史稿》,中共中央党校出版社,1994年,第21页。

江通魏国，或东下长江到吴国各地。吴国重视商业贸易，长江沿线商船接连不断。左思的《吴都赋》记载："水浮陆行，方舟结驷，唱擢转毂，昧旦永日。"西晋统一南北后，水上贸易得到恢复。西晋初年杜预镇守荆州时从事运河开凿，进而沟通南北。《晋书·杜预传》载："(杜预)开扬口，起夏水，达巴陵，千有余里，内泄长江之险，外通零桂之漕。"扬口为扬水入汉水的地方，这样就重新构建起江汉间的便捷通道。运河的开凿，不仅提高了江陵的交通枢纽地位，更重要的在于打通了我国古代的南北水上交通的大通道，岭南的货物可以北达京都洛阳。有学者认为，运河体现了古人为沟通南北的天才的想象力和创造力。南经洞庭湖，溯湘江沿漓水，可达番禺。北连沔水，经淯水，过泚水，再经远在春秋时期所开的舞水和泚水间的渠道，入舞水，上溯汝水，达颍水，沿狼汤渠入汴渠，可达黄河。过白沟和利漕渠，经漳水和滹沱水，到达曹操开凿的平虏渠，再经泒河，经过曹操打通的泉州渠，沿潞水而上，可达北京的通县。[①]曲曲折折的南北通道，自春秋修建开始到西晋，长达八百多年才告成功。

晋室南渡，北伐成为东晋和南朝的重要使命。水上运输与时局变化紧密相连。为了解决上溯汉水运粮困难，流域上下实行屯田，但所产粮食远不能满足军事需要，北伐基地和前哨襄阳成为漕粮运输的目的地。《资治通鉴》记载南朝宋元嘉二十六年(449年)，"以襄阳外接关河，欲广其力，乃罢江州军府，文武悉配雍州，湘州入台租赋，悉给襄阳"。襄阳还是南北对立诸国互市贸易的重镇，水上商业贸易保持着繁荣的局面。东晋与前秦通过汉水上游支流进行水上贸易。《晋书·苻坚纪》记载有前秦和南方水上贸易的情况，"引南金奇货，弓竿漆蜡，于是国用充足"。江汉地区的经济快速发展，成为重要的经济中心，其中"丝绵布帛，覆衣天下"。江南地区的丝绸转运到襄阳，经水上互市运到长安。这样，"丝绸之路"的触角已远达江南。商业航运除了民间商人外，官员和将领也是重要的力量。夏口是江汉沿线的重镇。《宋书》称"夏口在荆江之中，正对沔口，通接雍梁。实为津要"。贸易兴盛，商贾云集，本地官员也从商业中大获其利。据《梁书·曹景宗传》记述，南朝梁郢州刺史曹景宗"鬻货聚敛，于城南起宅，长堤以东，夏口以北，开街列门，东西数里"，成为著名的官商。荆州是长江上水上贸易中心，各代均派重臣把守。如东晋的桓温、桓玄，南朝宋时的谢晦、王义宣、沈攸之，南朝齐

① 史念海:《中国的运河》,陕西人民出版社,1988年,第131页。

时的陈显达和后来成为梁武帝的萧衍等将领,他们既是军事的首领,又是富甲一方的巨商。由于地方势力既有军事力量又有财税的支持,也成为南朝历代地方起兵的重要原因,也是各代政局不稳频繁更替的原因。

隋唐时期,随着大运河的修通,江汉漕运的地位大大下降,但在特殊时期还能发挥重要作用。唐玄宗"安史之乱"时期,东部受到叛军控制,大运河漕运中断,江汉漕运成为京师的命脉。《新唐书·食货志》载:"江淮粟帛由襄、汉越商于以输京师。"历经肃宗和代宗初年,江汉漕运一直是输送长安的主要通道。《全唐文》记载唐代宗广德元年(763年)东南贡赋仍"由汉沔自商山达京师"。后来大运河重新通航后,江汉航运退居国内漕运的次席。藩镇割据加剧后,江汉漕运也受到地方割据势力的阻隔,于唐德宗贞元二年(786年)完全废弃。相比北方自"安史之乱"以来战火纷飞经济衰败的景象,江南社会相对安定经济繁荣,从当时商船运输以及旅客舟行的情况可见一斑。江汉地区商船不断,商业网络遍及江淮。刘禹锡《自江陵沿流道中》曰:"三千三百西江水,自古如今要路津。月夜歌谣有渔父,风天气色属商人。"本地盛产的稻米、茶叶,布匹等物产是外运的主要货源,而外地的特产经水运也输入到本地,形成了专业经营的巨商大贾。多次经江汉水路的杜甫写道:"蜀麻久不来,吴盐拥荆门。"江汉水上客运也颇为兴盛,主要形式有官船护送、商船捎带和民船转运。当时的主要线路有沿长江上下的航线和经长江到汉江通北方的航线。诗人李白的"朝辞白帝彩云间,千里江陵一日还"与"故人西辞黄鹤楼,烟花三月下扬州",记述的就是唐人穿越长江上下的情景。诗人杜甫的"即从巴峡穿巫峡,便下襄阳向洛阳",记载的是经三峡到江陵,上溯汉水到襄阳,再北上中原的航线。其中,襄阳是水陆客运的枢纽,南船北马都要在此换乘。诗人白居易的"下马襄阳郡,移舟汉阴驿",记述的即是当时南北交通中的中转换乘的情形。

北宋时期,全国漕运以汴梁为中心,江汉漕运是重要的供给线路。南方各地送往京城的物品,都要先集中到大运河沿线的真、扬、楚、泗四州,再转运北方。真州(今江苏仪征)距离长江最近,江南各地的物资都要先运到真州。北宋曾任两浙转运使的胡宿认为:"南逾五岭,远浮三湘,西自巴峡之津,东泊瓯闽之域。经涂咸出,列壤为雄。"长江上游的大量漕运物资,先是收集到上游蜀地的嘉州,再水运集中到荆州,自荆州派漕运官兵送往真州,最后运往汴梁。另外一条水上通道，是经汉水北上襄阳，辗转多条河流到颍河，再经惠民渠运达京师。当时漕运的除了粮纲外，还有布纲、茶纲、马纲等。江汉漕运中，布纲是重要的水运物资。由于布匹数量庞大，荆州建有专门仓库。《宋会要辑稿》载："川益诸州租布之布，自嘉州水运至荆南，自荆南改装舟船，遣纲送京师。"《宋史·食货志》记载，宋徽宗时期"襄州（襄阳）总受他州布纲而转运他州"。当时规定漕运返回时可以运载官员和货物。由长江而入大运河的漕运还与食盐运输相结合，即运出稻米到真州，返回时带回沿海的食盐。南宋半壁江山偏安江南，江汉漕运源源不断向临安运送漕粮。大臣楼钥写道："江湖米运输京师，岁以千万石计。"除了官方组织的漕粮，商人运输粮食也受到朝廷的鼓励。大臣李椿奏议："籴洪、吉、潭、衡军食之余，及鄂商船，并取江西、湖南诸寄积米，自三总领所输送，以达中都，常使及二百万石，为一岁备。"尽管此计划没有实施，江汉商船常年运销两湖地区的稻米到杭州确是事实。鄂州商船航运范围遍及南宋水域，东到海滨，西达巴蜀，南抵桂粤，北至江淮。鄂州商船分为贩运货物的"贾船"和运载旅客的"客舫"。陆游《入蜀记》描述鄂州商船"不可胜计，衔尾不绝者数里"，足以见鄂州商业航运之繁盛。

元明清三代，漕运发生了重大变化。除了明朝初年短暂定都南京外，其余皆定都北京，汉江就失去了过去离京师较近的优势，漕运主干道的地位不复存在。襄阳漕运中心和商业运输的中心的位置也被武汉三镇取代。

武汉的水运兴盛有多方面因素。首先是武汉地理位置优越，江汉朝宗，九省通衢。其次是武汉行政地位提高，元明清三代武昌均是湖广地区的首府，漕粮合并也转移到武汉。元代本地粮食集中到鄂州，明代则集中到汉口，清代汉江流域的漕粮集中到"南漕"荆州，长江沿线的漕粮则收集到"北漕"汉口。此外，元明清时期，全国农业和手工业相比前代有较大发展，商品交换空前活跃。

商贾流通必然促进水陆客运。武汉地区的水上运输有较大优势，明清时期为湖广地区水运的中心。特别是清康乾盛世后，每天经水路来往武汉的客货船只云集。清代文人潘来吟咏汉口："北货南珍藏作窟，吴船蜀客如到家"。武汉三镇水运，短途有到达汉水流域的汉川、应城、云梦等航线。长途早已超出湖广，远达南昌、南京、苏州等地。武汉水运昌盛，还表现在水运分工逐步细化和专业化。商品交换促使行业分工，商人和运输者逐渐分离，出现了专门从事水运的船户。为维护同乡船户的利益，各地船户建立船帮。明清时期，武汉地区的大小船帮有川帮、湖南帮、河南帮、陕西帮、宜昌帮、楚帮、武昌汉阳帮等。货物吞吐巨大，大批搬运工也集聚武汉三镇码头，他们也组建了行业帮会“箩行”，或称作“力行”、“脚行”。为了帮助过往船只和行人，长江湖北段分别建立了水上救助的救生船。明弘治年间《夷陵州志·乡约》记载：“四曰患难相恤：患难不外于水火、盗贼、疾病、死丧、孤弱、诬枉、贫乏数者。如本州沿江自屈溪以下各编渔船字号，专救往来溺者。”救生船也称作救生红船、红船等，是专门用来保障水上安全的舟船。清代水上运输十分活跃，尤其是武汉三镇成为重要的商品集散地，促使红船广泛开设。官办红船中，武汉地区数量最多。根据乾隆年间的统计，武汉地区官办红船有 28 艘，约占全省总数的三成。《钦定大清会典则例·工部》载：“江夏县船十有七，汉阳县船十，武昌县船一，兴国州船二，大冶县船二，黄冈县船一，黄梅县蕲州船各二，蕲水县船一，江陵县船四，监利县松滋县船各二，襄阳县船三，均州船二，东湖县船七，巴东县船二，归州船七，各于本境内险要处所分泊。”在官办红船经营难以为继时，民间力量主动介入创设民间公益组织。热心地方公益的士绅合力创办善堂以设救生船局。船局红船出入险恶水面，以救不测。清道光年间清人士叶调元的《汉口竹枝词》吟咏：“大江浪起白头解，划子随风一叶颠。数只黄旗桅上挂，往来游弋救生船。”民办红船为保障武汉三镇水上安全发挥了巨大作用。清道光年间的汉阳敦本堂救生船局，即是典型的社会公益组织，可以称得上本地的水上保护神。《汉阳县志》（光绪本）载：“（汉阳敦本堂救生船局）计行之十有七年，活人四千一百三十二，收瘗浮尸六千九百五十五。”（图 4-6）

图 4-6　清末汉水河口航运

第四节　荆楚近代交通

近代以来，西方列强以武力打开中国市场，强行将中国纳入世界市场体系。西方文明源源不断输入中国，其中新式交通工具和运输方式就是其中重要的组成部分。交通的进步并非一帆风顺，可谓和道路一样崎岖不平。西方交通文明的输入，对中国的社会各方面产生了强烈的冲击，中国的近代化进程也随之而前进。湖北向来有江河行舟之利，新式交通工具和道路的出现则进一步提升了湖北交通的优势。交通文明的进步，成为湖北社会进步的重要杠杆之一，加速推进了本地的近代化和城市化的进程。社会生活也因交通便捷而改变，城市和交通线路相邻地区所受影响较大。广大农村和偏远山区仍是传统交通工具的天下，近代交通方式的进入缓慢而零散，因而社会落后。城市领风气之先，但传统交通工具仍顽强存活。即使汉口这样的城市，交通也是新旧杂糅、古今并行。湖北近代交通变迁与政治经济发展息息相关，堪称中国近现代史的缩影。

一、近代交通的艰难起步

湖北第一条铁路兴建就是清末洋务运动的结果，也是“湖北新政”的组成部分。1889年张之洞调任湖广总督为修建芦汉铁路而来。由于受时局影响，1890年清政府为东北安全考虑，决定暂缓芦汉铁路的修筑，并以全力建造关东铁路。张之洞支持朝廷的决策，表示全力建造铁厂，为关东铁路铸造钢轨。为兴办汉阳

图4-7　早期粤汉铁路机车

铁厂,张之洞决定修筑铁路以运输铁矿石,湖北第一条铁路就在此背景下诞生。铁路从大冶铁山铺至石灰窑江边码头,全长35公里,沿途支线6条,时称铁石铁路。[①]铁路建成后,铁矿石运量大幅提升,还有余力经营旅客运输(图4-7)。

横穿中国腹地的第一条铁路——芦汉铁路的建成,可谓一波三折。铁路能够出现在中国,颇为不易。《清史稿·交通》记载:"其始也阻于众咻,其继也卒排群议而次第建设之,开我国数千年来未有之奇局。"从19世纪的60年代至80年代,反对修建铁路者居多。理由有机车轰鸣,山川震惊,旱涝易生;拆庐毁墓,变乱风俗,人神共怒;火车飞速,尽揽货物,伤及无辜;铁路助敌,险隘尽失,祸端难知。因而,清廷严禁铺设铁路。1876年英国怡和洋行擅自在上海吴淞至江湾之间修建了长约15公里的窄轨铁路。清政府以白银28万多两赎买铁路,然后予以拆毁。

在少数开明官员中,张之洞是芦汉铁路的积极倡导者和力行者,也是少数有大局观的朝廷重臣之一。19世纪80年代,清廷接受中法战争的教训,开始重视铁路建设。但在修建线路问题上有重大分歧。李鸿章上奏修建天津到通州的线路;翁同和反对在京畿地带修筑铁路,主张在边境试验铁路以助军事;徐会沣则请改修德州至济宁的铁路,以利漕运。众人或囿于地方利益,或出于个人好恶,争论不休。1889年4月1日,时任两广总督的张之洞上奏《请缓造津通改建腹省干路折》。奏折主张缓建津通路,先筑中国"铁路之枢纽,干路之始基"芦(卢沟桥)汉(汉口)线铁路。张氏立论高出时人一筹,认为芦汉铁路既能拱卫京都,又能运销土货、广开利源。此外,张之洞提出芦汉铁路的实施方案。他认为筹集路款、采炼钢铁、培养干才为先,而勘察动工在后,修建过程应采取分段施工。张氏奏折一出便折服众人,"当反对派弥漫全国之时,张独摅卓论,扫荡群盲,使不敢再试,朝廷因此定计,耳目为之一新,其功实有足多者。"[②]清廷采纳张之洞的条陈,决定将张之洞移任湖广总督,全力修建铁路南段(汉口—信阳)。清廷拨付纹银二百万两以做铁路前期准备。

1890年东北边防危急,沙俄修建西伯利亚铁路,觊觎我国东北边境。日本也加紧对朝鲜的渗透。为挽回津通路争论中输给张之洞的颜面,李鸿章极力主

---

① 湖北省大冶县地方志编纂委员会:《大冶县志》,湖北科学技术出版社,2004年,第215页。

② 曾鲲化:《中国铁路史》,燕京印书局民国十三年(1924年),第52页。

张急修关东铁路以克时坚。《清史稿·交通》载："东三省事亟，从海军王大臣及直督李鸿章言，命移芦汉铁路款先办关东铁路。"因此，芦汉铁路暂时搁置。甲午战争后民族危机加深，张之洞多次呼吁筑造芦汉铁路。他还提出以芦汉为基础延伸到南粤，以此路为大纲构建全国铁路网。其中，尽快建成芦汉铁路起着至关重要的作用。1897年5月25日，张之洞联名上奏《为筹办芦汉铁路情形并议借比国洋款折》："臣等以为铁路为自强第一要端，铁路不成，他端更无论矣。芦汉不成，他路亦可知矣。"清政府虽批准开建，但由于国库空虚，无力拨付铁路用款，因此批准借外债筑路。张之洞反对列强干涉路政，主张从比利时商人中借款。1897年7月，芦汉线南段汉口玉带门至黄陂滠口间开工，1903年6月建成通车。其后，各路段先后竣工。芦汉铁路后延伸到北京，改称京汉铁路，于1906年4月1日全线通车。武汉城市历史上第一次出现了火车，市内也兴建起多座火车站。最早的车站江岸车站（刘家庙车站）建成于1998年4月，而铁路起点的玉带门火车站于同年年底建成。大智门火车站建成于1903年，1991年停止使用。该火车站是我国第一条长距离准轨铁路的大型车站，其主体建筑候车大厅（图4-8）

图4-8　大智门火车站候车厅今昔对比

年代较早，为我国近代铁路建设尚存的重要历史见证，至今保存完好，武汉人称之为汉口老火车站。2001年，入选为第五批国家级文物保护单位名录。大智门南2公里的循礼门火车站1932年建成，1949年后与大智门火车站合并，改名汉口站。

相比芦汉铁路，粤汉铁路兴建始末则时间更长，经历清末、北洋政府、民国三个时期，对中国近现代历史影响更为深远。粤汉铁路筹划于芦汉铁路建设前。1896年10月20日，在听取了张之洞的建议后，清政府发布上谕任命盛宣怀为芦汉铁路总公司督办,决定先建芦汉,"苏沪、粤汉亦次第扩充"。由于耗资巨大,粤汉铁路工程缓建。之后,围绕铁路官办、商办、自建、外办,多方呈拉锯反复较量的状态,使粤汉铁路进展迟滞,此乃动荡时代的真实反应。1897年冬,粤汉沿线三省绅商呼吁自建铁路。1898年2月,清政府批准由三省官商出资自行修建,由铁路总公司统一筹建。

在各省准备筹集股款时,列强不遗余力争取粤汉铁路的修筑权。最终美国胜出,清廷与美国合兴公司签订《粤汉铁路借款合同》和《粤汉铁路借款续约》。自1900年开始,清政府从美公司借款4000万美元,铁路由美国公司修建,铁路建成后由美国公司管理50年。美国公司施工缓慢,还将三分之二的粤汉铁路股票转售给以俄国、法国为背景的比利时银团。沿线鄂、湘、粤有识之士强烈要求收回路权。清廷迫于压力,决定废约并赔付美方高额费用。1905年赎回路权后,地方修筑铁路热情高涨。但由于三省分建力量难以集中,以及地方官僚的牵制,使铁路建设收效甚微。清政府1908年7月发布谕旨:"粤汉收回自办,官商绅商意见参差,迄无成效,必致贻误路政。着军机大臣、大学士张之洞兼充督办粤汉铁路大臣,会商邮传部及三省督抚饬在事官绅商董认真筹办。"同年12月,张之洞兼任川汉铁路督办。商办改为官办后,张之洞认为,两湖财力不足,四川招股困难,奏请借外债修路。英、法、德、美四国争相要求提供贷款。1909年8月张之洞去世,兴建铁路事务归属邮传部。四国合力在张之洞去世前后,强制借给清廷600万英镑。

借款修路传出后,舆论大哗,两湖人士和留日学生共同抗议借款官办。邮传部为平息舆情,批准湖北设立铁路公司,仿照湘粤公司招股商办。1911年5月,清政府派盛宣怀与四国银行团正式签订借款600万英镑的合同,并以两湖税款为抵押,并宣布铁路国有。清廷借款行为遭到全国抵制。海防华商会馆在给广东粤汉铁路公司的信中写道:"借曰国有,实为各国所有,……政府虽欲卖国,我粤人断不能卖路!"四川各界也立即响应,成立保路同志会,声讨卖国贼盛宣怀。保路运动很快遍及四省,同盟会和其他社会团体也声援保路运动。为镇压四川保路运动,清廷命令端方由武昌入川镇压。武昌首义此时爆发,保路运动迅速转为推翻清王朝的斗争。为修铁路加速导致一个王朝的倾覆,当为世界史上的前所未有的事件。

清朝灭亡后，粤汉铁路建设依旧步履蹒跚。督办人事接连变动，铁路事务交由交通部管理。加上世界大战期间，贷款供应紧张。粤汉铁路武昌至长沙段已经开工，工程处于关键时刻。1912 年 5 月，商办广东粤汉铁路公司总经理詹天佑经粤汉铁路督办谭人凤推荐，担任粤汉、川汉铁路会办。詹天佑来汉（图 4-9）后，遂在汉口原租界区鄂哈街 9 号（今洞庭街 65 号）修建房屋。他人生的最后 7 年都在为两条铁路修通而努力。根据当时情况，詹天佑提出"就款计工"的原则，集中经费修建粤汉线武昌至长沙段及川汉线汉口至宜昌段。面对不利局面，他筹划大局并具体指导线路安排、铁路备料、施工难题等。

图 4-9　在汉口督办铁路的詹天佑

迫于时局艰险，川汉线铁路工程不得不下马。武（昌）长（沙）段加紧施工，于 1918 年 9 月建成通车。1936 年粤汉铁路全线贯通，建设历时 38 年。通车时有人撰写对联曰：花事年年，为问岭表白云，寒梅开未；车尘历历，指点汉阳红树，流水依然。巧妙化用诗句将粤汉两地的风物入联，表达了人们对铁路干线历经变数终于修通的喜悦之情。川汉铁路更为艰难，修路款项无从着落，便于 1926 年全面停止。历时 20 年的川汉路建设，仅完成汉口至杨家峰段约 80 公里的路基，以及宜昌至小溪塔间 7.5 公里铁路。

相比对铁路的热情与倾心，张之洞对轮船颇为不屑，只不过"不得谓之淫巧"，"却有利用之实"。事实上，轮船则是湖北近代交通的先行者。随着汉口变为通商口岸，汉口由内陆港口变为外向型开放港口。1862 年，美国旗昌轮船公司首先开辟汉口至上海的汉申线。由于长江航运的丰厚利润，吸引了各国轮船参与竞争。截止到 1911 年，汉口共有 11 家外国轮船公司经营航运。中国轮船也加入到长江的商业航运中。先是官办航运公司，此后民营轮船公司也参与其中。1873 年，轮船招商局轮船"永宁"号首航上海至汉口航线。随后，其下属的轮船公司在汉口设分部开始营运，最初为两艘轮船运营汉申线。后开通汉口至宜昌的航线。1883年为高峰时期,招商局轮船发展到26艘。1890年,湖北商人刘维桢开通汉口至黄州航线,客轮“东成”号为近代湖北第一艘商业轮船。其后,众多商办轮船公司纷纷成立。辛亥革命前,湖北有商办轮船公司14家。小火轮主要航行线路有汉口—黄州、汉口—仙桃、汉口—宜昌、汉口—咸宁以及汉口—长沙等线路。但民营轮船公司船只少,吨位低,经营线路短,不足以与外国航运公司抗衡,改变不了外国航运公司控制长江航运的局面。

与铁路轮船巨大运营能力不同,最早汽车的功能仅限于乘坐,且乘坐人数少。湖北最早的汽车是外国驻华使馆带来的,其后是外国洋行和买办商人购买。从一开始起,汽车就充满洋味。1903年,英国驻汉口领事馆购进福特公司生产的小汽车一辆,为湖北首次出现汽车。车名“来路卡”,外形似篷车,发动靠手摇,照明用油灯(图4-10)。到1911年,武汉三镇有各种进口小汽车20多辆。汽车的出现必然要求有宽阔平整的路面。1905年2月,汉口大智门至玉带门修建了湖北近现代史上第一条为通行汽车而造的马路。随着汽车数量的增加,为满足人们猎奇和出行方便,武汉出现了汽车出租行。汽车的运营范围逐渐超出城市的空间,城市间的汽车通行应运而生。20世纪二三十年代,中华全国道路建设协会广泛宣传公路运输的益处,呼吁全国修建公路以利交通。1923年,湖北开建襄阳至沙市和襄阳至孝昌花园的公路,目的在于连接长江航运码头和京汉铁路,方便襄阳商旅出行,改变京汉线铁路修建后襄阳经济相对衰落的不利局面。由于公路标准低、缺乏养护、线路分散以及汽车数量少,改善地方运输效果并不理想。

图4-10 民国时期湖北公路汽车

中国近现代史是战火纷飞的时代。战争与近代交通工具的配合显得威力更大,战争对交通的破坏也不可避免,湖北交通也不可能免受其害。京汉线与粤汉线先是被军阀混战利用,战火中损毁道路及车辆设备无数。对湖北交通破坏最严重的,当属日军侵华。一方面,日军空军将交通设施作为重点打击目标。1937年10月,日军进入湖北境内,炸毁平汉线上的铁路大桥,留在武汉的机车全部被炸，京汉线和粤汉线瘫痪。水运同样损失惨重。全省轮驳船被日军击沉34艘，落入日军手中68艘。刚刚发展起来的民用航空事业也遭受沉重打击，航空公司被迫撤到后方。另一方面，为延缓日军侵略步伐，交通部门配合抗日军民自毁道路。1938年初，为阻滞南侵日军，鄂东及鄂东北自毁公路400多公里。同年，省政府西迁后，江汉平原各公路也先后爆破以阻敌。为抵抗水面侵华日军西进，先后在长江要塞马当江、田家镇、藕池口以及宜昌石牌等地凿毁轮船45艘以封锁航道。湖北交通近现代遭受最后一次浩劫是在解放战争末期。国民党军队溃败时为阻挡解放军南下，对公路、铁路及水路等交通设施进行全面破坏。

抗日战争期间，湖北交通可谓艰苦卓绝。1938年，省政府西迁恩施。为适应战争运输需要，建立了以恩施为枢纽的交通网。扩建恩施飞机场，疏浚清江恩施至宜都段，整修通往湖南、四川、陕西等地的公路。战时物资和建设资金短缺，而这些公路大多处于山地，因而施工难度极大。体现战时运输困难的当属修筑简便驿道。国民政府不急于改善鄂西公路而大力整顿驿道，目的在于能维持军民基本需求；更为重要的是，驿道能防止被敌人利用，日军的机械化部队在驿道发挥不了作用，因而中国军队能牢牢守住陪都重庆[①]，为保卫大后方居功至伟。抗日战争中期以后，中国通往国外的国际通道几乎断绝，战时物资运输极度困难。湖北省内主要公路切断，响应政府训令加强运输，湖北开建简易驿道，利用人畜及旧式交通工具运输物资。全省修筑驿道长达2190公里。在众多驿道中，沟通鄂西南北的巴柯人行道路线最长，工程最为艰巨。巴柯人行道南起巴东，经兴山、保康到房县柯家营，与老(河口)白(河)公路相连。人行道蜿蜒在崇山峻岭中，路面狭窄，以通行骡马队为标准，路宽1.5米—2.5米。路线311公里，全线用时一年。此道是当时连接鄂西与鄂北的唯一运输道路。巴柯道与其他驿道以恩施为中心形成网络，加强了不同地区的联系，提高了军用物资的运输，为抗日战争胜利作出了贡献。

二、近代交通与荆楚社会变迁

清末民国时期，具有现代意义的交通工具和设施逐渐进入人们的视线。尽管许多地区仍处于落后闭塞的状态，近代交通方式对社会生活全方位的影响已

① 张良皋:《武陵土家》,生活·读书·新知三联书店,2001年,第97页。

初见端倪,从而加速推进中国社会变革的进程。

近代以来,随着新式交通方式的兴起,中国传统的交通格局发生了巨大变化,从而打破了中国传统城市发展格局。原来位于传统交通路线中心的城市,缺少现代运输工具的快速和效能,经济中心地位下降。而处于近代交通路线的城市尽享交通便利,因而商贾云集、经济发展而迅速崛起。传统漕运中心城市襄阳一直是商业重镇。近代长江对外开放以来,汉水流域加入长江轮船运输网络,襄阳仍是区域商品集散地,运输较前更为繁忙。20 世纪初,京汉等铁路修通,豫南及鄂北等地的物产由京汉铁路南下,陕南等地的货物改走北方陇海线。襄阳的交通优势不再,因而"商业远不如前"[①],经济衰退,一落千丈。即使后来修建了通往长江和京汉铁路线平行的公路,本地经济也无较大改观。长江沿线城市宜昌开埠前商业萧索,这与本地贫瘠和交通不畅有关,尽管坐拥长江水运之利,由于上游川江艰险,旧式木船通行困难。1877 年 4 月,宜昌开埠,沪汉轮船上行至宜昌。各国洋行相继在宜昌设立分支机构,从事洋货销售和土货收购。1891 年重庆开埠,川江轮船航线开通后,宜昌川鄂转运中心的地位得到进一步强化,成为湖北仅次于汉口的商业城市。本地进出口货物净值飞速增长,开埠当年为 4585 海关两,1909 年增至 14847495 海关两,1924 年达到峰值为 17655451 海关两。[②]

近代交通工具的出现,方便人口向城市流动,大批移民的涌入,促进城市化的进程。昔日固守乡土的农民逐渐打破安土重迁的习惯,为了寻求生计,借助近代交通工具到城市寻求发展机会。他们或成为产业工人,或成为商人,或成为手工艺人,或是出卖劳力的临时工。宜昌城市人口增长较为明显,开埠前为一万三千多人,1940 年人口增加到十七万多。长江沿线的另一座城市沙市,人口变化也呈现相同变化。1896 年沙市开埠时城市人口为七万余人,到了 1938 年则增加到十三万余人。近代以前,汉口虽水陆发达商贸发达,实际上只是内陆区域市场和转运中心。1861 年开埠后,轮船和铁路等近代交通方式的兴起,以及大批工业的兴建,汉口成为仅次于上海的商业城市。汉口商业兴盛人口激增。1913 年,汉口市区人口为不足二十一万,1932 年城区人口则激增到八十多万。[③]汉口以商业和运输业为主导,搬运装卸成为组成部分。搬运工即是众多外来人口的

① 湖北省政府民政厅:《湖北县政概况》(第四册),汉口国华印务公司,1934 年,第 1099 页。
② 宜昌市商业志编纂委员会:《宜昌市商业志》,1990 年内部发行,第 15～17 页表。
③ 李权时、皮明庥:《武汉通览》,武汉出版社,1988 年,第 14 页。

谋生选择。"特如汉口百货辐辏之地，运搬夫更为多数。到处各工场及仓库之前，居然成列，无非从事货物之运搬，仅汉口一地，其数可统称十万"[①]。以码头工人为代表的搬运行业，容纳了大量外地劳工，无需专业技能，只需身强力壮即可从事。因此，搬运工成为吸纳大批农村劳力重要的职业之一。

除了大批农村人口不断涌入城市的指标外，反映城市化的另一标准是城市面积的扩展。近代交通的引进，不但改善了城市的交通面貌，还改变了城区的经济重心，同时促使城区面积不断扩展。近代以前，汉口的城市的重心在汉水与长江交汇的浅水区。19 世纪 60 年代外国商船进入汉口后，为了便于装卸货物，开始在深水区域适合停泊的汉口江滩地区设立码头。江滩港区和外国租界连为一体，逐渐演变为城市的重心，城区的面貌也发生了重大变化。尤其是铁路的开通，有力地拉动了城市建设，成为汉口和武昌两地城市扩张的坐标。京汉铁路自西向东贯穿市区，推动了市区铁路沿线的扩展。硚口至谌家矶一带原本荒凉之地，自京汉铁路开通后，这一带就变为房屋相连的街道。铁路车站附近的地区街区发展更快，玉带门和大智门一带逐渐变为繁华的街道，地价迅速上涨。民国时期的《夏口县志·交通》载："猥自后湖筑堤，芦汉通轨，形势一年一变，环镇寸地寸金。"由于铁路的作用和引力，汉口城市空间迅速向西北铁路方向扩张。近代以来，武昌城市空间扩张速度远不如汉口，但在粤汉铁路建成后，铁路线成为武昌城市向外推进的新轴线。

近代交通成为城市化的重要推动力，不但使城市面积扩张，也逐渐改变着城市的街头风景。清末，城市达官贵人的代步工具仍是轿子。后来马车、人力车、脚踏车和以机械为动力的汽车、电车等都出现在街道上，构成了一幅新旧杂糅的图画。其中，汽车和电车的出现，促使城市市政建设向现代迈出重要一步。1915 年，罗汉发表于《汉口中西报》的汉口竹枝词中的"汽车"篇写道："汽车活泼在司机，猛鼓双轮去似飞。"而在"电车"篇中写道："马力能增千百匹，穆王八骏也寻常。"若似汉口街巷以前的狭窄局促的情形，纵使这些庞然大物能量超群，也不可能飞驰在街道上。为了适应现代交通工具的状况，1905 年汉口就成立了马路工程局，规划汉口马路工程建设。第一条马路大智门至玉带门修成后，歆生路、后城马路等相继建成。尤其是 1907 年后城马路的建设，是在拆除汉口城墙的基础

① [日]水野幸吉：《汉口：中央支那事情》，上海昌明公司，1908 年，第 12 页。

上而成的，从此汉口的城市空间摆脱束缚。近代交通工具的引进，使西方城市生活方式逐渐为市民接受，城市清洁就是其中一例。汉口城区晴天尘土飞扬，雨天泥泞不堪，即使通行汽车的后城马路，也是“香车过处起尘埃”[①]。于是，汉口租界区最早引进了西方城市的卫生管理体系，道路清洁就引进了洒水车（图4-11）。

图4-11　1929年武汉街头洒水车

近代交通毕竟是舶来品，和中国本土的乡土文明有截然反差，交通规则意识的培养即是很漫长的过程。受原来的城门约束的局限，城中道路大都比较狭窄。为协调车辆和居民的出行，培养民众遵守交通规则就成为市政的要求。拍摄于1920年的一张武汉老照片（图4-12）上的城门洞上，就刻有：“行人靠左，车辆慢行，不要拥挤，不要滞留。”1933年9月一首载于《镜报》未署名的《汉口竹枝词》中写道：“车如流水去来忙，岗警维持手脚忙。”在其自注中云：“汉口马路岗警，于冲要街市手挥目送，无一刻不与车辆淘神。而车夫亦最不顾公众交通于秩序，每值逃避警察目光，则广敞康庄竟为马车乘拥挤水泄不通矣。”

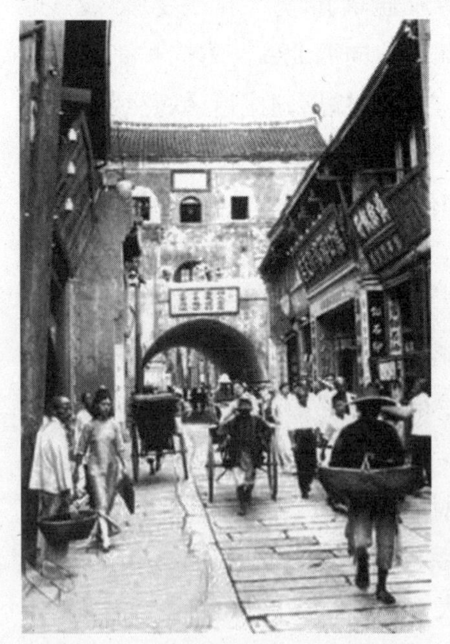

图4-12　1920年武汉城门交通场景

新式交通工具使人们的出行更加舒适便捷，也使人们对外部世界的观念发生变

① 蔡寄鸥：《耍货摊·耍诗·竹枝词》第一卷。

化。近代湖北最早引进西方交通工具为轮船,境内的小火轮方便了人们的出行,也加强了城乡之间的经济联系。汉阳县蔡甸农民到汉口,以前步行需一天时间,汉水通行小火轮之后,3 小时即可到达。各地土货通过轮船运往汉口,运销海外,而进口洋货和国产工业品又通过小火轮分销各地。火车及铁路带给人的影响更为深远。速度快是铁路的最明显的优势。罗汉的竹枝词中的“铁路”篇:“京汉迢迢乌道通,骤于奔电疾于风。羡渠历尽山川险,都在南柯一梦中。”京汉铁路的通行,缩短了京汉两地的时空距离。北京到武昌沿旧式驿道而行需 27 天,乘火车两三天即可到达,大大提高了人们的出行效率。近代交通方式的引进促使社会的开化,扩大了国人的眼界,与世界的心理距离逐渐变小。面对武汉林立的工厂和南北贯通的铁路,张之洞在黄鹤楼题写楹联:“昔贤整顿乾坤,缔造多从江汉起;今日交通文轨,登临不觉亚欧遥。”人们的思想逐渐突破封闭保守,西方工业文明得到推崇,近代交通成为社会风尚最有力的传播者。《麻城县志续编》(1935 年版)记载:“(本地)与武汉交通便利,似觉开通,而奢靡之风亦渐濡染,但乡间普通人民淳朴者尚居多数。”《蒲圻乡土志·人文·礼俗》(1923 年版)载:“自铁路四通,奇技淫巧,毕萃于都市,故近城镇者习奢华,而山泽则尚朴素,风气固判然两截。”

新式交通工具对突破“男女之大防”起了重要作用。传统礼教的“男女授受不亲”极力避免男女身体接触。即使男女相遇路途的情形,《礼记·内则》规定:“道路,男子由右。女子由左。”近代交通工具初现国内时,为了招揽女客,避免乘客男女混杂的顾虑,各公司实施男女分开,专辟女座的措施。但是,随着近代社会变革的进程,女性走向社会大势所趋,加上交通工具空间所限,男女分座只能是权宜之计。最终人们还是接受了男女杂处共享交通空间的现实。《夏口县志·风土志》(1920 年版)记载;“乘汽车马车者,男女杂坐不以为嫌。”事实上,20 世纪二三十年代以后,人们已经坦然面对男女同乘的情形。交通工具的私密空间,还成为许多人谈情说爱的理想场所。民国武汉报人蔡寄鸥在其女子解放系列竹枝词中记述了汉口男女交往:“与郎携手并郎肩,六块洋钱度个圈。只恨汽车行太速,万千心事不能言。”

近代交通是中国社会嬗变的助推器,尽管改变不了中国广大地区的交通落后的状况,但仍对中国社会产生了积极影响,为新中国成立后交通事业的发展奠定了基础。

三、武汉道路的发展

武汉三镇道路建设的发展,在很长的一段历史时期内可以说是相当缓慢的。一直以来都以青石板铺路,用料简单,筑路方式简便。主要的大道都是围绕行政主管部门而修,少而简陋且不成系统。这种状况与明清之前三镇的基本格局尚未形成有关。明清之前,汉口、汉阳、武昌三个地方都在按照自己的职能方式在发展着。武昌作为省和大区域的行政中心,一直以来,发展都备受关注,道路的修建也是最成体系的;汉阳作为府的地区性行政中心,道路的建设也得到了一定程度的发展;汉口的街道建设则相对来说要缓慢的多,但是后来者居上,如今汉口地区的公路系统可以说居三镇之首。这种情况的出现与汉口的形成和发展密不可分。

"五百年前一荒洲,五百年后楼外楼"这一民间谚语,恰如其分地展现了汉口发生翻天覆地的变化。汉口这一地名很早就出现在史书之中,可以上溯至南北朝。但其所说的"汉口"的地点却不在现在的汉口,这是因为汉水入江口多有变故的缘故。最初的汉口不过是与武昌隔江相望,与汉阳联为一体的荒洲。到了明朝时期,首先由于自然因素的影响,各种地质构造运动的综合作用力,使汉水下游水文形势发生变迁。因为长江、汉水泥沙的堆积,云梦泽的巨大水体早已不存在,作为它遗迹的星罗棋布的湖泊群也逐一被填为平陆,形成了汉水下游的冲积层。[①]其次,明初实行招民垦荒的政策,因而造成汉水下游土地肥沃、土质疏松带的垦荒占田活动。成化年间,汉水下游河道入江口在龟山北麓形成,从此结束了汉水下游河道游移不定的历史,也使得汉口最终确立。新水口两岸地盘开阔,港湾水域条件良好,再辅以兼顾堤防,是"占水道之便,擅舟楫之利"的天然良港。

汉口的形成,最终确立了三镇鼎立的格局。从此,汉口以一种日新月异的速度发展起来,并最终超过武昌、汉阳成为清末四大名镇之一。此后的汉口,人口增多,街市迅速发展,武汉的第一条近代公路就是出现在汉口。

(一)武昌街貌

武昌长期以来一直是大区域的行政中心、文化中心、军事中心。其市政建设

---

① 皮明庥、吴勇:《汉口五百年》,湖北教育出版社 1999 年版,第 6 页。

始于唐代。当时的武昌依城铺路，经纬分明，整个地区的道路呈方格棋盘式格局。晚清，特别是张之洞督鄂时期，武昌的建设发生了巨大的变化。明初修建的武昌城墙，似乎对城市的扩展构成了障碍，于是张之洞在九道城门之外，又加开了通湘门（今武昌火车站处）作为联络湖南的大通道。为了克服蛇山横亘市中心，山南山北来往不方便，清末开凿了鼓楼洞，开辟了武昌路。辛亥革命后，特别是1927年—1937年间，由于民国的首都设在武汉，武汉三镇的建设得到了极大的关注，大量资金被投入到市政建设上来，兴建了很多的道路。1926年11月，国民党湖北党部、汉口特别市党部在《湖北目前最低限度政纲》中提出：湖北省政府应尽力"改善市政，恢复交通，以利商旅。"武汉国民政府成立后，即决定每月拨款3万元补助武汉三镇市政建设。修补与兴建道路的工作，是市政计划的重要内容。[①]据有关史料记载，20世纪20年代中期，武汉城市人口达到100万，城市交通量因此剧增，原有的狭窄街道已经不能满足城市的发展需要。1929年，汉口市政府即规定江道路分为5等，宽度分别为40米、30米、20米、15米、10米以上。[②]这一时期的建设使得武汉城市道路发生量与质的改变，基本构成了现在武汉三镇城区交通网的骨架。

1. 中山路

位于武昌老城区北、东南三面，西与临江大道连接，组成武昌的环城路，北起长江大堤口，经螃蟹夹、小东门、大东门、武昌南站到武泰闸，南依鱼套至解放桥止，全长7220米。[③]中山路对于整个武昌的交通而言，举足轻重。它不仅是通往青山工业区的重要连接线，而且西接沿江码头，南接一些重要的通往外省的公路干线。

中山路是沿着古老的武昌城垣和护城河修建的。1926年，国民政府在汉成立后，花了三年时间将城墙基本拆完，并于1936年7月着手修筑中山路，当时也称环城马路。工程分三段进行，分别由不同的承包商修建。全部工程在1937年上半年完成。

建国后，中山路又进行了多次扩建。主要是将路基扩宽和对路面进行修整、翻新，以适应交通流量的增长。至1973年，积玉桥到民主路口这一段路，已经扩

① 《市声周报》，第六卷第二、三期合刊，1927年1月9日。
② 皮明庥、阳植梁：《武汉史稿》，中国文史出版社，1992年版，第558页。
③ 武汉地方志办公室：《武汉市志——城市建筑卷》，武汉出版社，第204页。

宽到7.2米，并且路面已经改为沥青铺筑。1979年，大东门至南站的扩建完成后，中山路成为当时武汉最宽的主干道之一。中山路武昌火车站至武泰闸接武咸、武纸两条出口公路，是武汉市的南大门，1986年的日车流量已经超过一万辆，原有的10—14米宽的人车混行的沥青路经常阻塞。1987年，市政府决定扩宽改建。工程完工后，这一段的交通得到了极大的改善。

2.解放路

原名中正路，它在蛇山以南的部分俗称"长街"，由南楼前街、芝麻岭街、兰陵街、望门山正街组成，是纵横城南的一条古老街道，始建于元代。1935年武昌国民政府决定扩宽长街，修建中正路，挖开鼓楼山洞建筑南楼拱桥，以解决穿越武昌蛇山长街过往人车加剧所带来的交通拥挤问题。它是当时武汉干道建设的一项重大工程。中正路于1936年元月动工兴建，全长3166米，宽12米。司门口至望山门2100米为水泥路面，司门口至高家巷长405米为柏油路面，高家巷至箍桶街长611米为碎石路面，于当年秋竣工。①此路的改善，对武昌的交通、商业、市容市貌都有着深刻的影响。

3.民主路

武昌较为古老的街道随着时代的变迁多已湮没，而民主路还算是保持原貌比较良好的街道。

民主路地处武昌中部，在蛇山北麓东西延伸。它由汉阳门正街、察院坡、府院街3段组成。历史上它曾经是唯一贯通武昌水陆两个城门的大街。

民主路上段的户部巷是现在武汉乃至全国知名度很高的小吃巷。它原是岳飞抗金的大本营，明清时为著名的憩园。巷内古风犹存，再配上各种特色小吃，别有一番风味。正对司门口的青龙巷，在过去比户部巷更加有名。它清代曾是民间婚、丧、嫁、娶等服务行业的集中之地，也是民俗文化的中心。小巷现今旧时风貌已经全无。

（二）汉阳街貌

汉阳建城近两千年，但市区比较狭小。19世纪中叶太平军攻克汉阳时城墙被毁。1880年，重修城墙。显正街和西大街是古汉阳城内贯穿东西的两条主要石路。汉阳的发展一直较为缓慢。作为地区一级的行政中心，它的发展似乎一

① 皮明庥、刘玉堂等主编:《武汉通史》(晚清卷下)，武汉出版社，2006年，第79页。

直都受着武昌的制约，在人力、物力方面得到的投入较少。

清代时期，汉阳的条石老街有高工街(今晴川街)、洗马长街、显正街、西大街，全长约三公里。四街次第衔接，大体与长江平行。民国时期，市政建设的重点在汉口和武昌，因此城内新建街道几乎没有，只有沿城郊西行古驿道修建的汉阳—沙市公路。

汉阳道路建设的真正高峰时期是在建国之后。鹦鹉大道和汉阳大道都是"一五"时期开辟的道路。鹦鹉大道自江汉桥头开始向南过钟家村到鹦鹉洲南端江堤岔路止，全长 7028 米，与长江平行。汉阳大道东起拦江路，经钟家村向西至十里铺止，全长 6651 米，全线与汉水平行，横贯汉阳市区。汉阳大道的建设从 1956 年开始到 1986 年为止，历时 30 年，分三期进行。这两条主干道的修建，对汉阳市的交通和发展起到了极其重要的影响。

(三)汉口街貌

汉口本身的建城历程较短，但是自明朝末年以来，汉口就以一种让人惊讶的速度迅速发展起来，并于晚清时期超过武昌，成为三镇之中发展态势最良好的地区，赢得了晚清四大名镇的美誉。直至被辟为通商口岸，到外国侵略者设立租界，汉口打破了原有的封建小农经济的发展模式，开始朝着现代化的大都市转变。租界的设立，不仅带来了现代化的马路、电灯，也带来了一些先进的西方文明，尤其是市政建设和管理方面的先进经验。民国时期，汉口道路的整修和新建，成为城市建设的重要内容。因此，解放前汉口的道路系统，是全武汉地区最完善，最先进的。建国后，武汉市政府更是在原有的基础上对汉口的道路建设投入了大量的人力物力。

滨临汉水的汉正街，形成于明嘉靖年间(公元 1522 年—公元 1566 年)，清乾隆四年(公元 1739 年)用砖砌暗沟排水，上盖花岗岩长条石，形成麻石路面。长堤街原为明崇祯八年(公元 1739 年)修建的防水长堤，到同治三年(公元 1864 年)修建的汉口城垣代替防水长堤，堤废而成街，是汉口一条古老的石板街。

到了 19 世纪末、20 世纪初的时候，汉口已经发展成为除上海之外人口、街市、住宅最密集的城市。在开埠之后，人口不断增加。国外的学者也认为："汉口的拥挤在中国城市中达到了独一无二的水平"，"在整个十九世纪的中国，很可能汉口是人口最密集的地方。”[①]这种局面迫切需要新型的现代化的马路来适应汉口的发展。而此前至1929年上半年的民国政府时期，汉口的马路除第一、二特区（原德、俄租界）为柏油路面外，其余均为碎石路面。“汉口旧市区（租界之外的市区）街道，大都狭窄潮湿，曲折异常，车马往来，稍有拥挤，交通即完全堵塞”。“其街道与江河平行者，稍微整齐，而路线较长，其与江河成垂直线者，则狭而短，路线曲折又不能连接。”[②]1927年，武汉国民政府成立了汉口开辟马路委员会，进行汉口的马路建设。在1930年的《汉口市政府建设概况》中就指出：“溯考吾国都市道路，政府多不注意，周时虽有各种规定，然亦不足以言科学化。厥后日就因循，疏略放任，人民建筑房屋，常有侵入公共路基，以致道路狭曲败坏。民国肇建，欧风东渐，始略注意及此，故本市于民国三年，始由警察厅饬令各署勘定各街等级。乃决定街分三级，巷分五等办法。”[③]经过近10年的努力，汉口城市道路总体上有了相当大的变化，主次干道基本实现了柏油路。市区形成了以沿江大道、胜利街、中山大道为纵干，穿插利济路、三民路、江汉路、大智路、车站路等主要横街，而横街串接成片里巷的扫帚状的狭长市区。

1.汉正街

汉正街是汉口早期兴盛的代表。自袁公堤修建后，大大缓减了来自后方的水患，再加上长江、汉水河段上沿江堤防的修筑，汉口形成了四面设防的市区。在这一区位中，以汉正街、黄陂街为主要街道，出现了汉口沿河闹市区。当时，只有沿河码头和河街，后来由河街而正街，由正街、内街而夹街、而里巷。正街又叫官街。清初，汉口仁义巡检司、礼智巡检司即设在汉正街或附近。乾隆四年（公元1793年），正街铺设条石路面。1926年后，正街改名为汉正街。一直以来，汉正街都是以商业的繁荣而闻名于全国的街市，是商贾云集、货物争流的繁华市场。沿街两旁有许多的巷子。最大的巷子，可能要数药帮巷了，是比汉正街略窄的巷子。从明末汉口成市起，各地的药帮就来这里竞相卖药。长此以往，各地药商云集于此，渐渐形成了专门的药帮巷了。除此之外，汉正街的“淮盐巷”也非常有名。从明末到整个清代，这里都是汉口最大的淮盐市场。直到民国初年，随着商人垄断食盐运销制度的废除，盐商有的改行，有的回籍；加之精制盐的来汉倾

① [美]罗·威廉：《汉口——一个中国城市的商业与社会》。该书第一期载于《荆楚文史》1990年第2期。

②③ 汉口市政府：《汉口市政府建设概况》，1930年9月，第15页。

销，淮盐经销业逐渐衰落，淮盐巷不再风光。

2. 黄陂街

黄陂街上至鲍家巷原湖北省官钱局，横穿现在的民权路与民生路两条马路，到江汉路分为上中下三段。上自汉水集家嘴，中经汉水入江的龙王庙，下抵江汉关。由于它濒临二水，横贯东西，因而商贾林立，百业兴旺，应有尽有，是华中地区物资集散的中心，曾创造了无与伦比的繁荣景象。迨抗战前夕，其繁华之势已到巅峰。

汉口形成之初，还是一片荒凉之地，有大量的外来人口为汉口的建设作出了贡献，其中尤以黄陂人居多。黄陂街有许多武汉著名的商号。可恨的是，随着日寇的入侵，黄陂街的繁华毁于一旦。

旧时汉口的公益事业，有不少是民办的。保安救火，兴办学校，则是常设的民办事业。黄陂街最出色的公益事业是保安公益救火会。龙寺救火会的高架火警瞭望台，现在还屹立在大兴路对面的大董家巷内该会旧址的屋顶平台之上，它是黄陂街救火事业的见证。

3. 花楼街

花楼街位于汉口闹市区附近，紧接江汉路，比邻租界区，是一条人烟稠密、名噪一时的古老街道。花楼街分为前花楼街和后花楼街。前花楼街也就是黄陂街，是以商贸为主的商业街，后花楼街黄陂街北面平行建起的一条新街，这条街的沿路设有不少茶肆酒楼、当铺烟馆、舞厅赌场，是当时有名的烟花玩乐之地。

抗战胜利后，武汉解放前，花楼街布满了兑换金银的金银摊子，还有很多金银店和交易商行，被称为当时的“金银窝子”。现在的花楼街已经成为武汉地区有名的食品、杂货、土产、海味、水果、蔬菜的供应市场之一。

4. 沿江大道

西南起长江、汉水交汇处的大兴路，沿江向东北，直到六合沟省石油仓库，全长 10 多公里，与上游处衔接的沿河大道一起称为汉口主干道。沿江大道上仓库林立，码头云集，货物吞吐量很大，全国四大港口之一的武汉港就在道旁，水陆运输十分繁忙。①

最早的沿江近代化道路是外国人在租界里修筑的，完全按照外国的道路建

---

① 武汉地方志办公室：《武汉市志——城市建筑卷》，武汉出版社，1999 年，第 214 页。

设模式进行，道路两旁种植了很多花草树木，设有铁栏杆，还有一些座椅。而江汉关以上的城区沿江却没有大道，交通不便。从1929年开始，武汉国民政府就决定从江汉关到民生路一段修筑沿江路。经过8年时间，基本将沿江大道修建成功，大大方便了汉口交通。建国后，沿江大道又经过了多次的翻修和改建。及至今日，沿江大道已经全部改为柏油路面，车行道也拓宽为20米左右。

5.中山大道

西起硚口路，至武胜路折向东北，至民生路更偏东北，至黄浦路为止。全路呈弧形，总长8445米。全线贯穿城区腹心，南与沿河大道和沿江大道、北与解放大道和建设大道平行。其中，武胜路至车站路一段是汉口的闹市中心。[①]中山大道是在汉口城垣的基础上修建的。清同治三年（公元1864年），汉阳知府等建议在汉口老后湖一带修建城堡，因城垣紧靠后湖，又称后城。光绪三十一年（公元1905年）张公堤修成后，市区大为扩展，汉口后城兼长堤的功能已经消失；次年京汉铁路通车，旧城垣已经成为交通的障碍。在张之洞的主持下拆除了城垣，沿着城基修建了后城马路。民国时期，中山大道被逐步改建为灌油路面和水泥路面。

图4-13 今日武汉中山大道

新中国建立后，武汉市人民政府对中山大道进行了多次翻修。不仅将明沟铁盖排水改为暗沟排水，还对破损路面进行了修补。随着城市交通的发展，中山大道的路面不断被拓宽，最宽处已经达到了40米，成为贯穿武汉商业中心的通衢大道（图4-13）。

① 武汉地方志办公室：《武汉市志——城市建筑卷》，武汉出版社，1999年，第224页。

后　记

荆楚人民在漫长的社会历史发展进程中，用双手创造了灿烂而丰富的社会生活，其浪漫秀美的服饰、鲜香味醇的饮食、形式多样的住房、“九省通衢”的交通，无不凝聚着荆楚儿女的创造精神，体现了荆楚文化的发展水平。围绕这一领域的研究，也取得了一定的成绩，但与其他区域文化社会生活的研究状况比较而言，目前荆楚社会生活领域的研究还显得不够。探讨荆楚社会生活，实质上就是从一个新角度来研究荆楚文化。这样，才能真实地重现和构拟出荆楚文化的发展水平和历史价值，这也是我们撰写这本书的意义之所在。

本书在撰写过程中，注意通过荆楚社会生活，追寻湖北境内各民族人民生活的发展演变轨迹；注意探讨荆楚社会生活的地域文化特点，例如，素有“千湖之省”之称的湖北，因为处在南北交界的地理位置，所以交通非常发达，是全国交通的重要中转站。除了四通八达的公路线、铁路线之外，最有特色的是依赖于长江和汉江的水路交通。在湖北的交通中，水运占据着相当重要的地位，起着非常重要的作用。所以，本书以较多的篇幅介绍了荆楚的水运状况。当然，探讨这一历史，单凭传世文献来爬梳是远远不够的。许多问题的解决，必须依赖考古发现提供新的更有力的证据。因此，本书也注意利用了近代以来、特别是改革开放以来考古工作者发掘的最新成果，并博采众家之长，从文明发生学的视角提出了荆楚文明始端等一些新问题、新观点。我们还注意本书在观点与理论创新的同时，试图努力用直观的图像展示荆楚社会生活历史发展的每一个重要时期的精彩片断。因此，我们给本书配有大量的图片。以上的四个注意也是我们追求的四个目标，可能并没有做好。因此，我们也期待广大读者的批评指正。

本书由姚伟钧与郑玉东共同完成，最后由姚伟钧修定。本书写作与出版得到了湖北省炎黄研究会、武汉出版社以及刘玉堂先生的大力支持，武汉出版社李理编辑对本书进行了认真细致的审读与编辑，借此机会向他们一并表示衷心的感谢。

姚伟钧

2009/8/1 盛夏